Knowledge BASE 系列

一冊通曉 從交易媒介到支配全球經濟運行

圖解 貨幣學 修訂版

林祖儀 著　許振明 審訂

U0030592

貨幣，啟動經濟運轉的關鍵

文◎許振明（台灣大學經濟學系教授、台灣金融研訓院院長）

如果世界沒有貨幣？

「有錢不是萬能，沒錢萬萬不能」是一句常聽到的諺語，人生的旅途中除了追逐夢想理想外，有很大的目的是賺錢消費。有足夠的錢，我們可以養活自己與家人，進一步過著理想的生活，甚至可以得到心裡的富足感。這一切的核心，都環繞在「錢」的存在，人的一生與錢糾纏不清是很常見的。那麼，你是否曾經幻想過一個沒有錢存在的世界？

如果世界沒有錢，你我將無法購買今天的晚餐、無法購買衣物，上至國家建設、下至民間生活，將如同少了潤滑油的機器不再運轉，這個情景曾經發生。時光拉到遠古時代，並沒有錢的存在，此時人類無法利用錢來購買物品，所以人類唯有透過物物交易來互取所需，例如當張三擁有食物而缺乏衣服、李四擁有衣服而缺乏食物時，兩者便能夠交換，但是困難點是人海茫茫之中，張三如何能夠順利地找到李四呢？沒有錢的存在時，人類的生活陷入很大的不便，文明的進展停滯在人類將時間虛耗在互相尋找之間。此時，錢，也就是所謂的「貨幣」，堪稱人類歷史中最偉大的發明之一，張三終於可以將食物賣給他人換成錢，並且利用錢跟他人買衣服，不用非得尋找到擁有衣服但想換食物的李四。貨幣的存在大幅增加交易的效率，讓人類節省交易商品及勞務所使用的時間與精神，並可促使社會的專業化與分工，進一步推動經濟進步，這是貨幣最原始的重要性。

貨幣貫穿世界大事

自從人類學習利用貨幣進行交易後，無論文明如何演變興迭、科技如何日新月異，「貨幣」都不曾消逝。這個特殊的定位，讓貨幣的意義、型態、制度與人類歷史一同演進，並且深深地融入生活的各個層面，涵括了

經濟、金融、政治、社會、歷史、國際市場等各種議題之中。

　　例如1997年的亞洲金融風暴，讓泰國、印尼等東南亞許多國家累積的財富毀於一旦，事發原因與貨幣的相對價格「匯率」有關，國家的資本結構與外匯市場失序所引起。2007年美國次貸風暴爆發，源於房地產多頭趨勢轉崩跌，很大的原因與貨幣的時間價值「利率」有關，美國聯準會的利率政策急速反轉是個關鍵。2008年全球金融海嘯，則與貨幣的流動性有關，貝爾斯登、雷曼兄弟等大銀行崩潰，讓貨幣無法透過金融業流通，進一步重創中小企業等實體經濟層面。希臘、義大利、西班牙等大國連環爆出主權債務危機，讓2010年、2011年的財經版面上關於歐債危機的話題不斷，這是歐元區的問題。近年中國經濟起飛，但民間物價快速膨脹影響到民眾生活，讓人民銀行（中國央行）被迫連續調升十三次存款準備率，但又引起溫州等地區的信貸風暴，這也是貨幣問題。甚至時光回溯到百年前的經濟大蕭條期間，如果當時的貨幣政策施行正確，說不定不會有第二次世界大戰發生，聽起來似乎不可思議，但這就是了解貨幣學的重要性。

貨幣貼近人類生活

　　經濟活動說來複雜，但是可以整合成以下四個端點：消費者透過貨幣購買商品、生產者出售商品取得貨幣、生產者再利用貨幣購買人力及物力投入商品的生產製造、勞工出售自己的心力及勞力後取得貨幣（薪資）又可以進行消費。這四個端點以貨幣為核心，讓經濟活動能夠順利運行，因為貨幣建構起消費者、生產者、廠商、員工之間的支付系統。

　　經濟活動的過程中，必然出現資金有餘者與資金赤字者，例如儲蓄者和借款者，倘若儲蓄者可以將貨幣借給借款者，並且收取借出貨幣的報酬，此報酬占本金的比率稱為利率，利率的存在提供了貨幣在資金有無者間流動的動機，而將貨幣引領到正確的位置進行投資，創造更大的利潤。為了讓貨幣能夠順利的在借貸行為中移動，金融體系逐漸被建立，並且隨著時間演進而愈來愈完善，金融體系的目的是讓貨幣供給者與需求者有撮合的管道；分成金融市場與金融機構，主要的角色有股票、債券、票券等貨幣相關商品，還有銀行、保險公司、證券公司等耳熟能詳的機構。金融市場可以分為短期資金交易的貨幣市場、與長期資金交易的資本市場，還

包括交易各國貨幣的外匯市場。外國的貨幣稱為外匯，各國貨幣間兌換的比率稱為匯率，外匯市場讓各國貨幣也有流通交換的空間，促進國際資源流動。

在金融體系之上，有著中央銀行與金融監理機構。金融監理機構對金融體系進行監管，避免金融體系失序，尤其是美國次貸風暴之後，世界各國對於衍生性金融商品的控管趨於嚴格，並且更加重視金融監理機構的功能。中央銀行往往是一國貨幣體系中最高階的機構，負責貨幣的發行與施行貨幣政策，對於國家而言，如何掌握貨幣供給量是重要的課題。如果貨幣政策施行不當，輕則物價飛騰，引發民怨，重則引起惡性通貨膨脹，導致金融體制崩潰。例如四〇年代的台灣曾經因為過度發行貨幣，而引發惡性通貨膨脹，當時台幣最大的面額高達一百萬卻無法購買到多少商品，才催生現在的新台幣，而當時經濟政治上的不安，甚至引發二二八等社會事件。如果貨幣政策施行妥當，能夠提供經濟體適當的貨幣流動性，讓投資及融資行為更加流暢，則有助於拉抬景氣。例如2008年全球金融海嘯，各國央行聯手救市試圖降低金融海嘯的殺傷力，讓經濟體邁向復甦。

為什麼要學貨幣學

自從二十世紀起，各國利用向央行融資或跟民間借款來推動財政政策的思維大為流行，讓許多國家逐漸累積赤字（債務），在2008年金融海嘯重創世界各國經濟後，為了挽救經濟頹勢，各國紛紛施展寬鬆性的財政政策與貨幣政策來提振經濟情勢，付出的代價是累積更多的債務。然而各國的經濟復甦情況不一，未必能夠負擔債務的償還壓力，使得破產危機大幅增加。美國在2011年8月調高法令規定的舉債上限，讓美國得以繼續借款，但從1962年起債務上限已被上調七十四次，顯示世界最大經濟體美國正面臨的債務壓力。而希臘的倒債事件，2011年10月底的歐洲聯盟高峰會宣布：希臘借10元只要還5塊。讓希臘的債權人被迫犧牲50%以上的債權，成為史無前例的借錢不用還事件。義大利、西班牙、葡萄牙與愛爾蘭等歐豬五國的破產更是持續衝擊歐元。連台灣，雖然體質良好沒有外債，但國內的債務也在2012年逼近國內法定上限。

債務，是利用貨幣來償還，如果國家無法償還債務，則該國的貨幣將

不被信任,輕則讓該貨幣在外匯市場大幅貶值,使民眾的財富蒸發大半,重則該貨幣失去效用,讓該國經濟活動四個端點的核心崩解,邁向經濟崩退,進一步拖垮政治與社會。後金融海嘯時代,人類面對很長的一段寬鬆性貨幣政策的退場期,以及處理債務風暴危機的智慧。這一切,都源於貨幣學。

學習貨幣學是跟隨二十一世紀的新趨勢,而一本好的入門書對於建立貨幣學的知識是極為重要的。《圖解貨幣學》以淺顯易懂的文字、邏輯清楚的圖解,讓一般人可以從基礎學習起,了解貨幣的起源、型態與演變,進一步學習金融體系的架構,以及與生活息息相關的利率、匯率與物價,運用在生活與投資之中。更深層探究貨幣學的經典學理,了解世界經濟情勢的變化緣由,而透過貨幣制度的演變歷史,掌握信用貨幣時代點紙成金的原因以及熟捻當今的國際貨幣組織,最後藉由對貨幣本質的思辨,解讀貨幣領域的新想法與趨勢。

貨幣學充滿學理,但又無比地貼近實務。完整的貨幣學修煉,能夠讓你橫跨經濟、金融、政治、社會、歷史、國際市場等領域,更了解各種事件背後的原理原則,培養自我的解讀能力與敏銳度。利率變動時我們應該要如何選擇?匯率改變時是否有套利空間?物價波動時應該注意什麼資產?央行聯手救市時會帶來什麼影響?為什麼歐元區會在2012年受到嚴苛的挑戰?

只要翻開下一頁,你將持續地獲得解答。

目錄

第 **3** 章 **貨幣利率與金融**

第 **3** 章 **不同國家的貨幣關係—— 外匯與匯率**

第 5 章 通貨膨脹與通貨緊縮

第 6 章 貨幣學經典理論

第 **7** 章 貨幣制度的演變與重要國際組織

第 **8** 章 對貨幣本質與制度的爭論與觀點

第 1 章

貨幣的
起源與演變

　　日常生活中，人們幾乎無法離開錢（貨幣）而
生存，有錢才可以進行各種經濟活動。在貨幣出現
後，人類得以擺脫以物易物的不便，專注於自己專
長的事，再透過交易滿足所需。所以貨幣是買賣雙
方交易的媒介，更是促使人類社會生產效率化的推
手，進一步建構起多元的經濟活動。貨幣的演變也
反映經濟型態的轉變，從早期農業經濟到工業革命
後掀起的生產技術變革，隨著交易制度複雜化，貨
幣的形式、材料、價值計算方式也隨之演變，貨幣
的製造與發行也從種類繁多的私人鑄幣演變成由一
國政府統一鑄幣，並以法律強制規定貨幣的流通與
支付能力，於是現代貨幣制度逐漸成形，信用貨幣
取代黃金與鑄幣為主要的交易媒介。近年網路與智
慧型手持裝置普及，許多國家逐漸出現智慧支付，
來取代攜帶紙鈔與硬幣。

學習重點

- 貨幣有哪些功能？
- 什麼是商品貨幣？
- 金屬貨幣為何變成主流？
- 紙幣如何出現？
- 貨幣的價格如何衡量？
- 貨幣數量的多寡有什麼影響？
- 什麼是信用貨幣制度？
- 政府為什麼要壟斷貨幣的製造與發行？

交換價值

「貨幣」也就是俗稱的錢，是世界經濟活動運轉的支點。它起源於傳統物物交易時代，為免除以物易物的不便而有商品貨幣的誕生。貨幣出現後帶給人類交易便利、可衡量商品或勞務價值、累積財富等多種好處，所以千百年來貨幣深植於人類生活之中。積財富等多種好處，所以千百年來貨幣深植於人類生活之中。

物物交易與貨幣的起源

在遠古時代人類脫離茹毛飲血，進行採集、漁獵與耕作的生產行為時，當農夫喜愛漁夫獵補的鮮魚，漁夫心繫農夫的稻穗，於是雙方將鮮魚與稻穗進行交換，此行為稱為物物交易，也就是以物易物。物物交易是經濟活動的起源，它讓雙方可以取得想要的物品，然而物物交易的缺點是需要滿足「欲望的雙重一致性」，也就是說假設漁夫想要稻米，但如果農夫並不想要鮮魚，此交易就不成立，導致物物交易的成交率很低。物物交易的過程中，逐漸有若干商品是普遍被眾人接受，例如農業社會裡的牛隻深受大家的喜愛，所以人類開始利用間接的物物交易來取得想要的商品，增加成交率，例如漁夫將鮮魚換成牛隻、再將牛隻換成其他想要的商品。而更多人認同牛隻可以換到想要的東西時，人們會願意持有牛隻，牛隻除了本身的價值外開始擁有「交換價值」，這就是貨幣的起源。 此種具有交換價值的貨幣稱為「商品貨幣」。類似的商品貨幣還有貝殼、茶葉、可可、布、菸草甚至鋤頭等等，後來逐漸以貴金屬如黃金、白銀等金屬貨幣來取代。從歷史的軌跡顯示出，大多數人認同其價值、並想要持有的商品，也就是市場性居高的商品逐漸成為公認的貨幣。

貨幣的功能與重要性

由此可知，經濟活動建構於交易行為，讓買賣雙方各取所需，滿足心中的渴求，交易也是日常生活中人類最常進行的活動，貨幣則是促進交易成功的媒介。具體來說，貨幣擁有以下四大功能：交易媒介、價值標準、延期支付與價值儲藏，在這些功能做為基礎，也才得以讓經濟活動蓬勃多元發展成為可能。貨幣的出現改善物物交易的困境，讓民眾可以將商品換成貨幣，再將貨幣換成商品，不僅提高交易的成功率，每個人也可以專注

於所擅長的生產活動，再透過交易滿足各種需求，增進經濟體系的效率，
這便是「交易媒介」功能的展現。「價值標準」是指貨幣出現後，每樣商
品具有價格，表示每樣商品需以多少貨幣才能換得，如此一來便可藉此衡
量不同商品間的價值高低，甚至連付出的勞務也可以計算報酬，例如支付
薪資以僱用人力從事生產。 貨幣的「延期支付」功能則推動借貸制度出
現，假設農夫向漁夫借了一條魚，約定明年償還，然而明年農夫新釣的魚
在重量、大小、種類上未必等同借來的魚，糾紛因而產生，貨幣的存在就
能讓農夫在不同時期都可以貨幣代替實物折抵債務。「價值儲存」是因為
貨幣可以隨時換取可交易的東西，因此人類的資產可以利用貨幣形式來持
有，以留待未來消費使用。

貨幣的四大功能

貨幣起源於商品的交換價值

貨幣的出現取代了以物易物的不便性，以大家公認為高價值、想要
擁有的高市場性商品做為貨幣，用以交換任何想要的商品或勞務。

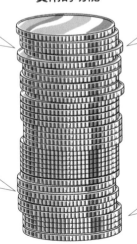

①交易媒介

貨幣做為交易買賣的支
付工具，可以增進經濟
活動的效率、提高交易
的成功率。

例 大家都認同以金幣
為交易媒介，可以用
金幣購買各種商品。

貨幣的功能

②價值標準

貨幣可以衡量商品或勞
務的價值，並且比較不
同商品間的價值高低。

例 一件衣服值1,000
元、一雙靴子值
3,000元，可見市場
買賣雙方認為這雙靴
子的價值比衣服高。

③延期支付

貨幣可以做為延遲支付
的標準，當有借貸行為
發生時，貨幣可以做為
未來折抵債務的計算單
位。

例 張三向小明借了
500元鈔票，隔了一
週後再還給小明500
元鈔票。

④價值儲藏

由於貨幣具有交換商品
的價值，若有多餘的貨
幣便可儲存起來，以供
未來消費使用。

例 老王每個月存1萬
元，打算存滿10萬元
再去買新音響。

貨幣的單位

貨幣單位的演變從數量、重量到面額，各象徵不同時代貨幣的特色。由於貨幣的誕生導致價格的出現，使得商品可以藉由貨幣來衡量價值，反過來說，貨幣間也可以透過所對應的同種商品的價格，來衡量不同貨幣間的對價關係。

貨幣的單位演變

因為物物交易的不便促使商品貨幣誕生，進一步導致「價格」的出現，例如某部落受到公認的商品貨幣是牛隻，牛隻成為該部落中價值的衡量單位，肥沃的土地要價10頭牛、貧瘠的土地要價3頭牛等等，人們可以利用這類公認的商品貨幣來衡量各商品的價值。此時的貨幣單位是「數量單位」，例如10頭、3頭等數量與貨幣價值成正比。 有趣的是，假設1頭牛可以換2隻山豬，然而養豬戶未必願意一次出售2隻山豬、或是賣牛者只想買1隻豬怎麼辦？將身為貨幣的牛隻切成一半，未必是個好方法。另一方面，即使該部落普遍認同1頭牛可以換2隻山豬，但身為貨幣的牛隻也可能有大有小、品質有好有壞，導致貨幣的價值未必有統一及公正性。 所以為了交易方便，主流的商品貨幣逐漸謀求具有「可分割」的性質，能被分割為細小單位的貨幣、以及具有「公正衡量單位」性質的貨幣。

經過長久的貨幣市場角逐競爭下，商品貨幣中的黃金、白銀逐漸脫穎而出，邁入金屬貨幣時代。金屬貨幣也是商品貨幣，但它比非金屬的商品貨幣方便，因為金屬貨幣的成分齊一，人們可以確定另一枚相同大小的黃金具有同樣的價值。此外，金屬貨幣還可以進行分割，像是做成金塊、金條、金元寶、金幣等各式大小的形式儲存。此時貨幣的單位是「重量單位」，例如1磅、1盎司、1公克等，重量與貨幣價值成正比。

不過，現代的貨幣並非商品貨幣，而是政府指定與統一製造，所以貨幣的單位不是商品貨幣時代的數量，也不是金屬貨幣時代的重量，而是被定義在該貨幣上面的「面額單位」，例如在台灣發行的鈔票面額包括100元、500元、1,000元等，而發生惡性通貨膨脹的辛巴威甚至發行代表100兆辛巴威幣的紙鈔面額。

貨幣單位的演進

商品貨幣時代

數量單位

以市場性居高的商品做為貨幣，例如穀物、牲口、貝殼等，衡量商品價值高低時，是以商品貨幣的數量多寡來判斷。

例 1間茅草屋價值3頭乳牛、1條魚價值5個貝殼。

1間茅草屋＝3頭乳牛

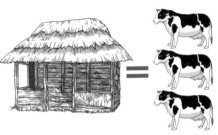

金屬貨幣時代

重量單位

以可分割為小單位且成分一致的金屬做為貨幣，例如黃金、白銀、銅等，由於金屬貨幣的形狀可能不一，以重量大小來判斷價值高低。

例 1磅黃金＞1盎司黃金＞1公克黃金。

※1磅＝453.59公克，1盎司＝31.1035公克

1磅黃金＞1盎司黃金＞1公克黃金

現代貨幣時代

面額單位

由政府單位統一製造與發行，例如硬幣、紙鈔等，貨幣的形式統一，價值的大小以貨幣表述的面額來決定。

例 10元硬幣、100元紙鈔、1000元紙鈔。

1000元紙鈔＞100元紙鈔＞10元硬幣

不同貨幣單位間的對價關係

　　從商品貨幣時代、金屬貨幣時代到現代，世界上出現過很多種貨幣，可能是成分差異，例如黃金、白銀、銅鐵等；或是地域的區隔，像是甲地發行甲貨幣、乙地發行乙貨幣，因而形成不同貨幣單位。但無論是以數量、重量還是面額做為貨幣大小的單位，貨幣的存在導致商品「價格」的出現，讓貨幣可以用來衡量不同商品的價值，相對地，商品也可以反過來表達不同貨幣間的對價關係。例如甲地、乙地分別發行限於該區域使用的甲幣、乙幣，在甲地售出的商品以甲幣標示價格，乙地售出的商品則以乙幣標示價格。若甲地出售的A牌奶粉要價10枚甲幣，當乙地欲購買A牌奶粉時則要價5枚乙幣，透過對同一商品的對價關係比較，便可以得知10枚甲幣等同於5枚乙幣，換句話說甲幣與乙幣的對價關係為二：一。中古時代的黃金與白銀，現代的美元、歐元與台幣等，皆可以用此方法來了解不同貨幣間的關聯，此關聯即為現在所稱的「匯率」。

不同貨幣的兌換

甲地發行甲貨幣
在甲地售出的商品
會以甲幣標示價格

乙地發行乙貨幣
在乙地售出的商品
會以乙幣標示價格

若以兩種貨幣分別購買同樣商品，如一罐A牌奶粉

甲地一罐要10枚甲幣
乙地一罐要5枚乙幣

甲幣與乙幣的對價關係為10：5 = 2：1

2枚甲幣的價值＝1枚乙幣的價值

甲幣與乙幣的對價關係即為「匯率」

貨幣的成分與形狀

商品貨幣時代，貨幣的成分與形狀複雜多變，只要是市場性極高的商品都可能躍上貨幣的舞台。演進至金屬貨幣時代，貨幣的成分以黃金與白銀等貴金屬為主流，形狀也隨著交易習慣慢慢固定。到了現代信用貨幣時代，貨幣的價值由國家信用做為擔保，成分變得不重要，形狀則訴求輕薄短小便於攜帶，增加交易效率。

商品貨幣時代

　　古老的貨幣與現今的硬幣、紙鈔截然不同，而是真實的交易商品。不同地區的商品貨幣可能有所不同，但皆具有極高市場性的特色，所以被大眾認同且願意持有。其市場性可能源於實用性，例如鋤頭、釘子；也可能源於價值性，例如牲口、大麥、可可；或是源於稀少性，例如漂亮的貝殼、珍貴的瑪瑙。不同的市場性導致商品貨幣時代的貨幣成分複雜多變，包括：貝殼、鯨齒、龜殼、獸皮、可可、穀物、茶、食鹽、糖、杏仁、牲口、釘子、魚鉤等眾多商品，都曾經躍上不同地區的主流貨幣舞台。但商品貨幣因不耐儲存、運輸不便、不易分割、或數量受限於生產及消費等缺點，使得商品貨幣隨著經濟活動日漸擴大變得愈來愈不易使用，逐漸被能克服原有商品貨幣缺點的金屬貨幣取代。

中國的商品貨幣

　　中國從有歷史紀錄的夏朝（約西元前二十一世紀～西元前十六世紀）便有貨幣的存在，經考證中國最古老的貨幣是貝殼，到了商朝與周朝時（約西元前十七世紀之後）則利用青銅鑄成銅貝，春秋時代（西元前770年～西元前476年）的時候出現了外形像鏟狀農具的布錢（布幣），是由古代青銅農具「鎛」演變而來，因「布」與「鎛」同音，故稱之。

金屬貨幣時代

　　因為金屬貨幣具有可分割性及公正衡量性，能提升交易的效率，所以商品貨幣時代後期，金屬貨幣逐漸成為主流（金屬貨幣也屬於商品貨幣的一種）。金屬貨幣的成分包括銅、金、銀、鐵等，其中以黃金與白銀這兩

種金屬最受歡迎，主要是因為具有以下三種性質：供給量相對稀少，所以具有價值；材質堅固耐儲藏，利於保存；具有可分割性且品質齊一，讓交易方便。

　　金屬貨幣時代經歷兩個時期，分別是秤量幣時期以及金屬鑄幣時期。秤量幣時期，貨幣的價值源於該金屬本身的價值，而其價值利用重量來衡量。以一盎司的黃金為例，無論它是一塊金磚、分割成百來條的金絲或是鑲在嘴巴裡的金牙，皆是一盎司的黃金貨幣，所以貨幣形狀樣式並不一定。通常為了交易方便，貨幣的形狀會設計成大型的金條供大宗交易使用、或是體積小的硬幣供日常生活使用。然而秤量幣每次交易時皆需要稱斤論兩，逐漸不適用交易活動愈來愈發達的近代，標準化的金屬鑄幣因應需求而出現。一樣是以金屬構成，例如黃金或白銀，但改為呈現固定的形式，包括形狀、金屬成色皆已標準化，並且刻上重量分額，例如標示為一盎司重的圓形金幣。當要進行交易時，只需計算數量就可以知道價值是多少，標準化的金屬鑄幣因而更易於被社會大眾辨認及使用。

現代信用貨幣

　　到了國家統一貨幣之後，新的貨幣制度逐漸形成，其成分與形狀與過去有了明顯的轉變。現代貨幣的成分以紙幣與非稀有金屬如銅、鎳等不具有商品價值的低成本幣材製作貨幣，由政府等機構的「信用」做為擔保，所以貨幣本身成分的價值並不重要，形狀則是講求輕薄短小好攜帶，例如美元、歐元與新台幣等紙鈔與硬幣，雖然不是由黃金製作，但因為具有購買力而廣受大眾使用。

　　隨著電子通訊設備與網路的發達，市面上又出現了更嶄新的「塑膠貨幣」與「電子貨幣」。塑膠貨幣是指以塑膠卡片代替傳統貨幣做為交易媒介，以簽帳卡與信用卡為主流；電子貨幣則是指藉由數位記帳來代替現金的貨幣系統，包含能夠讓民眾儲值或預付金額的產品，例如儲值卡、悠遊卡等。在國家以法律保障貨幣支付能力的信用制度運作下，這類非現鈔貨幣逐漸流行，並且已經是現代人生活中不可或缺的支付媒介，人類的支付行為因此有更多元的選擇。近來電子貨幣的運用愈來愈廣，許多第三方支付平台例如 Paypal、Apple Pay 紛紛崛起，加上比特幣（Bitcoin）等虛擬貨幣出現，挑戰傳統對於貨幣的定義。

不同形式貨幣的特色與種類

商品貨幣

特色 幣材為真實的交易商品，種類繁多，只要是具有極高市場性的物品皆可做為貨幣。

種類
① 實用性：鋤頭、釘子等。
② 價值性：農作物（可可、大麥等）、牲口（牛、羊）。
③ 稀少性：貝殼、龜殼、瑪瑙等。

缺點 ① 不耐儲存 ② 不易分割 ③ 不便運輸 ④ 數量受限於生產與消費

金屬貨幣取而代之

金屬貨幣

特色 使用金、銀等稀有貴金屬製成，具有可分割性以及公正衡量性，能提升交易的效率。

種類 銅、金、銀、鐵等金屬鑄幣。

黃金、白銀蔚為主流
① 價值性高：屬於供給量稀少的貴金屬。
② 利於保存：材質堅固耐儲藏。
③ 便於交易：可分割大小不同單位且品質齊一。

秤量幣時期
貨幣的價值以重量來衡量，形式沒有固定，因每次交易皆需鑑定成色並秤重以確定價值，不利於愈來愈頻繁的交易活動。

被取代

金屬幣時期
貨幣形式標準化，以圓形幣的形式為主流，每枚貨幣上皆有刻有重量分額，計算數量即可確定價值，更利於交易活動，逐漸取代秤量幣。

國家統一貨幣後

信用貨幣

特色 幣材不一定具有高市場價值、亦非具價值的貴金屬，國家以信用為擔保，透過法律賦予貨幣的支付能力。

種類
① 以紙張製成的「紙幣」。
② 以非稀有金屬如銅、鎳鑄成的「硬幣」。
③ 以塑膠卡片做為支付工具的「塑膠貨幣」，如信用卡、簽帳卡。
④ 以儲值或預付金額所形成的「電子貨幣」，如電子錢包、儲值卡。

貨幣的鑄造與發行者

為了免除逐次秤重的繁瑣手續及因應經濟活動往來頻繁的需求，金屬秤量幣逐漸被金屬鑄幣所取代。金屬鑄幣一開始由私人鑄造與發行，在十六至十八世紀便出現「塔勒」等揚名於世的金屬鑄幣，不過私人鑄幣因為幣種複雜以及成色良莠不齊，造成交易困擾，所以政府逐漸介入貨幣市場，成為貨幣最終的鑄造與發行者。

金屬鑄幣出現與私人鑄幣時代

相對於以各種實物做為商品貨幣的不便及難以標準化，使得金屬貨幣成為商品貨幣的主流，然而初期的金屬貨幣每次交易時皆需要判斷金屬的材料、重量與成色，造成交易的不便，因應之道便是直接在貨幣上標示成分、重量、成色等訊息，改為標準化的金屬鑄幣。最早的標準化金屬鑄幣大約出現於公元前六世紀，由位於小亞細亞的利底亞王國（今土耳其西北部）發行，當時的鑄幣是在貨幣上烙鑄成色與重量等記號，方便使用者辨認，此概念受到交易者的認同而廣為流行。因此中世紀的富商為了交易方便，大都會在金屬條、金屬塊上烙上個人的印記，以自己的信用來保證金屬鑄幣的重量與成色，成為私人鑄造統一規格貨幣的由來。

塔勒的出現

最有名的私人鑄幣出現於十六世紀，由位於波希米亞（今捷克西部）的施立克（Schlick）伯爵發行，他利用鄰近山谷賈奇姆斯受（Joachimsthal，德語thal意指山谷，因此又稱賈奇之谷）的銀礦床取材，鑄造出相同成色、尺寸的銀質圓形硬幣，其品質優良且純度齊一贏得眾人讚賞，因此該貨幣被命名為 Joachimsthaler，意指賈奇姆斯受的產品，簡稱「塔勒」（thaler）。塔勒的金屬鑄幣形式流傳到神聖羅馬帝國、荷蘭等眾多歐洲國家，也是現在美元（dollar）的前身。

私人鑄幣的缺點

因為貨幣的鑄造與發行者是私人，即使鑄造者都在鑄幣上提供了重量、成色、發行者等足以供人辨識的記號，使民眾方便進行買賣交易，市場上仍舊會出現許多形狀與成色各有不同的貨幣。若干不肖商人為降低成

本，利用價值較低的黃銅混入黃金或是白銀貨幣，或是悄然降低貨幣的實際重量以謀取利益，使得鑄幣上所標示的記號與實際不符，導致市場上出現成色及重量不足的鑄幣，私人貨幣發行者的信用情況成為私人鑄幣制度最大的疑慮。再者私人鑄幣種類繁多，市場上並存著許多不同的貨幣，流通性又各自不同，造成不同貨幣在進行交易時還是需要經過鑑定成色、重量，才能換算出相對的價值，增加交易的複雜度。

政府壟斷貨幣的鑄造與發行

　　私人鑄幣雖然幣種多樣化但換算複雜，加上不肖商人降低貨幣的重量與成色，衝擊到人們對私人鑄幣制度的信任感，所以世界各國逐漸出現政府壟斷貨幣的現象，由政府成為貨幣最終的鑄造與發行者，所發行的貨幣稱為「法定貨幣」。人們普遍相信具有公權力的政府所發行的貨幣，在重量與成色上較私人鑄幣值得信賴，並且統一貨幣後有助於辨識與流通性，更方便交易。歐洲等西方國家大都是中古世紀後政府才逐漸介入貨幣發行的權力，尤其在十八世紀之後「民族國家」興起，不同於分層級的封建制度，而是單一的統治主權，對內並統一社會制度，包括文字、法律、度量衡等，因此由政府發行的法定貨幣更形普遍。例如現今國際最強勢的美元即是十八世紀末美國政府賦予費城北美銀行發鈔特許權，統一印製鑄造的貨幣，象徵貨幣發行權受到政府掌控的時代來臨，不再由私人鑄造發行。

中國最早的法定貨幣

　　相較於西方國家，中國在秦始皇時代之後便收回民間私人鑄幣的權力（僅漢朝漢文帝曾經再度允許私人鑄幣），當時的貨幣由秦政府統一發行「秦半兩」，呈圓形方孔並有「半兩」兩字於錢幣上。秦半兩是中國漢武帝以來流傳七百多年之久的「五銖錢」的前身。

從私人鑄幣到法定貨幣的出現

私人鑄幣

源自於中世紀的富商為交易方便，在標示有重量與成色的金屬鑄幣上加印個人的記號，以個人信用做為交易的保證。

代表 塔勒（thaler，美元的前身）
- 發行者：施立克伯爵
- 特色：成色、尺寸一致的銀質圓形硬幣
- 流通範圍：16～18世紀的歐洲國家

缺失

私人鑄幣形成交易困擾

1. **私人發行可能信用不足**
   不肖發行者為謀利，刻意降低鑄幣的金銀成分，使鑄幣的實際價值與所標示成色、重量不符。
2. **種類繁多提高交易複雜度**
   私人鑄幣無統一形式、流通性各有不同，使得每次交易時必須經過價值換算，增加交易成本。

解決方法

法定貨幣

- 由具公權力的政府壟斷貨幣的鑄造與發行，統一全國貨幣，可解決私人鑄幣信用不足的問題，並提高貨幣的流通性與辨識度，降低不同貨幣還需換算與鑑定的不便性，提高交易效率。
- 十八世紀後民族國家興起，由政府壟斷貨幣鑄造和發行的情形開始蔚為主流。

例 英國的英磅、德國的馬克、美國的美元。

社會需要多少量的貨幣？

社會中流通的貨幣數量多寡與經濟活動的模式息息相關，但不同時期對社會需要多少貨幣量的看法則是各有差異。中古世紀認為貨幣很重要但對數量沒有特別要求，重商主義時代認為貨幣愈多愈好，工業革命後各界對於貨幣數量的看法產生分歧。無論貨幣數量該多該少，貨幣數量增加將導致貨幣購買力下降、物價上漲；貨幣數量減少將導致貨幣購買力增加、物價下跌，則是不爭的事實。

不同時期對貨幣數量的看法

約莫西元六世紀到十五世紀的中古世紀，是屬於封建社會的莊園經濟時代，以自給自足的農業型態為主，交易制度並不發達，但社會大眾普遍認為貨幣可以幫助交易，活絡經濟活動，所以金幣與銀幣已經開始流行，不過對於數量沒有特殊要求。

西元十六世紀到十八世紀的重商主義時期，因為地理大發現等因素促使國際貿易盛行，非常仰賴貨幣做為交易媒介，亦是資本主義抬頭的開始。重商主義者主張貨幣愈多愈好，有充沛的黃金與白銀就能製造更多的貨幣，藉以鼓勵員工工作與提高交易量，刺激生產與貿易大幅成長。增加貨幣流通量，最簡單的方式是讓黃金與白銀從國外流入國內，所以各國展開貴金屬掠奪大戰，例如限制進口鼓勵出口，以賺取國外的黃金與白銀；或是拓展殖民地，找尋世界各地金銀礦藏，例如西班牙在拉丁美洲殖民地開採出大量的白銀，使西班牙的經濟實力大增。

西元十八世紀中葉到十九世紀英國興起了工業革命，因機器技術革新取代以往人力生產的方式，使得產能大增，改變重商主義時期產能受限於人力，而需要依靠貨幣報酬刺激生產的現象。面對產能充沛甚至生產過剩的經濟模式，古典經濟學派認為貨幣數量的多寡並不影響實體經濟的產出，因而形容「貨幣只是一層面紗」，真正影響產能的還是所投入的生產要素，如勞動力、土地、機器設備等，所以貨幣數量的多寡僅會影響商品價格，對實體經濟並不重要；凱因斯學派則持相反看法，認為適當的貨幣政策能夠調節經濟，例如貨幣數量的增加時讓民眾感覺薪資水準上揚，提供誘因鼓勵人們投入生產，所以對實體經濟產生影響。

貨幣數量多寡帶來的實際影響

　　不論是金屬貨幣時代或法定貨幣時代，社會中的任何一個時間點當下的貨幣供給數量，實際上都是已經被決定的，例如在金屬貨幣時代，整個世界的貨幣數量就是已經被開採的黃金與白銀總量；在法定貨幣時代，貨幣數量則是政府所發行的貨幣數量。話雖如此，金屬貨幣與法定貨幣展現的效用卻不相同，其中最主要的差異是法定貨幣數量由政府決定並受到政府的操控，可以依政策需要來調節貨幣數量的多寡；金屬貨幣數量則受到大自然的限制，並不能自由地變多。

　　但不論貨幣是否能自由地增加或減少供給，無庸置疑的是，市場上流動的貨幣數量改變時，都將影響貨幣的購買力。假設某一天挖到前所未有的巨量金礦或是政府印製發行數百億貨幣，讓貨幣供應量增加，在市場上流通的貨幣跟著增加，人們感覺口袋裡的錢變多，消費也大方起來，因而使商品需求提高，但若原有的商品供給量未隨之增加的話，必然導致原有的商品價格上漲，人們需要用比較多的貨幣才能買到原本的商品，這表示貨幣購買力被稀釋，也就是貨幣貶值。反之，如果貨幣因為磨損或政府縮減發行等因素，讓貨幣供應量減少，在市場上流通的貨幣也會跟著減少，人們因口袋裡的錢變少了而縮減消費，使商品需求下降，則導致商品價格下跌、貨幣購買力上漲，造成貨幣升值的效果。

　　由此可知，貨幣數量與貨幣購買力成反比，即貨幣數量愈多則購買力愈低；貨幣數量愈少則貨幣購買力愈高。這是為什麼在採行法定貨幣的現代，政府都非常重視利用調控貨幣供給數量做為影響經濟景氣的手段，即使美國、歐洲等主流國家明白增加貨幣供給量會帶來通貨膨脹的代價，但不啻是刺激經濟的好方法。

不同時期對貨幣數量的看法

6～15世紀 莊園經濟時期	16～18世紀 重商主義時期	18世紀中葉～19世紀之後 工業革命後的新經濟模式
自給自足的農業型態、交易制度不發達，金、銀幣已存在但對貨幣數量多寡沒有特定看法。	國際貿易盛行、交易熱絡，仰賴貨幣做為交易的媒介，認為貨幣愈多愈能刺激生產。	因工業革命帶動經濟變革，不同經濟學派對貨幣數量的看法不同：①古典學派→貨幣數量多寡不影響實體經濟的產出。②凱因斯學派→貨幣數量多寡能調節經濟產出，故貨幣政策能發揮效用。
不重視貨幣數量多寡	貨幣數量愈多愈好	貨幣數量的看法分歧

金屬貨幣時代　　　　　　**法定貨幣時代**

- 以金幣、銀幣為主流，因此全世界已開採的金、銀礦總合就是所有的貨幣數量。

- 18世紀後民族國家興起，貨幣的製造與發行權收歸國有，政府可依政策需要來調節貨幣數量。

貨幣數量的影響

貨幣供應量增加

市面流通貨幣變多

人們覺得口袋裡有錢，因而增加消費慾望。

商品價格上漲

商品數量供不應求下，推升物價。

貨幣購買力下降

要更多的貨幣才能買到原本的商品，貨幣購買力被稀釋。

貨幣供應量減少

市面流通貨幣變少

人們覺得口袋裡的錢變少，因而降低消費慾望。

商品價格下跌

商品數量供過於求下，削減物價。

貨幣購買力上升

用更少的貨幣便能買到原本的商品，貨幣購買力被提高。

貨幣的價格

貨幣的價格源於可以兌換的商品或服務，反過來說，貨幣也是衡量所有商品價格的基準。由於商品貨幣的價值源於貨幣本身的市場性，其貨幣價格會接近於做為商品的真正價值，但在政府壟斷貨幣發行權後，使得貨幣不再具有商品價值，改為由政府保證，以及人民對政府的信賴程度來決定貨幣的價值。

貨幣價格的形成

物物交易時代因為有間接交易的需求，自然誕生出具有交易媒介性質的商品貨幣。不過商品貨幣並非憑空冒出或族中長老指定，而是在眾多交易行為中，因該貨幣受到該地民眾普遍認同，民眾願意出售商品換取該商品貨幣，且該商品貨幣能在下一次的交易中換成其他商品，所以才會時常被用來交易。由於貨幣本身即具有一定價值，因而被認可且擁有較高的市場性，例如牲口、珠寶、茶葉、穀物、貴金屬等等。因此商品貨幣時期一枚貨幣的價格，便等於該貨幣本身的商品價值，例如某部落以貝殼為貨幣，那麼該部落1枚貨幣的價格等於該部落認同1枚貝殼有多珍貴，貨幣的價格源於可以兌換的商品或服務。假如1枚貝殼可以換取1隻雞，代表該貨幣的價格等於1隻雞。相對地，1枚貨幣的價格也是衡量所有商品價格的基準，例如1張椅子等於2枚貨幣的價格、1隻牛等於20枚貨幣的價格。

由於商品貨幣本身是可以消費的商品，同時也充當交易的媒介，若商品做為貨幣的價值明顯低於商品用途的價值，則人們會將這些商品做為非貨幣的用途；反之若貨幣的價值大幅上升超過其做為商品用途的價值，則該商品就會減少其商業用途以供貨幣交易之用。例如屬於商品貨幣之一的金屬貨幣，其價格仍源於所採用金屬的價值，假設一枚10公克的黃金被鑄造為面額100元的貨幣，表示10公克黃金的貨幣價值即為100元。如果10公克的黃金可以賣出120元，代表黃金的商品價值超過其做為貨幣的價值，此時人們寧願將面額100元的金幣熔化後當成商品去販售，導致黃金在商品供給量持續增加之下進而價格下滑，直到黃金的商品價值與貨幣價值相等。相反地，若黃金的商品價格為80元，則黃金做為貨幣有利可圖，市場上會將黃金冶煉為貨幣，導致黃金的商品供給量因持續減少而價格上升，

同時黃金的貨幣量則因持續增加而幣值下降，直到黃金的商品價值與貨幣價值相等，再度回到均衡。透過這樣機制的調整，商品貨幣的價格（即其面額）不可能過度偏離其商品價值，幣值會等於幣材的真正價值。

政府壟斷貨幣後對貨幣價格的影響

　　在政府壟斷貨幣發行權而發行法定貨幣後，貨幣價格依據有很大的轉變。法定貨幣的發行可分成兩個階段：在第一個階段是政府發行金屬鑄幣，此時貨幣為政府統一鑄造，但貨幣的價格即為貨幣材質本身的商品價值，例如黃金、白銀、銅的價值各有高低，其價格性質與私人鑄幣時代並無差異。第二個階段是政府發行紙幣或非稀有金屬硬幣，人們手中掌握的貨幣可能是薄薄一張紙或是幣材便宜的鎳幣、銅幣，本身並無商品價值卻能兌換各種商品，此時貨幣的價格由政府制定。如果政府保證該國貨幣能兌換到一定數量的黃金，即稱為「金本位制度」，使本身無商品價值的貨幣藉由黃金保證其價值；如果政府不承諾該國貨幣能兌換到一定數量的黃金，則稱為「信用貨幣制度」，貨幣的價值取決於政府的信用，而非幣材的價值，這也是現代的貨幣形式。

可兌換紙幣與不可兌換紙幣

　　紙幣背後若有商品（如黃金等貴金屬）做為兌換的保證，稱為「可兌換紙幣」，表示持有者可要求兌換等值的商品。反之，紙幣背後不再與貴金屬有任何牽連，則稱為「不可兌換紙幣」，因為是以發行者的信譽或命令做為保證，又稱為「命令貨幣」。無論是可兌換紙幣或不可兌換紙幣，人們接受其做為交易媒介皆來自於對發行者的信賴，所以通稱為「信用貨幣」。

不同時期對貨幣價格的判斷

商品貨幣時期

商品貨幣以具市場性的物品，例如牲口、珠寶、茶葉、穀物、貴金屬等等，其價格源於可以兌換的商品或服務。

 一枚貝殼可換一隻雞→代表以貝殼做為貨幣的價格為一隻雞。

商品貨幣的價格
（貨幣面額）

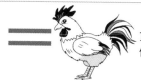 = 貨幣本身的商品價值（幣材價值）

金屬貨幣時期

金屬貨幣以黃金、白銀、銅、鐵等為幣材，其價格基本上不偏離所使用金屬的價值。

 一枚重1公克的金幣面額為1,000元→代表1公克黃金的市價即為1,000元。

1公克金幣　　　　　　1公克黃金

金屬貨幣的價格
（貨幣面額）

 = 金屬本身的商品價值（幣材價值）

法定貨幣時期

依據政府的法令而統一製造及發行的貨幣，其價格由政府制定。

 一張面額為100元的紙幣→代表此張紙幣可以購買100元的商品。

金屬鑄幣時代
金屬貨幣的價格源於所採用金屬的商品價值。

紙幣與非貴金屬鑄幣時代
1 金本位制度：貨幣價格由相等價值的黃金為擔保。
2 信用貨幣制度：貨幣價格以政府的信用擔保，幣值不等於幣材的實際價值。

貨幣的儲存

「貨幣倉庫」的誕生，解決了大額交易時交易者之間移轉貨幣困難的問題，它也是現代銀行的前身，其發行的倉單（後稱銀行券）能讓人們直接做為交易的支付品，象徵紙幣誕生於世。

貨幣倉庫的出現

當金屬貨幣進展到刻著面額的鑄幣時代後，大幅減輕人們交易時必須辨認貨幣材料、重量與成色的困擾，是貨幣史上的一大進化，然而隨著商業興起，大額及遠地交易也逐漸增加，貨幣持有者面臨到如何儲存大量金屬鑄幣、以及如何方便且安全地轉移給下一位使用者的問題。舉例來說，伯朗先生欲購買大量的土地良田，需要付出一公噸的黃金，此時搬運黃金將成為交易的一大難題。 於是「貨幣倉庫」應運而生，人們將所持有的黃金或白銀貨幣儲存到貨幣倉庫，並取得「倉單」，代表存戶（倉單持有者）對儲存貨幣的所有權。當需要進行交易時，存戶可以利用倉單來支付交易所需，此時貨幣在不同的持有者間轉移，但不需要搬運實體貨幣，大幅提高了交易的便利與效率。由於倉單可以隨時去貨幣倉庫兌換回實體貨幣，此制度因而廣受眾人接受，貨幣倉庫逐漸在各地興起。這樣的現象起源於中古世紀英國的金匠所發行的金匠券，使人們不用帶著黃金到處跑，只要利用金匠券就可以兌換黃金，而北宋時期（約西元1023年）所發行的「交子」，則是中國最早的紙幣，可做為交易買賣的匯兌憑據。

紙幣時代的來臨

貨幣倉庫就是現代銀行的前身，人們將黃金儲存於銀行後，可以獲得銀行發行的紙收據，稱為「銀行券」，之後利用銀行券進行交易，而且人們可以隨時將銀行券兌換回金幣，所以標記為一英鎊的銀行券與一英鎊的黃金具有相同價值，銀行券被視為金屬貨幣的替身。由於銀行券輕薄短小好攜帶，廣受眾人喜愛與使用，大額交易使用銀行券、小額交易使用金屬鑄幣，正是現代貨幣使用習慣的雛型，亦代表「紙幣」（也稱鈔票、紙

鈔）誕生於世上。紙幣的出現是貨幣劃時代的演變，象徵貨幣與貨幣本身的商品價值完全脫勾，在每一枚貨幣（或紙幣）皆為黃金或是有等值的黃金來保證其價值的「金本位制度」下，雖然紙幣材質本身的商品價值極低，卻可以購買超越幣材實質價值數十倍甚至千倍的商品。

貨幣倉庫出現促成紙幣誕生

金屬貨幣的交易困擾

1. 進行巨額交易及遠地貿易時，大量金屬貨幣搬運不易。
2. 交易時需要安全移轉至下一位使用者。

解決方法

貨幣倉庫出現

提供儲存及兌換貨幣的服務，為現代銀行的前身。

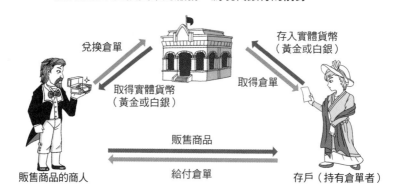

兌換倉單　→

取得實體貨幣
（黃金或白銀）

存入實體貨幣
（黃金或白銀）

取得倉單

販售商品

給付倉單

販售商品的商人　　　　　　　　　　　　　　存戶（持有倉單者）

紙幣誕生

因攜帶方便且交易安全，成為金屬貨幣（黃金與白銀）的替代品。

倉單	銀行券	紙幣
貨幣倉庫發行的匯兌憑證。	銀行發行的紙收據，亦是金屬貨幣的替身。	效用等同於金屬貨幣，其價值由銀行的黃金儲備做保證。

政府對貨幣的介入過程

> 基於維護交易秩序等理由，十八世紀後政府逐漸藉由公權力來壟斷貨幣發行權。起初政府發行的貨幣如同銀行發行的銀行券，背後有黃金儲備，稱為黃金準備紙幣制度，後因戰爭等因素導致貨幣與黃金正式脫勾，政府發行的紙鈔以及非稀有金屬鑄幣，全仰賴政府的立法與人民對貨幣的信心，成為現代通行各國的貨幣形式。

政府逐漸壟斷貨幣發行權

　　私人鑄幣體制有著幣種多樣化的困擾，且可能出現金屬成色與重量不足的道德危機，而私人銀行所發行的銀行券亦有無法兌換的風險。十九世紀前的銀行（貨幣倉庫）不若今日體系龐大且分行林立，而是小型銀行群雄割據時期，所以有許多銀行各自發行銀行券，導致銀行券的種類紛亂。雖然銀行在發行銀行券之初，會保有與銀行券面額等同價值的資產（如黃金）做為現金準備，以因應客戶前來兌換的需要，但實際發現若干銀行發行的銀行券，其背後是風險很高的資產，甚至毫無黃金準備來支撐。沒有黃金準備做擔保的銀行券等同幾乎沒有商品價值的紙收據，發行的銀行卻能藉此謀取莫大利潤，造成很大的道德危機，例如在十九世紀美國銀行法實施前，出現許多胡亂發行紙幣以騙取不法利益的小型私人銀行，這類銀行多開設在野貓群聚的偏遠地區，而被戲稱為「野貓式銀行」。

　　為解決幣制紛亂、發行銀行信用瑕疵等問題，各國政府基於維護交易秩序或控制貨幣數量以穩定經濟等理由，逐漸涉足干預貨幣市場，例如1844年的英國指定英格蘭銀行發行英鎊，使得英格蘭銀行成為歷史上第一家中央銀行；而現在的國際強勢貨幣美元，其美元鈔票的樣式則是源於1861年美國命令財政部發行的聯邦券。政府介入貨幣市場的方式是透過立法來獨占鑄幣權以及貨幣發行權，利用政府的公權力來統籌製造並發行貨幣。於是貨幣開始出現統一的形式，一個國家僅有一種貨幣通行，像是英國的英鎊、法國的法郎、德國的馬克、美國的美元等著名貨幣開始出現在世界的舞台。

貨幣特徵的改變

政府主導貨幣發行權後，十九世紀所發行的不具有商品價值的紙幣背後亦有黃金支持，一般而言各國的人民皆能自由地將紙幣向政府指定的銀行換回金幣，稱為「黃金準備紙幣制度」，屬於金本位制度的一種。此時各國貨幣雖名目上不同但實質上相同（皆是以黃金做保證），幣值穩定且深受信賴。舉英國為例，自維多利亞女王執政到第一次世界大戰爆發前，當時英國的貨幣英鎊是由黃金做為等價的保證，穩定的幣值被認為是推動工業化與世界貿易持續成長的重要幕後推手。

二十世紀時由於世界大戰的爆發、黃金存量不足以供應大幅成長的國際貿易、政府濫發貨幣等因素，使得金本位制度於1931年宣告瓦解。此後政府發行的紙幣（紙鈔）背後並無等價的黃金儲備，並且不可向政府兌換回金幣，稱為「不可兌換紙幣」，也稱為「命令貨幣」，此類貨幣憑藉政府的命令於境內流通，並且擁有無限法償的地位，亦即國家以法律賦予貨幣的支付能力，該國在進行交易的時刻，不論支付的數額大小，收款人都不得拒絕接受。此時紙幣的價值完全以政府的償債信用擔保，進入信用貨幣時代，也是現代的貨幣型態。

信用貨幣時代的主流貨幣除了紙幣，還包括非稀有金屬如銅、鐵、鎳等金屬鑄幣，完全脫離古代貨幣具有實際商品價值的性質，信用貨幣純粹是因為受到眾人的認可，認可的理由可能源於政府信用、該國經濟實力、人民共識等，而得以在市面流通。以台灣的1,000元新台幣為例，紙鈔的成本僅在4元以內，但可以用來購買1,000元的商品。

信用貨幣的出現與特色

政府壟斷貨幣製造及發行權

目的
- 統一不同型式的私人鑄幣，避免交易困擾。
- 解決私人銀行信用不足的問題，增強民眾對貨幣制度的信心。
- 以公權力介入，維護交易秩序。
- 控制貨幣數量以穩定經濟發展。

黃金準備紙幣制度登場

十九世紀各國政府發行的紙幣會以等價的黃金做為兌換保證，屬於金本位制度的一種，所發行的紙幣稱為「可兌換紙幣」。

1. 世界大戰爆發
2. 黃金存量不足
3. 政府濫發貨幣

1931年金本位制度瓦解

信用貨幣時代來臨

政府強制規定以紙幣及非稀有金屬如銅、鎳所製成的硬幣為法定貨幣，且政府不再有將貨幣兌換為黃金的義務，所流通的貨幣完全以政府的信用、該國經濟實力、人民共識做保證，此時的紙幣稱為「不可兌換紙幣」。

命令貨幣誕生

貨幣的形式及價值皆由政府制定，國家並以法律賦予貨幣的支付能力，在進行交易時，不論支付的數額大小，收款人都不得拒絕接受。

第 **2** 章

點石成金的政府和銀行

現代貨幣體制是建構在一系列你借我貸的信用循環過程，起點來自於擁有貨幣發行權的中央銀行將貨幣挹注到經濟體之後，手上握有多餘資金的人會透過銀行等金融中介機構進行儲蓄，資金不足者則會向銀行借貸。由於銀行能動員儲蓄並轉化為投資，促進資金在儲蓄者（債權人）與借款者（債務人）之間流通，進一步帶動經濟活動運轉，因此央行透過控制貨幣供給量可調節經濟景氣與物價水準。而負責發行貨幣、掌理國庫業務的央行，不僅是政府的銀行，更有監督、管理、指導金融機構活動的職責，可稱為銀行的銀行。

學習重點

● 政府、央行和銀行的關係

● 銀行的角色與種類有哪些？

● 銀行在現代貨幣制度中如何發揮作用？

● 什麼是貨幣信用創造制度？

● 貨幣供給量如何計算？

● 我國的中央銀行的職責與功能

● 貨幣政策如何實施？

● 美國聯準會為何有世界央行之稱？

現代金融體系的成形

自從政府賦予中央銀行獨占貨幣發行權後，市場自由鑄造貨幣的時代已成往事，改由中央銀行、金融中介機構、金融市場與金融監理當局建構起現代金融體系，透過可供給資金和需求資金的大眾在金融體系間流通貨幣，促成各種經濟活動。

政府授予央行貨幣發行權

十九世紀以來，政府逐漸收回私有銀行鑄造貨幣的權力，並賦予中央銀行貨幣發行權。1844年英國首先將貨幣獨占發行權賦予英格蘭銀行，且將該行收歸國有，成為世界上最早的中央銀行。此後法國、荷蘭、奧地利、德國與日本等國家亦陸續成立該國的中央銀行，到了二十一世紀後全球約有170家以上的央行，幾近遍布所有的獨立國家。此時的貨幣發行權已由各國政府獨占，並授予中央銀行代為發行貨幣的權力，成為現今所見貨幣發行制度。由中央銀行全權執掌一國貨幣的機構，獨占貨幣發行、執行貨幣政策，為獨立於政治運作體系之外的單位。

金融監理當局的出現

現代金融體系中的上層機構，除了政府所成立、負責發行貨幣的中央銀行，還有監督者金融監理當局。不過金融監理機構的出現則是遠在中央銀行的成立之後。因為中央銀行掌握了貨幣發行權，具有控制金融的實力，而為了維持金融穩定，大多數央行亦需肩負監督金融業務的責任。但隨著金融不斷創新及金融管制解除，更多新的、複雜的金融產品或跨業經營的現象逐漸頻繁，一來使中央銀行在監控市場活動的負荷加重，另一方面為了避免中央銀行權力過大而濫用控制貨幣數量及調整利率之權，如救援特定金融機構，因此基於道德風險的考量下，從八○年代的加拿大、九○年代的英國、南韓及日本開始設立專門的金融監理當局來監督金融活動，便有愈來愈多國家仿效。台灣也隨之在2004年成立「行政院金融監督管理委員會」（簡稱金管會），負責檢查、督導金融機構，以及推行政府的金融政策。與央行區分權責下，央行只在必要時辦理金融機構業務的專案檢查。透過兩者搭配使金融監理制度更周全，以利建立安全、穩定與健

全的金融體系，確保投資者的權益、銀行等金融中介機構的健全，促使金融資訊透明化以及維持金融運作的效率。

金融中介機構與金融市場

在現代金融體系中，最與一般人息息相關、也是金融活動主體的是金融中介機構與金融市場。金融中介機構是指商業銀行、信用合作社、保險公司與信託投資公司（即投信）等，會匯集多數資金供給者的資金，再放款給資金需求者，例如商業銀行收受民眾的存款，然後透過個人信貸、房屋貸款等方案，將資金貸放給資金需求者，是做為資金供需雙方的一般民眾與企業經常往來的地方。

金融市場則是泛指資金供需雙方透過金融中介機構的交易與金流平台，交易存放款、股票、債券等金融商品所形成的市場。透過透明公正的制度化平台，能分散資金供需雙方直接融資的倒帳風險，降低供需雙方在尋找交易對象、篩選交易條件、交易資金等交易成本，提高資金利用的便利與安全性。

資金的移轉若是由資金供給者透過金融中介機構間接將資金貸放給資金需求者，像是民眾將資金存在銀行，銀行再將聚集的資金放款給需求者，這種融通方式稱為「間接金融」。在一般經濟活動中，資金移轉也可能由有資金需求的政府、企業發行股票、債券、受益憑證等金融票券，出售給投資者（資金供給者），達到集資的目的，此種融通方式則稱為「直接金融」。不過，在直接金融中，發行單位在與民眾交易金融商品時並非由政府或企業直接對應民眾收取資金，而是必須透過金融市場的標準化平台來進行，包括資金供給者下單、匯款、取得投資證明，以及發行的資金需求者取得資金等交易與金流作業。

有了金融中介機構與金融市場的存在，資金供給者就能有更高的意願利用剩餘資金賺取利潤，而資金需求者也能有效地募集到所需資金，形成活絡暢通的資金融通管道。

金融中介機構與金融市場的類型

隨著經濟活動愈趨多元，直接金融與間接金融固然已滿足諸多的資金需求，金融商品仍不斷推陳出新，使金融中介機構除了常見的銀行之外，還多了契約型態和投資型態的中介機構，使當今金融體系形成三種主要的

金融中介機構類型：**一是存款中介機構**，包括了最常見的商業銀行、專業銀行（中小企銀、工業銀行、農業銀行）、基層合作金融機構（信用合作社、農漁會信用部）等。由銀行收取民眾存放的資金並支付存款利息，再將資金貸放給需求者並收取利息。**二是契約中介機構**，例如人壽、產物保險公司。透過販售生命、財產、年金等保障型態的金融商品，收取購買者資金並提供所載的保障，再將資金貸放給需求者收取利息。**三是投資中介**

間接金融與直接金融

間接金融

●**定義**：資金供給方透過金融中介機構間接將資金貸放給資金需求方。
●**優點**：透過金融機構做為交易中介，降低資金供需雙方在尋找交易對象、篩選交易條件、交易資金等交易成本，提高資金利用的便利與安全性。

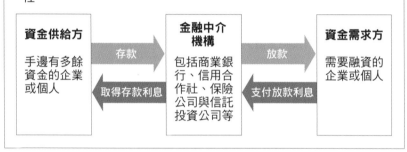

資金供給方		金融中介機構		資金需求方
手邊有多餘資金的企業或個人	存款 → ← 取得存款利息	包括商業銀行、信用合作社、保險公司與信託投資公司等	放款 → ← 支付放款利息	需要融資的企業或個人

直接金融

●**定義**：資金供給方透過金融商品直接將資金貸放給資金需求方方。
●**優點**：透過金融市場做為資金融通的標準化平台，提供交易者從下單、匯款、取得投資證明或是資金等標準化的交易流程，達到資金移轉的目的。

資金供給方		金融市場		金融市場
手邊有多餘資金的企業或個人	投入資金 → ← 購入有價證券	發行金融商品如：股票、債券、受益憑證等金融票券	獲得資金 → ← 出售有價證券	需要融資的企業或個人

機構，例如信託投資公司（投信）。由投信提供各種可用來投資的金融商品，像是基金等，收取投資人資金並按期結算投資損益；另一方面，投信會將資金用來投資金融商品的相關標的（資金需求者）上，等同於為投資人代客操作。為了降低成本，金融業者逐漸將資源整合，讓存款中介機構的功能除了前面所說的存放款業之外，也是間接金融中票券發行單位發行票券時的交易與金流平台，同時也是契約中介機構買賣保險、投資中介機構買賣金融商品時資金移轉的金流平台，所以現在不論是政府或企業發行票券、或是保險公司、投信公司等的業務，只要涉及資金流動的事務，大都經由存款中介機構來進行。

　　而從整體的金融市場來看，依交易的金融性商品年期長短，可區分為貨幣市場與資本市場。交易年期短的、如期限在一年以內的短期資金金融商品，因買賣行為頻繁、流通性強，導致商品的變現性高，很類似貨幣，因此稱為貨幣市場，例如商業本票、銀行業拆款融通、一年內的短期存放款、股票等等。交易的若是期限在一年以上的長期資金金融商品，因為流通性不高、變現不易，有此類金融商品需求者大都屬於長期投資，所以稱為資本市場，例如政府公債、公司債等。

現代金融體系如何推動經濟？

　　為了解決早期貨幣由私人發行造成幣值不穩，以及金融體系不發達導致資金融通效率低落等問題，經過多年的演進，發展為政府回收貨幣發行權，並將貨幣發行權授予中央銀行，由中央銀行代為發行貨幣、將貨幣注入經濟體系，並且由中央銀行、金融中介機構、金融市場與金融監理當局這四個角色，建構起現代金融體系與制度。世界各國的機構與名詞可能有異，但架構不出脫於此。在此架構下，透過貨幣流通的推動者──資金供給者和資金需求者，也就是由企業和個人所組成的社會大眾，在經濟生產過程中自然形成了擁有貨幣盈餘者和貨幣赤字者，當這些人意欲增值更多的財貨、或有資金需求而儲蓄與借款時，便會產生交易、儲蓄、投資等行為，推動貨幣在金融體系間融通運轉，讓各種經濟活動如企業投資、貿易、家戶收入、個人消費等更加活躍，以此帶動經濟繁榮。

現代金融機構體系

政府

收回私有銀行鑄造貨幣的權力，並賦予中央銀行貨幣發行權，以建立穩固的貨幣制度，讓金融體系有效率運作。

↓ 授予貨幣發行權　　　　　　　　↓ 授予金融活動監督權

中央銀行

一國的貨幣當局，獨占貨幣發行、執行貨幣政策，是獨立於政治運作體系之外的單位。

金融監理當局

與央行分工合作，負責檢查、督導金融機構，建構更安全、穩健的金融體系，確保金融運作的健全性。

↓ 資金融通　　　　　　　　　　　↓ 監管業務

金融中介機構　從事資金供需間的中介業務。

存款中介機構

收受民眾的資金，並且貸放給需求者；民眾需有要時可以取回存款。

例 商業銀行、專業銀行（中小企銀、工業銀行、農業銀行）、基層合作金融機構（信用合作社、農漁會信用部）等。

契約中介機構

收受民眾的資金，並且貸放給需求者，而民眾取得對生命、財產、退休金等保障的契約。

例 人壽保險公司、產物保險公司等。

投資中介機構

收受民眾的資金，並且藉由金融商品將資金釋放到需求者手上，而民眾可以取得投資收益等報酬。

例 信託投資公司、證券投資信託公司等。

金融市場　提供各種金融商品交易的制度化平台。

貨幣市場

期限在一年以內的短期金融工具交易市場，例如商業本票、銀行業拆款融通等。

資本市場

期限在一年以上的長期金融工具交易市場，常見的金融商品為股票、政府公債、公司債等。

銀行如何操作貨幣？

金融市場與金融中介機構是貨幣運轉的主要場所，而金融中介機構中最常見、也最重要的即為「銀行」，其承辦的存款業務與放款業務是民眾最常接觸的金融商品。存放款業務背後所代表的儲蓄與借款行為則是貨幣在經濟體系運轉的基礎。

有餘單位與赤字單位

在經濟活動的運作中，可以將家庭、廠商與政府部門等視為「經濟個體」，這些經濟個體藉由勞力、技術等方法從事生產，並在經濟活動中取得薪資或報酬等貨幣收入。同時，經濟個體為了生存、消費或投資等因素，亦需要支出，而有貨幣流出。因此，經濟個體同時會有貨幣收入與貨幣流出，若貨幣收入大於貨幣流出代表手上擁有多餘的貨幣，該經濟個體便稱為「有餘單位」，例如為了未來生活所需而儲存一筆存款的家庭。若貨幣收入小於貨幣流出代表手上擁有的貨幣不足而出現負債，則稱為「赤字單位」，常見的例子是廠商為了未來營運需求而添購設備的大筆投資支出。

以金融中介機構及金融市場為核心的金融體制存在的目的，便是讓貨幣有效率地運行、使經濟活動得以活絡運轉，讓擁有閒置資金的有餘單位能儲存多餘的貨幣，缺乏貨幣的赤字單位能借取不足的貨幣，提高貨幣的運用效率。

貨幣透過銀行的存放款業務而運轉

資金有餘單位和赤字單位雖然可以直接在金融市場中，交易股票、債券等有價票券進行投資獲取收益和募集資金（直接金融），另一個更常見的資金移轉管道則是透過銀行等金融中介機構的存放款業務來運作。以後者而言，銀行是一般人最常往來的金融中介機構，提供了廣泛的金融服務，其中最主要的業務為收受存款與進行放款。常見的存款業務是活期存款、定期存款與支票存款等，民眾可以將貨幣存放到銀行，在有金融交易時透過金流平台進行轉帳、跨行提領等方式移動資金，而不需使用的貨幣可以儲蓄在銀行裡賺取利息，等待未來需要使用時再提領。另一方面，銀

行常見的放款業務則是包括了各種短期、中期的信用放款，例如個人信貸、房地產貸款、企業貸款等等，資金需求者可向銀行提出借款需求，銀行評估風險與利益後決定是否放款，讓資金需求者在支付銀行利息下得以取得所需資金。

換句話說，銀行讓有餘單位得以進行儲蓄，將多餘的貨幣因能取得利息而存放到銀行，同時將匯集的資金放款給赤字單位，並收取利息。銀行收受存款時貨幣流入銀行，進行放款時貨幣流出銀行，銀行便是在貨幣流入與流出之間，一方面將儲蓄者的資金移轉至借款者，一方面將由借款者所取得的貸款收益移轉至儲蓄者，藉由存、放款行為使貨幣在流出、流入時形成利息差價讓營運獲利。例如銀行收受大眾100萬的存款貨幣時年付0.8%的存款利息，給企業放款100萬的貨幣時年收2%的放款利息，因為放款利息會高於存款利息，銀行藉此賺取利差。於是銀行在賺取利潤的動機下，會積極操作運用其掌握的貨幣，使金融中介的功能更加發達。

資金（貨幣）如何透過金融體制進行運作

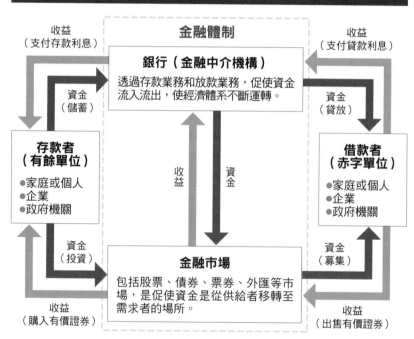

收益
（支付存款利息）

金融體制

收益
（支付貸款利息）

銀行（金融中介機構）
透過存款業務和放款業務，促使資金流入流出，使經濟體系不斷運轉。

資金
（儲蓄）

資金
（貸放）

**存款者
（有餘單位）**
●家庭或個人
●企業
●政府機關

收益

資金

**借款者
（赤字單位）**
●家庭或個人
●企業
●政府機關

資金
（投資）

資金
（募集）

金融市場
包括股票、債券、票券、外匯等市場，是促使資金是從供給者移轉至需求者的場所。

收益
（購入有價證券）

收益
（出售有價證券）

貨幣流通下的信用創造

在金融體系中，銀行匯集大眾存款後再放款給資金需求者，並非將100元的存款資金放款為100元的效果，而是透過層層存款與放款的不斷重複過程，創造出遠大於100元的效益，增加在外流通的貨幣數量，使經濟活動的規模擴大。

信用創造讓貨幣流通量變多

　　銀行行庫匯集了大量由民眾存放的貨幣，由於並非隨時有民眾前來提領現金，再者當貨幣材質由黃金或白銀變成由國家規定其面額高低的紙幣或硬幣時，貨幣本身並不具有實質價值，存款者並不會介意提款時取回的是否是原本存入的貨幣成色，只在乎領取相同面額的貨幣。於是匯集了大量貨幣的銀行平時僅需保留部分現金供民眾提領，其餘暫時用不到的貨幣便可善加利用貸放給資金需求者。銀行便可在放款利率高於存款利率的運作下，賺取利息差價的收益。

　　一般人或許會認為，在整個金融體系中，銀行的放款金額應該就是存款金額扣掉預備給民眾提取的金額，但實際上卻並非如此，經由銀行存放款的行為模式，會創造出更多的貨幣流通數量。假設整個金融體系只有甲、乙兩位存戶、和A、B兩家銀行，甲在A銀行存款100萬、乙在B銀行存款80萬，A、B兩銀行預備供甲、乙提取的金額分別維持在10萬和8萬，其餘拿去放款給資金需求者，所以整個金融體系中，所有的存款金額為180萬，放款金額為162萬（180萬－18萬），銀行可賺取的利息收入即為這162萬的放款利息，市場的貨幣流通數量即為162萬。

　　因為貸款者借到資金後，會進行買賣、交易、投資等各種經濟活動時，不管是從事什麼樣的活動，資金會被另一群人持有而存入銀行，銀行再將存入的資金貸款給其他需求者，使得除了最初存款者的貨幣金額外，隨著一層一層的存放款，將會多了一筆又一筆因為信用借貸行為而創造出的貨幣。

　　例如客戶黑崎將1,000萬元存入A銀行。A銀行發現黑崎短期內不會提回所有的錢，但預留了200萬做準備，並將其中的800萬元借給正在創業的愛咪，愛咪將借來的800萬元存入B銀行部分做短期使用，部分進行投資。B銀行收到愛咪的800萬元後，同樣預留了300萬做為愛咪提款的準備，也貸放了其中的500萬元給另外一位想要投資的客戶琪琪。此時三人各自的

帳戶內，黑崎擁有1,000萬元、愛咪擁有800萬元、琪琪持有500萬元，三人總和的帳戶金額為2,300萬元。然而，銀行最初的原始存款實際上只有黑崎所存放的1,000萬，其他兩人愛咪和琪琪帳戶中的1,300萬元便是銀行透過信用放款而增加的金額。

藉此銀行用較少的存款金額創造更大的放款金額，可收取的放款利息因而提高，但須支付的存款利息只有最初的存款利息，因此便可在借貸間賺取可資營運的利潤。銀行增加在外流通的貨幣供給量的過程即稱為貨幣的信用創造，意指經由銀行放款（或投資）過程所創造出的「存款貨幣」，最常出現於活期存款、活期儲蓄存款、支票存款等帳戶形式中。

準備金制度控管信用創造

雖然銀行透過信用創造使貸放出去的貨幣數量增加，提高貸款的利息收入，但並不會因此形成無止盡地擴大信用創造。其原因在於，銀行收受存款後因考量存款戶提領現金的需求，以及營運所需包括人事開銷、各種金融商品的交易或仲介成本、需支付給存款人的利息費用等，都讓銀行必須保留一定比例的貨幣存放在銀行裡做為備用，這筆庫存現金即稱為「準備金」。對銀行而言，如果沒有足夠的庫存現金供客戶提領，一旦存戶有提款需求卻取不到錢，將引發大眾對該行的疑慮，若擴大造成其他存款人的不安，便容易引發短時間內被大量提領的擠兌風潮。一旦銀行無法因應，就有面臨倒閉的風險，所以任何一間銀行皆會避免此情況發生而保留一定的準備金。此外，在當今的金融體制下，中央銀行為了保障存戶的存款安全，亦明確規定了銀行應該維持提領準備金的比率，例如台灣央行規定銀行應以當月各種存款及其他各種負債的平均餘額計算，在每月4日起到次月3日止的期間提存準備金，稱為「法定準備金」。因此，準備金制度等同是信用創造的制衡力量，調控著信用創造之下市場的貨幣流通數量。

信用創造有利於經濟發展

信用創造除了是現代金融體系的重要特色，也是當今經濟蓬勃發展的重要憑藉。因為信用創造的過程讓貨幣流通數量增多，民眾和企業覺得手上資金充裕，便會提高消費意願和廠商的投資意願，而銀行在營運良好、資金充沛之下，亦可提供較佳的的借貸條件，使民眾和企業更加投入消費和投資，帶動整體經濟成長。不過，雖然經濟的暢旺需要充足的貨幣流通數量，但在市場供需法則下，流通的貨幣過多使消費大增，市場容易因供

不應求造成物價上漲，氾濫的貨幣也等於在過度信用創造下稀釋了貨幣的價值，造成貨幣貶值等。由於貨幣供給量的變動密切影響著一國物價水準、資產價格、利率、匯率與信用貸放條件，隨時影響著經濟體的消費投資意願，以及進出口的競爭力。因此，一國政府為穩定物價與促進經濟成長，會透過央行控管貨幣供給量，依據經濟發展的狀態實施貨幣政策，像是調整法定準備率等以調節貨幣流通數量，避免信用創造持續擴張、或持續緊縮下的不良影響，使整體金融環境能在適當的貨幣流通數量的運作中，達到物價穩定、經濟成長的目標。

貨幣信用創造的過程

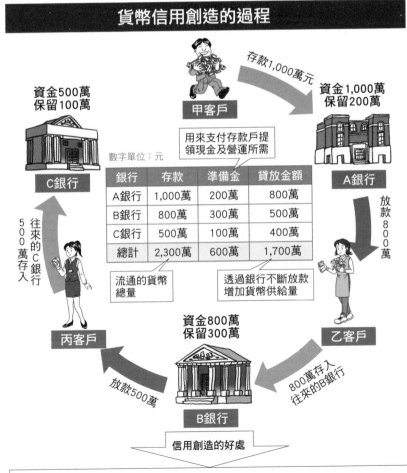

存款1,000萬元

資金500萬
保留100萬

C銀行

資金1,000萬
保留200萬

A銀行

甲客戶

用來支付存款戶提
領現金及營運所需

數字單位：元

銀行	存款	準備金	貸放金額
A銀行	1,000萬	200萬	800萬
B銀行	800萬	300萬	500萬
C銀行	500萬	100萬	400萬
總計	2,300萬	600萬	1,700萬

流通的貨幣
總量

透過銀行不斷放款
增加貨幣供給量

往來的C銀行
500萬存入

放款
800
萬

丙客戶

乙客戶

資金800萬
保留300萬

放款500萬

800萬存入
往來的B銀行

B銀行

信用創造的好處

透過信用創造的過程，使貨幣數量增加，讓資金不斷流動，刺激民眾消費意願和企業投資行為，進而推動經濟成長。

45

現代銀行的分類與功能

現代銀行可分成商業銀行與專業銀行兩大系統，商業銀行是大眾最常接觸到的金融機構，提供民眾與廠商存放款、貼現與匯兌等業務；專業銀行提供專業性產業資金需求的管道，以促進經濟發展與產業升級。現代商業銀行則是趨向綜合性銀行發展，透過資源整合增加銀行業的競爭力。

商業銀行

商業銀行是一般民眾最常接觸到的金融機構。日常生活中舉凡將所得儲蓄起來，轉帳、貸款、使用信用卡等皆需透過商業銀行。如果從銀行的角度來看，商業銀行的業務範圍包含了接受民眾的存款，包括利息較低的活期存款，與利息較高並約定存款期限的定期存款；依貸款者的信用評估後提供短中長期放款；收受未到期的票據或短期債券並給付現金的票據貼現；以及民眾需求外幣或售出外幣時，提供國內外匯兌交易等等，與一般民眾生活中的各種經濟行為息息相關。

商業銀行的本質即是利用收受存款而來的負債，換取放款的資產，而藉由存放款之間的利差或是手續費來賺取利潤。商業銀行分成本國一般銀行與外國銀行在台分行兩大類型，外國銀行在台分行一律劃分為商業銀行性質，經營的業務不脫離商業銀行的業務範疇，像是美商花旗銀行、英商渣打銀行、香港上海匯豐銀行等。

專業銀行

專業銀行是指有特定經營範圍和提供專門性金融服務的銀行。專業銀行的出現是因應社會分工及經濟發展所需，以支持和促進某種產業的發展，例如針對政府扶植的重點產業，提供特定金融服務以滿足政策性融資的需要。專業銀行因為服務對象、用途有所不同而有各式各樣的名稱，像是農業銀行、進出口銀行、投資銀行、開發銀行等，每個國家會依據實際經濟狀況發展而有不同需求的專業銀行，在台灣的專業銀行則分為農業銀行、工業銀行、不動產信用銀行、輸出入銀行與中小企業銀行等類型。

農業銀行提供農、林、漁、牧等生產及有關事業所需的信用貸款，以

發展農村經濟行為；工業銀行提供工業、礦業及其他公用事業的信用貸款，能協助廠商中長期的投資等業務需求；不動產信用銀行即為土地銀行，提供土地開發、都市改良、社區發展、道路與房屋建設等相關資金借貸；輸出入銀行是指提供進出口業拓展外銷、輸入原物料等國際貿易行為的授信所需；中小企業銀行則是供給中小型企業的中、長期信用貸款，協助投資或改善生產設備、健全其經營管理與財務結構。

綜合銀行與金融控股公司的出現

　　為了提升銀行的競爭力，大約在九〇年代美國、英國、德國與瑞士等允許其國內銀行除了經營商業銀行的業務外，還能兼營證券業、保險業等業務，於是綜合性銀行為之誕生。綜合銀行能提供顧客全方面的金融商品與服務，提高獲利機會，並且整合旗下資源，降低營運與行銷成本，所以綜合銀行可能較傳統銀行有更多競爭優勢。台灣於2001年通過《金融控股公司法》後，允許金融機構以金融控股公司模式，進行跨業經營。截至2020年6月共有16家金控公司，一共整併了90家以上的銀行、證券、保險等機構，金控公司得以將旗下各類型子公司，藉由通路與資源整合等方式，增加行銷機會與促使金融商品多元化。例如在2001年台灣首家成立的金融控股公司「富邦金控」，合併了原本負責保險業務的富邦產險、富邦人壽，以及證券買賣及投資業務的富邦證券、富邦投信，還有一般商業銀行業務的富邦銀行，隨著營業範圍的擴大，又成立富邦資產管理公司、富邦創業投資公司，使得業務範疇除了傳統商業銀行業務外，還經營了保險、證券及資產管理等業務，並推出更多元的金融商品及服務，像是結合壽險與投資的投資型保單、對旗下創投輔導的投資事業進行融資服務、推出自有基金對投資人進行銷售等。

現代銀行的特色和業務

① 商業銀行

主要以接受活期存款、定期存款、支票存款，提供短期、中期信用為主要業務的銀行，也是民眾最常往來的金融中介機構。

業務內容

- **收受存款**：支票存款、活期及定期存款等
- **辦理放款**：短、中、長期放款等
- **進行投資**：投資公債、公司債及公司股票等
- **代銷金融商品**：代銷公司債、債券、基金及保單等
- **其他業務**：票據貼現、國內外匯兌交易、代理收付款

分　類

- **本國一般銀行**：國泰世華銀行、台新銀行、第一銀行等
- **外國銀行在台分行**：美商花旗銀行、英商渣打銀行、香港上海匯豐銀行等

② 專業銀行

業務與商業銀行並無重大差異，但主要為專為門產業們提供便利的信用服務，以輔助經濟發展與產業升級。

業務內容

- 配合政府的產業政策，提供農業、工業、中小企業等專門領域的信用業務需求。
- 收受專門事業存款及發行金融債券。
- 放款僅限於專門事業。

分　類

- **農業銀行**：提供農業相關部門信用服務，如前中國農民銀行。
- **工業銀行**：提供工、礦、交通及其他公用事業信用服務，如中華開發工業銀行。
- **不動產信用銀行**：提供土地、不動產相關事業信用服務，如台灣土地銀行。
- **輸出入銀行**：提供進出口業信用服務，如中國輸出入銀行。
- **中小企業銀行**：提供中小企業信用服務，如台灣中小企銀。

③ 綜合銀行與金融控股公司

銀行擴大業務與服務範圍，兼營證券、保險等業務。台灣法規則以控股公司方式，將不同業務性質的金融機構如銀行、證券、信託、保險等納入同一個金融集團旗下，進行資源整合以提高經營效率並促使金融商品多元化。

例　如

國泰金控、富邦金控、兆豐金控、中信金控等

中央銀行①：
央行的業務與角色

中央銀行（簡稱央行）是台灣法定貨幣「新台幣」的唯一發行者，其他職責還包括了穩定幣值、負責金融環境的穩定、監理一般銀行使其健全，以及支應政府的財政政策。央行業務往來的對象主要為銀行，對銀行進行存放款業務，因此央行不但是政府的銀行，也是銀行的銀行。

以穩定幣值與健全金融體系為目標

　　台灣的中央銀行在民國38年隨國民政府播遷來台，於民國50年在台北復業，而台灣通用的法定貨幣「新台幣」從民國38年起，均委託台灣銀行代理中央銀行發行。直到民國89年政府取消委託台灣銀行發行貨幣，確立中央銀行獨占貨幣發行的地位，此後新台幣（包含硬幣與鈔票）便一律由中央銀行鑄造與發行。根據《中央銀行法》規定，台灣央行的經營目標為促進金融穩定、健全銀行業務、維護對內及對外幣值的穩定，以此協助經濟發展。因此央行的首要任務便是維持物價與穩定金融體系，並在經濟快速變化的現代，積極參與金融體系的建制與改革，以因應經濟發展的需求。

中央銀行的業務

　　中央銀行的業務內容約可分為三種類型，透過執行業務內容達成穩定物價和健全金融體系的任務：

　　一、發行新台幣與穩定幣值：央行獨家發行法定貨幣新台幣，不但硬幣、鈔票樣式整齊劃一易於辨識、流通全國，且央行可以控制新台幣的發行量，防止貨幣數量因過度膨脹或萎縮使物價波動過大而不利經濟發展，因此對內可以穩定幣值。此外，央行負責保管黃金、外匯存底等國際準備資產，這些國際準備資產不但是進行國際貿易、清償國際債務時各國公認的支付工具，同時也是發行新台幣的保證，央行發行100％的貨幣到經濟體時，會提列相對應的資產放在國庫當做新台幣價值的保證。依據2020年3月資料顯示，其中約27％為黃金、72％為央行擁有的外匯。央行必須維

持一定數量的國際準備資產做為本國對外償債的信用保證、適當配置及投資在不同的貨幣與金融資產以分散風險和增加收益，央行亦可藉由國際準備資產調節國際收支平衡，並做為干預外匯市場的籌碼，對內維持本國貨幣的匯率水準，對外穩定幣值以利於貿易及經濟發展。

二、**經營國庫業務：**國庫是指政府儲存現金、票據證券或管理其他財務的機關，其收入源自於政府公營事業的盈餘、稅收、公債所得等，做為政府財政及各項預算支出的來源。由於央行屬於政府銀行而與財政部維持密切關聯，負責經管國庫及中央政府各機關現金、票據、證券的出納、保管、移轉及財產契據等事務，且負責政府國內外公債、國庫券的發行及還本付息。

三、**擔負台灣金融的穩定、監理與健全銀行業務：**經濟發展有賴良好的金融體制做為基礎，建構合宜有效率且穩定的金融體系、制定管理制度與規範，並健全銀行的業務運作正是央行職責之一。例如訂定金融機構牌告利率的規則，以穩定國家利率水準；規範銀行業的流動資產比例，讓銀行資產保有一定的流動性；制定銀行的存款與負債準備率，保障存戶安全，央行並保管銀行的準備金，建立銀行資金移轉、債務清償等業務；訂定重貼現率等融通利率，提供銀行在必要時資金融通的管道，以維持金融體系的安定。

央行如何成為銀行的銀行？

由於中央銀行的業務往來對象是銀行，兩者之間的關係就如同一般商業銀行與客戶一樣，銀行對客戶進行存放款業務，央行則是對銀行進行存放款業務。當銀行發生流動性危機，也就是資金不足或現有資產無法變現時，央行可以提供銀行緊急資金融通，做為銀行的「最後貸款者」，以維持金融體系的穩定；相對地，若銀行有多餘的資金，則可以存入央行，以做為因應未來營運所需的準備金，因此央行可說是「銀行的銀行」。

銀行在央行所開的帳戶，稱為「準備金帳戶」，且中央銀行為了保障一般民眾提領存款的需求，規定銀行必須將其收受的各類存款，依當月每日平均餘額計算，提存一定比例（即法定準備率，又稱存款準備率）的現金存放在準備金帳戶內。當各銀行彼此需要進行資金調度、融通拆款（金融同業互相借調稱為拆款）的時候，會利用在央行的準備金帳戶進行資金移轉，銀行只需要透過電話交易，現金即從央行的準備金帳戶中轉進或轉出，進行同業拆款，以達成資金調度、融通、銀行間的借貸、滿足法定準

備率等目的。

央行就像是一般商業銀行的銀行，透過調整法定準備率，可影響銀行可貸放金額的數量，進而控制貨幣供給額，例如央行調高法定準備率，銀行就必須保留較多的存款準備金，能貸放的金額便會減少，貨幣流通數量也隨之下降，因此調整法定準備率是央行重要的貨幣政策工具之一。

央行的三種業務與角色

業務① 發行新台幣與穩定幣值

● 發行貨幣，控制貨幣數量
　主管新台幣發行業務，運用貨幣政策以調節貨幣供給量，對內維持物價水準並影響經濟景氣。

● 保管國際準備資產，調控本國貨幣匯率水準
　保管黃金、外匯存底等國際準備資產，做為一國償債的信用保證及發行新台幣的準備金，對外兼具穩定台灣匯率水準及調節國際收支兼具的功能。

**角色 ①
貨幣發行銀行**

具有發行法定貨幣、控制貨幣供給量的權限。

業務② 經營國庫業務

● 經管國庫資產
　掌管國庫收支及中央政府各機關現金、票據、證券的出納、保管、移轉及財產契據等。

● 發行票券
　代理發行政府公債、國庫券及還本付息。

**角色 ②
政府的銀行**

負有經管國庫、給予政府融通的任務。

業務③ 穩定金融、監理與健全銀行業務

● 制定管理制度與規範
　訂定金融機構牌告利率的規則、制定銀行的存款與負債準備率、規範銀行業的流動資產比率等。

● 保管銀行的準備金
　銀行為因應未來營運所需，將部分資金存入央行，做為「準備金帳戶」。

● 提供銀行必要時的資金融通管道
　央行為銀行的最後貸款者，當銀行欠缺資金時，央行可提供銀行融通資金以安定金融體系。

**角色 ③
銀行的銀行**

央行設有銀行準備金帳戶，協助資金調度及融通。

中央銀行②：央行與政府

中央銀行扮演發行貨幣與控制貨幣數量的角色，政府的角色是藉由稅收和公共開支，將貨幣流量配置到經濟體中的適當位置。由於央行與政府的關係密切、目標相近，但優先順序可能不同，當兩方目標發生衝突時，應該如何抉擇以及央行是否能保有獨立性，考驗每個時代的施政者。

央行與政府在貨幣上的角色

中央銀行由政府授予貨幣獨占發行權，負責一國貨幣的發行以及統籌相關業務，藉由控制貨幣數量維持金融體系的穩定，而調整貨幣數量的政策即稱為「貨幣政策」。政府則是透過「財政收支」，即稅收和公共開支，引導貨幣流向經濟體系中的適當位置，例如將政府擁有的貨幣（預算）配置到興建交通、公共建設、教育等事項上，達到穩定經濟發展的目標，其調整經濟的政策稱為「財政政策」。政府的財政收入主要為稅收、公賣利益、國營企業盈餘、規費與罰金及其他等六項，財政支出分成經常性支出與資本性支出兩大類型，經常性支出包括了公務體系薪水、國防、教育、文化、社會安全與福利等，資本性支出則是指公共建設的支出，像是興建機場或港口、造橋鋪路等。由於政府掌管了國家內最龐大的貨幣流量，因此藉由財政收支的分配能影響社會總需求，並進一步影響景氣與物價。

央行在貨幣上的角色為發行與數量控制，政府的角色是引導貨幣在經濟體系的配置。政府與央行之間的關係為政府透過立法機關的法律制定來控制中央銀行，至於行政部門能否影響中央銀行則各國情況不一。

我國央行與政府的政策目標

我國中央銀行明確的職責與政策目標為刺激景氣、促進就業、維持物價穩定等。對照我國2019年度行政院施政方針，包括拚經濟、保弱勢、護民生、守護產業、加強台商回流、推動 5G 和 AI 發展等等，可知央行與政府的政策目的皆是為該國的社會大眾謀取福利。但民主體制下的政府因有定期選舉的壓力，執政者容易以與選民切身相關、短期見效的經濟成長為主要目標，以迎合選民的喜好；而中央銀行掌管貨幣發行，首重具長期效益的幣值穩定以避免物價膨脹，所以央行與政府的目標雖然相似，但重心

卻有所不同。然而根據經濟研究得知，政府意欲刺激經濟成長與央行務在消弭物價膨脹並不容易同時並行，所以央行與政府會有彼此施政目標衝突的時候，此時便端看執政者與央行總裁選擇何種目標為重。

中央銀行的獨立性

　　由於央行與政府有目標衝突，所以許多經濟學家認為中央銀行應保持獨立性與透明化，執行業務時不應該受到行政部門干預，其決策超脫任何黨派、階層與利益團體之外，避免行政部門為了刺激景氣的目的而對央行施壓，導致央行濫發貨幣，造成物價膨脹、貨幣貶值，使金融體系不穩定。

央行及政府調控經濟的方法與目標

中央銀行	政府
負責一國貨幣的發行和統籌相關業務，藉由控制貨幣數量來維持金融體系的穩定。	調節財政收支，將貨幣流量，將引導至經濟體系的適當位置，達到穩定經濟發展的目標。
調整貨幣數量的政策	調整經濟的政策
貨幣政策	**財政政策**

共同目標

刺激景氣、促進就業、穩定物價、創造有利國家經濟發展的環境，以增進社會大眾福利。

掌管貨幣發行之責

面對選舉壓力

中央銀行以平穩物價為優先目標	政府以經濟成長為優先目標
為了穩定幣值以避免通貨膨脹，在景氣過熱時會降低貨幣供給量。	以擴大政府支出為手段，如進行公共建設、擴充各部門預算，帶動產業營運和增加就業機會。
影響	影響
因為錢變少而抑制民間消費需求，在供過於求的情形下，促使物價下跌。	使民間所得和消費雙提高，在供不應求的情形下，促使物價上揚。

易產生目標衝突

貨幣供給①：貨幣的信用創造

貨幣供給是一國所流通的貨幣總數量，由社會大眾的現金及銀行的存款所組成。雖然中央銀行握有一國貨幣的發行權，但現代貨幣體制建立在存放款的信用制度上，貨幣不斷流動產生信用創造使貨幣數量倍增，因此中央銀行並不能完全控制貨幣供給額，但有職責穩定大眾對金融體系的信心，使貨幣體制持續運轉。

現代貨幣體制的核心精神：信用與債務

信用創造的起點是央行注入經濟體的貨幣，而信用創造的舞台由銀行搭起，使儲蓄者（債權人）與借款者（債務人）進行一系列你借我貸的貨幣信用創造過程，讓資金藉由銀行等金融中介機構在貨幣有餘單位與赤字單位間流動，亦構成現代貨幣體制。因此現代貨幣體制的核心精神，建構在信用與債務的擴張之間。此時央行發行一千元貨幣不等於實際供給量只有一千元貨幣，雖然總體經濟間的實際貨幣數量仍為一千元，卻可能藉由銀行體系的信貸行為而信用創造出一萬、十萬甚至一百萬並不實際存在、但又真實可使用的存款貨幣，並讓貨幣在社會的各部門運轉，推動經濟活動。

學者驚嘆資本主義下貨幣信用創造制度的渾然天成，亦擔憂該制度的單薄與脆弱，因為貨幣創造的過程建構在支持債務的「信用」上，尤其是不具真實價值的紙鈔代替黃金成為主流貨幣後，信用制度的維持更加重要，例如民眾若一窩蜂向銀行擠兌要回所有存款，銀行便會因現金儲備不足造成資金調度危機因而倒閉。因此當該經濟體對貨幣不具信心（債務無法償還）時，貨幣就會大幅貶值，造成惡性通貨膨脹，讓金融體系無法維持正常運轉，甚至引發金融危機；反之，若信用創造的過程受阻，例如銀行不敢借錢給民眾，使貨幣無法流通導致交易萎靡，則會引發經濟大蕭條。這些是現代貨幣制度下隱藏的危機，所以各國央行均肩負著守衛貨幣穩定的重大任務。

透過信用創造效果形成貨幣供給量

中央銀行發行的貨幣注入經濟體後，經過信用創造過程，貨幣數量會

引發銀行倒閉的擠兌風潮

　　現代銀行的營運思維中，並不會保留百分之百的存款準備金，所以庫存現金必然不足供應所有存戶同時提款，不過存款戶相信銀行的信用，認為銀行能夠償還存款債務，所以金融體系能安然運作。反之，存款戶不相信銀行的信用而一窩蜂提領時，銀行將因為當下無法籌措足夠的現金而被迫倒閉。2008年次貸危機重創若干金融機構，其倒閉的原因即是引發存款戶的信心危機前來擠兌，產生一窩蜂的連鎖倒閉反應，為避免擠兌現象引起更大危機，當時有16個國家實施全額保障存款，保證即使銀行倒閉政府也會全額還款，有38個國家提高存款保險額度，這些高爭議性的金融政策方停止信心危機、抑制擠兌風潮。

產生倍數成長，使得貨幣發行量不等於帳面上的貨幣數量（也稱為名義貨幣數量）。中央銀行注入經濟體的貨幣被稱為「基礎貨幣」，基礎貨幣經過貨幣信用創造後產生的總貨幣數量，稱為央行對經濟體的「貨幣供給量」。而貨幣供給量與基礎貨幣間的倍數關係，稱為「貨幣乘數」，貨幣乘數代表該經濟體貨幣信用創造的效果。換句話說，**貨幣供給量＝基礎貨幣×貨幣乘數**。雖然中央銀行能控制基礎貨幣的數量，但影響貨幣乘數變動的信用創造效果，是經由銀行及社會大眾的存放款過程所促成，所以中央銀行進行貨幣供給數量的決策時，需要同時考量基礎貨幣與貨幣乘數，然後藉由貨幣政策改變基礎貨幣與貨幣乘數，將貨幣供給量引導到最適當的水位。

貨幣供給來自於信用創造

中央銀行
信用創造
的起點

注入基礎
貨幣至經
濟體中

社會大眾
儲蓄者、
債權人

將多餘資
金存入銀
行

銀行
信用創造
的平台

保留一定比
率準備金，
其餘資金貸
放出去以賺
取利息

信用創造
透過不斷存
款與放款的
過程，增加
貨幣供給
量，因而促
進資金流
通，帶動經
濟活動。

銀行因此創造
出存款貨幣，
再貸放出去

銀行
信用創造
的平台

時間的運
用，再回
存至銀行

貸款客戶
借款人、
債務人

貨幣供給量 ＝ 基礎貨幣 ✕ 貨幣乘數

中央銀行注入經濟
體的貨幣

代表貨幣信用創造
的效果（倍數）

貨幣供給②：基礎貨幣

> 基礎貨幣是該經濟體實際持有的貨幣，現代由央行統一發行貨幣後，已能透過統計方法計算基礎貨幣的數量。基礎貨幣的特色包括：一、數量受到央行控制，是貨幣政策工具之一；二、屬於央行的負債，央行以黃金或外匯來保證貨幣價值；三、可藉由存款貨幣機構信用創造出貨幣供給量。

什麼是基礎貨幣？

　　基礎貨幣又稱準備貨幣、貨幣基數或強力貨幣等，指得是經濟體系中真實存在且流通（即能進行信用創造）的貨幣數量加總，也就是銀行等金融機構的準備金及社會大眾實際持有的貨幣數量，而藉由貨幣信用創造的過程，成為真正的貨幣供給量。

　　舉一部落的貨幣P幣為例，假設部落裡胖達銀行的行庫中有1,000枚P幣、鄉長陳總握有400枚、鄉民愛咪持有100枚，此時該部落的基礎貨幣即為1,500枚（1,000+400+100）。若該部落發生借貸的情況，基礎貨幣便會產生信用創造，使該部落的貨幣供給量大於基礎貨幣。假設該部落的山洞裡埋著神祕箱藏有500枚P幣，該貨幣尚未被計入基礎貨幣，因為沒有被使用，所以也沒有進行貨幣信用創造。而有一天鄉民小嘴取得神祕箱，並將這500枚P幣取出使用，那麼部落裡的基礎貨幣便會成為2000枚（1,500+500），並進行信用創造。倘若之後鄉民小刀不小心壓裂100枚P幣，導致基礎貨幣損毀無法使用，注入經濟體中可以進行信用創造的基礎貨幣便會降為1,900枚（2,000-100）。

現代基礎貨幣的特色

　　基礎貨幣具有以下幾種特色：**第一，基礎貨幣由中央銀行發行**，其數量受到央行的直接控制，為貨幣政策的主要工具之一。**第二，基礎貨幣並非是央行的資產，而是央行的負債**，具有無限法償（即無限的法定支付能力，沒有金額或次數的限制，由央行保證貨幣的支付價值）的責任，而實務之中，央行會提列黃金以及具有國際性地位的外匯（例如美元）做為準備，保證新台幣的價值。**第三，基礎貨幣是貨幣信用創造的基礎**，其執行單位為商業銀行、專業銀行、信用合作社等存款貨幣機構，透過借貸行為

進行信用創造。

　　古早以黃金、貝殼、石頭為流通貨幣且私人鑄幣盛行，因為貨幣的出現與毀壞都影響基礎貨幣的數量，基礎貨幣的計算相當困難。但在現代的金融體系中，貨幣統一由央行發行，基礎貨幣的數量便可以被精準算出，以利央行評估所發行的貨幣量創造出的貨幣供給量，是否足夠支應市場經濟發展的動能，或是過剩，進而採取必要的貨幣政策。以台灣的定義來說，基礎貨幣＝金融機構在央行的存款＋金融機構的庫存現金＋金融機構外各部門的庫存現金（社會大眾持有的現金）＋通貨發行額（央行發行的新台幣鈔票及硬幣），舉民國109年6月為例，台灣的基礎貨幣經以上各組成成分統計後為4兆六千5,084億元。

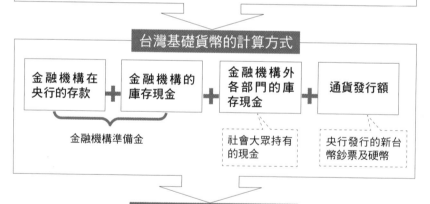

基礎貨幣的定義與特色

基礎貨幣（準備貨幣、貨幣基數、強力貨幣）

經濟體實際流通的貨幣數量加總，即銀行等金融機構和的準備金和社會大眾實際持有的貨幣數量，做為創造貨幣供給的基礎，能產生貨幣乘數的效果。

台灣基礎貨幣的計算方式

金融機構在央行的存款	＋	金融機構的庫存現金	＋	金融機構外各部門的庫存現金	＋	通貨發行額

金融機構準備金

社會大眾持有的現金

央行發行的新台幣鈔票及硬幣

現代基礎貨幣的特色

① 數量受到央行控制，是貨幣政策工具之一。
② 屬於央行的負債，央行以黃金或外匯來保證貨幣價值。
③ 可以藉由存款貨幣機構信用創造出貨幣供給量。

貨幣供給③：貨幣乘數

> 貨幣乘數代表貨幣信用創造帶來的效果，也就是貨幣供給擴張的倍數，其乘數大小同時象徵信用擴張過程中銀行等存款貨幣機構的貢獻度高低。實務上貨幣乘數可以透過貨幣供給量與基礎貨幣量推估而出，中央銀行利用貨幣乘數高低來設計貨幣政策，影響景氣與物價以達到穩定經濟的效果。

什麼是貨幣乘數？

　　當中央銀行釋放出基礎貨幣，經過銀行不斷重複存款與放款的過程，經濟體系會發生貨幣信用創造的效果，成為真正的貨幣供給量，此時基礎貨幣與貨幣供給量的擴張關係，便是「貨幣乘數」，而被創造出的貨幣稱為「存款貨幣」。貨幣供給量等於基礎貨幣乘以貨幣乘數，貨幣供給量亦等於基礎貨幣加上存款貨幣。貨幣乘數用來描述存款貨幣機構（例如銀行體系）帶來信用創造的效果，若貨幣乘數愈大，代表貨幣信用擴張過程中銀行重複存款與放款的次數愈多、金額愈大，所以創造了愈多的存款貨幣；相對地，若貨幣乘數愈小，代表貨幣信用擴張過程中銀行的借貸行為愈少，所以創造出的存款貨幣較少。

貨幣乘數的出現過程

　　貨幣乘數透過一連串存放款的過程而形成，以一個簡單的例子來說明，假設央行規定法定準備率為20％，並且單純設定銀行沒有超額準備（即銀行實際準備金超過法定準備金）、民眾獲得貨幣會全額存入銀行，即貨幣供給量等於銀行體系的存款。當中央銀行注入1,000元基礎貨幣時，透過甲存入A銀行，A銀行保留兩百元（1,000×20％）的法定準備後，將剩下的800元（1,000×(1-20％)）貸放給乙，乙向丙購買物品，丙將售貨所得的800元存入往來的B銀行，此時銀行體系的存款也就是貨幣供給量增加為1,800元（1,000+1,000×(1-20％)）。B銀行保留160元（800×20％）的法定準備後，將剩下的640元（1,000×(1-20％)^2）再度貸放給丁，丁又將640元全數存入C銀行，此時銀行體系的存款增加為2,400元（1,000+1,000×(1-20％)+1,000×(1-20％)^2）……無限延伸下去，藉由

銀行的借貸運轉，1,000元的基礎貨幣大約將創造出5,000元的貨幣供給量（$1,000+1,000 \times (1-20\%) + 1,000 \times (1-20\%)^2 + 1,000 \times (1-20\%)^3 + \cdots = 1,000 / [1-(1-20\%)]$），此時貨幣乘數等於五（貨幣供給量5,000元除以基礎貨幣1,000元）。

理論上，若銀行將扣除法定準備金後的可運用資金，全數放款出去；且民眾將所獲得的資金也全數存回銀行，則貨幣乘數等於法定準備率的倒數，上例中，法定準備率為20%，因此貨幣乘數為5（$1 / 20\%$）。但事實上銀行不可能將全數資金都貸放出去，民眾也不可能將錢都存入銀行，因此實際的貨幣乘數會比法定準備率的倒數小得多。

如何估算貨幣乘數？

現實生活中，因為會有超額準備以因應突發的融資需求、民眾為了支付日常消費所需也會保留一些現金在手上，不會將所有的錢存回銀行，所以在計算貨幣乘數時，除了考慮法定準備率外，還需要考量銀行平均超額準備率、民眾平均現金外流比率等資料。理論上，只要擁有法定準備率、超額準備率……等各種金融比率的精準資料，便可以透過數學公式計算出貨幣乘數，進一步計算貨幣供給量。但在實務中，由於各比率變數可能隨時間改變，使得由各比率估算出的貨幣乘數容易成為紙上談兵。

不過，由於基礎貨幣的發行掌握在央行手中，藉由從銀行取得貨幣供給量數據除以央行發行的基礎貨幣，反過來便可以估算出真正的貨幣乘數。央行再透過估算出的貨幣乘數了解目前的貨幣創造倍數，再調整基礎貨幣的發行，進一步控制貨幣供給量的目標水準。由於貨幣供給量、基礎貨幣與貨幣乘數三者有連帶關係，所以央行可以透過調節基礎貨幣發行與調整足以影響貨幣乘數的相關比率，靈活運用組合出貨幣政策，改變貨幣供給量，進一步影響景氣與物價、利率、就業等重要經濟局勢。

影響貨幣乘數的比率有哪些？

根據現今主流的貨幣學理論，影響貨幣乘數的關鍵有以下：法定準備率、超額準備率、現金外流比率、支票存款比率、活期存款比率、活儲存款比率、定期存款比率、定儲存款比率等等。不同的因子影響不同的貨幣創造過程，於是隨著考量因子的多寡，計算出不同的貨幣乘數，得到不同範圍大小貨幣供給量的定義（M1A、M1B、M2等）。

貨幣乘數的意義

貨幣乘數

中央銀行注入經濟體的每一塊錢，在經過銀行放款過程所能創造貨幣數量的倍數，而創造出來的貨幣稱為「存款貨幣」。

貨幣乘數等於：
- 貨幣供給擴張的倍數
- 貨幣信用創造的效果
- 貨幣供給量÷基礎貨幣

貨幣信用創造過程與貨幣乘數

假設央行規定法定準備率為20%，且銀行無超額準備金，民眾手上的貨幣也會全額存入銀行，即貨幣供給量等於銀行體系的存款。（數字單位：元）

	存款	法定準備金（20%）	貸放金額	貨幣供給增加金額
央行釋出的基礎貨幣	1,000萬	200萬	800萬	1,000萬
貨幣信用創造過程誕生的存款貨幣	800萬	160萬	640萬	$1,000+1,000×(1-20\%)=1,800$萬
	640萬	128萬	512萬	$1,000+1,000×(1-20\%)+1,000×(1-20\%)^2=2,440$萬
	512萬	102萬	410萬	$1,000+1,000×(1-20\%)+1,000×(1-20\%)^2+1,000×(1-20\%)^3=2,952$萬
	第n次存款流入銀行體系…	…	…	$1,000×(1-20\%)^n$
				總計：$1,000 / [1-(1-20\%)]=5,000$萬

➡ 貨幣乘數＝貨幣供給量5,000萬÷基礎貨幣1,000萬＝5

銀行體系的存款總額，即貨幣供給量

從貨幣乘數大小調整貨幣供給量

| 貨幣乘數過大 | 調降基礎貨幣供給量，以縮減信用創造效果，平穩貨幣供給量 |
| 貨幣乘數過小 | 調升基礎貨幣供給量，以擴張信用創造效果，平穩貨幣供給量 |

境內有多少「錢」？

一國境內的貨幣總數量即為貨幣供給量，但依據不同的貨幣定義會計算出不同的貨幣數量。M1定義為交易媒介性質的貨幣，包含現金、活存等流動性較高的貨幣；M2定義為能儲藏購買力的貨幣，所以是M1加上定期存款、外幣存款等流動性較差的準貨幣。

為什麼貨幣供給量有許多種？

貨幣的功能包括了交易的媒介、衡量價值的標準、延期支付的標準與購買力的儲藏等四大項，因此，「交易的媒介」與「購買力的儲藏」經常做為計算貨幣供給量時的定義依據。從立即可做為「交易媒介」的角度來計算，貨幣供給量會包括了流通在市面上的現金或是可以隨時提領支付的活期存款。相對之下，若從做為購買力的儲藏來計算，則會包含了現在的購買力（即流通市面的現金與活存）和未來的購買力（即流動性略低於活存的定期存款等）。由此可知，將貨幣視為購買力的儲藏所計算出的貨幣供給量，會比做為交易的媒介所涵蓋的範圍來得廣。一般而言，前者從「交易的媒介」為核心精神計算出的貨幣供給量簡稱M1，亦是狹義的貨幣定義；後者從「儲藏購買力」計算的貨幣供給量簡稱M2，為廣義的貨幣定義。而基礎貨幣是創造所有貨幣供給量的源頭，有時被稱為M0。

信用卡等塑膠貨幣不列入貨幣的定義

信用卡、簽帳卡等雖然可以用於消費，但這類先消費後付款的塑膠貨幣，只是一種延期支付的方式，實際支付時仍需要用現金或支票去完成，因此不列入貨幣的定義。

狹義的貨幣供給M1A、M1B

在以「交易的工具」核心精神定義下，M1即是指通貨（即流通的貨幣）及用來交易的帳戶金額總和。在台灣，M1由於交易帳戶有活存與活儲兩種，因此M1又可分為M1A與M1B。M1A涵蓋了通貨淨額（即中央銀行發行的貨幣總額扣除銀行等貨幣機構與中華郵政公司儲匯處的庫存現金，相當於社會大眾持有的現金數量），加上支票存款及活期存款，因為

現金流動性最強、支存與活存的變現性極高，所以M1A是經濟體系中流動性最強的貨幣供給量。M1B則是M1A加上活期儲蓄存款。活儲主要是民眾儲存起來的閒置存款，可隨時取用做各種用途，所以M1B代表著市場中流動性強的貨幣供給量，也就是市場流動性資金。

我國央行採用的 貨幣定義	**M1A＝通貨淨額＋支票存款＋活期存款** **M1B＝M1A＋活期儲蓄存款**

廣義的貨幣供給M2

從「購買力的儲藏」角度計算，貨幣供給量M2包括了M1B（通貨＋活存、活儲交易帳戶）加上準貨幣。「準貨幣」是指流動性不若M1高、但又具有購買力儲藏效用的貨幣，包含定期存款及定期儲蓄存款、外幣存款、郵政儲金（包括劃撥儲金、存簿儲金及定期儲金）、附買回交易餘額（即銀行賣出附買回約定債券、與票券交易餘額中屬於企業及個人的部分）、外國人的新台幣存款（包括國外非金融機構持有的活期性及定期性存款）與其他項目（例如貨幣市場共同基金及銀行承作結構型商品所收本金等），共計六項。

因此，M1中的M1A與M1B都是以交易功能為主的貨幣供給量，特徵是流動性較高，可以代表市場流動資金；M2的定義除了交易功能外，尚包含偏重價值儲存功能的準貨幣，所以M2代表了總體經濟中的資金總數量。各國中央銀行調控該經濟體貨幣供給量水準時，常以M2為目標，例如美國、加拿大與台灣。

我國央行採用的 貨幣定義	**M2＝M1B＋準貨幣**

不同貨幣定義下的貨幣供給量所計算出的貨幣乘數亦不同

　　因為M1A、M1B與M2所代表的貨幣定義不同，所統計的貨幣供給量也就不一樣，其中M2是最廣義的貨幣供給量，因此數字最高。根據中央銀行發行的《金融統計月報》顯示，民國109年5月的M1A的數量為7兆6千多億元，M1B的數量為196兆6千4百多億元，M2的數量為469兆4千6百多億元。此外，基礎貨幣為4兆4千3百多億元。根據以上資料所推估M1A的貨幣乘數約為1.72倍、M1B約為414.38倍、M2約為105.9倍。

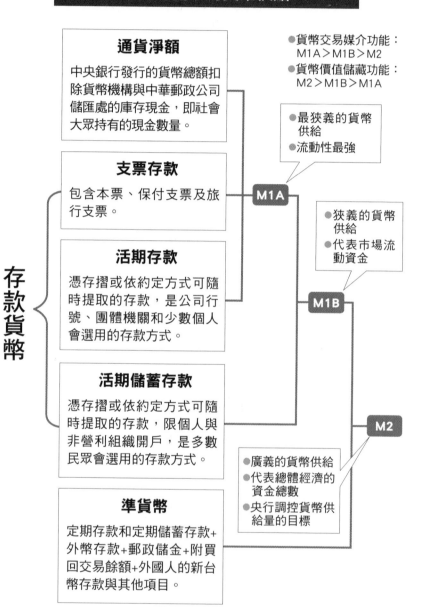

不同定義下的貨幣供給

存款貨幣

通貨淨額

中央銀行發行的貨幣總額扣除貨幣機構與中華郵政公司儲匯處的庫存現金,即社會大眾持有的現金數量。

支票存款

包含本票、保付支票及旅行支票。

活期存款

憑存摺或依約定方式可隨時提取的存款,是公司行號、團體機關和少數個人會選用的存款方式。

活期儲蓄存款

憑存摺或依約定方式可隨時提取的存款,限個人與非營利組織開戶,是多數民眾會選用的存款方式。

準貨幣

定期存款和定期儲蓄存款+外幣存款+郵政儲金+附買回交易餘額+外國人的新台幣存款與其他項目。

- 貨幣交易媒介功能:M1A＞M1B＞M2
- 貨幣價值儲藏功能:M2＞M1B＞M1A

M1A
- 最狹義的貨幣供給
- 流動性最強

M1B
- 狹義的貨幣供給
- 代表市場流動資金

M2
- 廣義的貨幣供給
- 代表總體經濟的資金總數
- 央行調控貨幣供給量的目標

央行如何擬定貨幣政策？

中央銀行執行貨幣政策可區分為操作目標、中間目標及最終目標。最初會藉由公開市場操作、重貼現政策、準備率政策等政策工具來改變基礎貨幣或貨幣乘數等「操作目標」，再從調節貨幣供給量的「中間目標」，達成因應貨幣數量變動而改變消費、投資與進出口等經濟活動，最後達到央行設定的穩定金融及促進經濟發展等「最終目標」。

貨幣政策的最終目標與意義

中央銀行最重要職責是物價穩定、充分就業、經濟成長、國際收支平衡、促進金融穩定與健全銀行業務等六大目標。物價穩定可以避免民眾為物價波動而苦、充分就業可以避免社會人力資源浪費並能解決社會問題、經濟成長會帶來國民所得增加、國際收支平衡促使匯率平穩、金融穩定則可規避經濟活動所仰賴的金融體系出現系統危機、健全銀行業務則保障社會大眾權益。這六大目標整合起來正是經濟穩健發展、成長的必要條件，深刻影響著人民福祉與國家強盛，此六大項亦即貨幣政策的最終目標，中央銀行即是透過「貨幣政策」來達成以上任務。

貨幣政策的效果與傳導機制

在現代的金融體系中，中央銀行即是透過貨幣政策的工具，如公開市場操作、調整重貼現率、調整準備率等來改變發行的基礎貨幣、或貨幣乘數，使市場貨幣供給量在增加或減少之下，對經濟活動的動能造成一連串的連動影響，來完成央行貨幣政策的最終目標。

當央行實施寬鬆性貨幣政策，也就是貨幣供給量增加，將導致人民感受到所得增加而刺激消費、信貸市場中也因資金供給增加使利率下降而誘發投資需求，兩者將使社會總商品需求上升，帶來社會總產出增加（即促進經濟成長），企業投資意願和生產效能提升下進而帶動就業。此時增加的商品需求超出現有商品的供應量，使得物價上漲；在外匯市場裡，則因為利率下降使熱錢流出，導致本國貨幣貶值，使出口商所收取的外匯可換回較多的本國幣金額，也就是收入增加，出口品的售價有調降空間更具競

争力，因而有利出口。

　　相反地，當央行實施緊縮性貨幣政策，也就是貨幣供給量減少，將導致人民感受到所得變少而縮減消費、信貸市場中因資金供給減少使利率上升而抑制投資需求，使得社會總商品需求下降，造成社會總產出減少（即平緩經濟成長），企業縮減投資意願與產能之下，可提供的工作機會減少，就業率因而下降。此時由於商品需求低於現有的商品供應量，使得物價下降；外匯市場裡也因為利率上升使熱錢流入，導致本國貨幣升值，使進口商以本國幣兌換外匯後實際所支付的金額減少，且進口成本降低，進口品的國內售價將可下降，因而有利進口。

　　寬鬆性貨幣政策使貨幣供給量增加，帶來促進經濟繁榮、增加就業、物價上揚、貨幣貶值等效果；緊縮性貨幣政策使貨幣供給量減少，帶來平緩經濟成長、減少就業、物價下降、貨幣升值等效果，中央銀行便是藉由寬鬆或緊縮性貨幣政策的效果，在細膩動態的調控下滿足各項最終目標。

影響基礎貨幣的政策工具：公開市場操作與重貼現政策

　　中央銀行將基礎貨幣注入經濟體系，主要是透過公開市場操作與貼現窗口融通兩種途徑。「公開市場操作」是指央行在金融市場上買賣債券或票券，藉以釋放或回收基礎貨幣，要釋放或回收的貨幣數量則由央行全權決定。例如央行買入1,000億元的有價證券，例如政府公債，而付出1,000億新台幣，即代表央行將貨幣注入經濟體，此時基礎貨幣增加了1,000億元，並產生1,000億元可形成的信用創造，使市場流通的貨幣供給量因而增加。反之，假設央行賣出1,000億元的有價證券長天定期存單，回收1,000億新台幣進入央行行庫，代表央行將貨幣抽離經濟體，此時基礎貨幣減少1,000億元，也少了1000億元規模的信用創造，使貨幣供給量減少。

　　中央銀行將基礎貨幣注入經濟體系的第二個方式稱為貼現窗口融通（或稱銀行借入準備），是指銀行出現資金短絀時，能透過央行的貼現窗口，抵押合格的短期票券或商業票據以換取現金（稱為重貼現），其效果相當於央行提早將貨幣注入經濟體系，促使基礎貨幣增加。在實務上，央行不但可以訂定貼現融通利率（即重貼現率），還可自由裁量提供銀行重貼現金額的多寡。若央行調降重貼現率，表示銀行向央行的借款成本降低，將提高銀行重貼現的意願，使基礎貨幣提早注入銀行體系，增加貨幣

貨幣政策的目標

操作目標

央行能迅速控制的短期目標，可以影響中間目標。

基礎貨幣

使用
政策工具

●公開市場操作
●貼現窗口融通制度
（重貼現政策）

貨幣乘數

使用
政策工具

●準備率政策

中間目標

與最終目標關係密切，但央行無法直接控制中間目標，必須藉由操作目標來影響。

增加　　**貨幣供給量**　　減少

寬鬆性的貨幣政策

使市場資金增加，人民感覺所得變多增加消費、企業投資意願也增加。
●促進經濟繁榮
●增加就業
●物價上揚
●本國貨幣貶值利於出口

緊縮性的貨幣政策

使市場資金減少，人民感覺所得變少減低消費、企業投資意願也降低。
●平緩經濟成長
●減少就業
●物價下降
●本國貨幣升值利於進口

最終目標

1. 物價穩定　　3. 經濟成長　　5. 促進金融穩定
2. 充分就業　　4. 國際收支平衡　　6. 健全銀行業務

供給量。反之，若央行提升重貼現率，表示銀行的借款成本提高，將減少銀行向央行重貼現的意願，不但會減慢基礎貨幣注入銀行體系，而且銀行還需將已到期的貼現金額償還給央行，讓基礎貨幣回收至央行，而減少貨幣供給。央行調整重貼現率的高低就稱為「重貼現政策」。

影響貨幣乘數的政策工具：準備率政策

中央銀行可以透過公開市場操作及調整重貼現率，改變基礎貨幣的數量，也可透過貨幣乘數進一步影響經濟體中的貨幣供給總量，達成寬鬆或緊縮性貨幣政策的目的。貨幣乘數即銀行存放款過程中所產生信用創造的效果，也是影響貨幣供給量的另一個重要因素，而貨幣乘數深受法定準備率（又稱存款準備率）的影響。中央銀行規定銀行收受的存款，需要備妥法定準備率以上的準備金不能貸放出去，以支應存戶提領的需求。舉例來說：中央銀行訂定法定準備率為10％時，銀行收到1,000萬元存款後，至少需保留100萬元做為準備金（1,000萬×10％），剩下900萬元可以貸放出去進行信用創造。

當中央銀行調降法定準備率時，使銀行能貸放更多金額到市場，信用創造的效果會倍增，即貨幣乘數上升，創造出更多的存款貨幣使貨幣供給量增多，達成寬鬆性貨幣政策的效果；反之，當央行調升法定準備率時，銀行需要保留較多的現金而可供貸放的金額變少，信用創造的效果會縮減，即貨幣乘數下降，帶來緊縮性貨幣政策的效果。

央行與銀行高層喝咖啡

中央銀行除了掌握基礎貨幣與貨幣乘數的兩大貨幣政策工具外，尚有其他影響市場的方法，例如道德勸說，可藉由約談各銀行高層茶敘（俗稱喝咖啡），建議銀行採行與央行一致的政策；或藉由發布新聞稿等方式，表達中央銀行的立場與政策訊息。

三種貨幣政策工具

貨幣政策

中央銀行藉由調節貨幣供給數量達到影響經濟的目的。貨幣供給總量即為「基礎貨幣×貨幣乘數」，因此中央銀行所採取的貨幣政策工具，即是改變基礎貨幣或貨幣乘數，進而影響貨幣供給量。

		使貨幣供給增加的寬鬆貨幣政策	使貨幣供給減少的緊縮貨幣政策	
貨幣政策工具①	**公開市場操作** 央行在金融市場上買賣債券或票券，以調節基礎貨幣的數量。	央行買進有價證券，釋出貨幣，使市場流通的貨幣數量增加。	央行賣出有價證券，回收貨幣，使市場流通的貨幣數量減少。	影響基礎貨幣
貨幣政策工具②	**重貼現政策** 重貼現利率是銀行向央行貸款的利率，藉由控制重貼現率以調控貨幣數量。	央行調降重貼現率，提高銀行的借款意願，使貨幣經由銀行體系流入市面。	央行調升重貼現率，降低銀行借款意願，且銀行償還已到期的貼現金，使貨幣回收至央行。	
貨幣政策工具③	**準備率政策** 法定準備率是央行要求銀行必須保留準備金的比率，藉由調整準備率以影響貨幣數量。	央行調降法定準備率，使銀行能夠貸放出更多資金，讓信用創造的效果倍增。	央行調升法定準備率，使銀行能夠貸放的資金變少，讓信用創造的效果降低。	影響貨幣乘數

貨幣政策背後的經濟哲學

貨幣政策藉由影響「操作目標」貨幣乘數或基礎貨幣，進一步改變「中間目標」貨幣供給量，來達成六大「最終目標」。一連串的傳導過程，導致貨幣政策的實施到出現具體成果會有一定的時間落差，造成貨幣政策效力出現時，卻不一定符合當時的經濟情勢。貨幣政策的時間落後現象困擾著無數的銀行學家，導致二十世紀之後，貨幣政策的實施哲學分裂成兩大派：權衡式貨幣政策與法則式貨幣政策。「權衡式貨幣政策」是指央行依據當時的經濟金融情勢，因地制宜地改變調整貨幣政策，所以政策多變、調整性高，屬於主動式的政策精神，支持者認為權衡式政策能在景氣變動快速的現代適當地駕馭經濟體系。「法則式貨幣政策」則是進行長遠性的考量，制定出貨幣政策的大方向，之後無論經濟情況如何變化，皆採取當初制定的貨幣政策方向，屬於被動式的政策精神，支持者認為採取權衡式政策容易引發貨幣政策因時間落後所產生的反效果，更加劇經濟波動，為了防止景氣波動並減少政府對經濟的干預，採取以大方向考量的法則式政策較能自動穩定經濟情勢。

具有公權力的中央銀行誕生不過百餘年，各國仍正在吸取經驗，判斷權衡式與法則式何者更加適當，通常會考量四個問題：政策的長期實施對市場運作是否不完美、對景氣與政策效果能否準確預測、對貨幣政策的時間落後能否精確評估、中央銀行能否抗拒政治壓力，如果都是肯定答案，會傾向採取權衡式貨幣政策，反之則採取法則式貨幣政策。

如何生產製造現代貨幣？

信用貨幣時代的貨幣鑄造權掌握在政府手中，貨幣的製作形式與數量一律由政府決定，並由官方或官方委託的單位生產製造。非官方製作的貨幣不被承認，稱為偽鈔。偽鈔對民眾、經濟體都會帶來損害，所以政府會透過立法與防偽技術來制止偽鈔的發行。

現代貨幣的發行權與鑄造權由政府掌握

在商品貨幣時代，貨幣由私人發行，市面上流通的貨幣大都是自然競爭，所以具有適合做為商品貨幣性質者，例如銀行家、或是製作技術精湛受市場喜愛的鑄幣家，例如塔勒的製作者（參見21頁），皆能以私人身分發行貨幣。當貨幣發行權回收到政府手上之後，貨幣的鑄造權也回歸於政府，政府可能設立專責單位進行製作，或是委託民間機構協助，其特色是貨幣的形式、成分、數量，一律依循著政府的政策。舉台灣為例，依《中央銀行法》規定由中央銀行發行的貨幣為國幣，且中央銀行分別設立中央印製廠與中央造幣廠，來進行新台幣的生產製造，數量也由中央銀行決定。

偽鈔的影響與防治

當政府握有貨幣的獨家發行權時，不是由政府發行的貨幣稱為偽鈔（假鈔）或偽幣，是被立法禁止的行為。若民眾無法辨識假鈔與真鈔的不同，而利用假鈔進行交易，此時假鈔也能夠發揮貨幣的功用，在經濟體發生貨幣效果，如果連銀行等金融機構也未察覺假鈔的流入，則假鈔也能夠進行信用創造。但是在信用貨幣制度中，真鈔的支付效力與價值保證是來自於政府的公權力，而假鈔沒有被保證，所以持有假鈔的被害者會面臨損失、假鈔製作者則是不當得利。若假鈔泛濫，除了影響交易安全及破壞買賣雙方的信任關係外，也會損及政府的威信及擾亂金融秩序，因為貨幣管理單位無法掌控貨幣發行數量，而在流通的貨幣數量大於發行數量之下，可能有引發惡性通貨膨脹的危機。

為了防止偽鈔橫行的危害，政府一般透過兩個方式來預防：一是以法律刑責規範，嚴懲假鈔製作者。二是製作貨幣時，加強防偽技術，大幅增加假鈔製作的難度，並公布官方發行貨幣的各種特徵，以提高民眾的辨識度。

現代貨幣的特色與偽鈔影響

現代貨幣的特色

①信用貨幣制度
現代貨幣的支付效力與價值保證來自於政府公權力，由政府的信譽及命令所保障。

②政府獨占發行權與鑄造權
現代貨幣的發行權與鑄造權收歸國有，由政府決定貨幣數量，並設立專責單位製造或委由民間機構協助。

偽鈔出現擾亂金融秩序

不是由政府發行的貨幣就是偽鈔或偽幣，偽鈔泛濫會損及政府威信、干擾金融運作。

偽鈔的特色
1. 由私人發行，與真鈔極為相似，企圖魚目混珠。
2. 不受政府保障，不具實質交易功能與價值。
3. 使用者未察覺之下，偽鈔仍可發揮貨幣功用，並進行信用創造。

偽鈔的危害
1. 造成偽鈔持有者的損失，偽鈔製作者卻不當得利。
2. 危害交易安全及買賣雙方的信任關係。
3. 政府無法準確控制貨幣數量，釀成經濟損失及通貨膨脹。

政府防治偽鈔的方式及防偽技術

1. 立法嚴懲偽鈔製作者
2. 加強貨幣防偽技術，並教導民眾辨識真假鈔的差異。

鈔票防偽技術
- 凸起觸感：用手觸摸鈔券表面有凸起觸感。
- 浮水印：迎光透視可見水印。
- 變色油墨：輕轉鈔券角度，鈔券面額數字會變色。
- 安全線：輕轉鈔券角度，線會變色或出現隱藏字樣。
- 隱藏字：以特定角度從側面檢視隱藏字。
- 光影變化箔膜（OVD）：在不同照明度和角度下能呈現不同的圖樣、色彩及設計。
- 金屬油墨：輕轉鈔券，圖案即呈現金屬光澤。
- 條狀箔膜光影變化：同OVD效果。

硬幣防偽技術
- 隱藏圖案或文字：輕轉硬幣角度，因左轉、右轉而呈現不同圖案或隱藏文字。
- 微小字：利用放大鏡檢視，會發現縮刻文字。
- 斜絲邊：在硬幣邊緣製作連續斜絲齒紋，可提高壓印技術的難度。
- 幣邊滾圖案：在硬幣邊部滾上各種文字或圖紋，可以是陽文（凸出），也可以是陰文（凹入），除增添硬幣的鑑賞趣味，也提高仿冒的難度。

世界的央行：
美國聯邦準備理事會

美國聯邦準備理事會是美國金融與貨幣體系裡最重要的機構，掌管美國法定貨幣「美元」的發行。由於美元深受眾人信任以及身為多國的外匯儲備貨幣，所以具有世界性貨幣的性質，導致調控美元的聯準會宛如世界的央行。

美國聯邦準備理事會的職責是什麼？

美國貨幣體系中的最重要主管機關是美國聯邦準備制度，其架構包括聯邦準備理事會（Federal Reserve Board of Governors，簡稱 Fed）、聯邦公開市場委員會（Federal Open Market Committee，簡稱FOMC）、聯邦諮詢委員會（Federal Advisory Council，簡稱 FAC）、12家區域性聯邦準備銀行與會員銀行等組織，負責調控貨幣數量、引導重要利率、管理審核銀行經營業務與準備金制度，甚至針對各區域提出景氣報告、政策建議等等，是影響美國甚至世界經濟情勢的重要政府機構。

聯邦準備制度中最重要的機構是「美國聯邦準備理事會」，簡稱「聯準會」，聯準會負責「美元」的發行業務、美國貨幣政策的制定、調整存款準備率（法定準備率）等，而其建議的重貼現率傳統上受到12家區域性聯邦準備銀行遵行，所以聯準會類似美國中央銀行的角色，掌控美元供給量，其主席被譽為美國次於總統外的第二號影響力人物，每當聯準會召開重要會議後欲公布政策決議時，全球央行、政府、媒體與投資客等皆屏息以待。

美國12家區域性的聯邦準備銀行

美國依據《聯邦準備法》將全國劃分為12區，分別是聯邦準備銀行所在的城市，包括：波士頓、紐約、費城、克利夫蘭、里奇蒙、亞特蘭大、芝加哥、聖路易斯、明尼阿波利斯、堪薩斯城、達拉斯及舊金山，其中紐約聯邦準備銀行的資產占聯邦準備體系資產的30％以上，成為最重要的聯邦準備銀行。這12個準備區是沿著郡界劃分，可能包含數州或某些州的一部分，而各區域的聯邦準備銀行可在該區的其他城市設立分支機構，其主要任務為協助聯準會監理銀行與金融，並提出調整重貼現率方案上呈聯準會，待聯準會通過才能生效。

聯準會調控美元對世界的影響

　　美國發行與流通的貨幣稱為「美元」，其地位不僅是美國的法定貨幣，更具有世界性貨幣的性質。主因是美國為世界最大的經濟體，被認為擁有最強的償債能力，所以深受世界各國的信賴而願意持有美元。各國的外匯資產大都選擇以美元形式儲備，舉台灣為例，2020年5月共擁有4,845億美元的外匯存底，其中黃金只占5.9％，美元約占9成4的高比例。由於美元為世界主流的儲備貨幣，使美元與各國經濟體系更加緊密連結。

　　由於美元具有世界貨幣的性質，導致調控美元供給量的美國聯準會擁有莫大的權力。當美國聯準會與美國公開市場委員會增加美元供給量時，除了在美國境內造成寬鬆性貨幣政策的效果，刺激美國經濟之外，還進一步影響到全世界的經濟動向，造成全球外匯市場波動、以美元計價的原物料價格上揚、市場利率下降導致美國公債更有價值而價格上漲等結果。

　　例如2010年10月，美國宣稱將實施二次寬鬆量化政策以刺激美國國內經濟，計畫逐步釋放約6,000億美元，使得市場上美元泛濫，造成美元貶值。首先影響所及是以美元計價的原物料價格應聲飛漲，因為美元相對其他主要貨幣貶值，就需要花費較多的美元才能購買等量價值的原物料；此外因美元大貶，避險需求激增下，具保值及避險功能的黃金突破1,400美元天價；然後投機客預期新興市場例如亞洲各國的貨幣，相對於美元貶值會導致各國貨幣升值，所以搶先買進各國貨幣，展開熱錢追逐大戰導致外匯市場動盪不安。而持有美國公債的其他國家的央行怒聲指責，認為美國讓美元貶值此舉侵蝕公債持有人的債權；時任聯準會主席的柏南克則辯駁如此才能刺激美國出口、挽救美國經濟帶動世界經濟好轉，使全球不會造成通貨膨脹，並且不排除進行第三次寬鬆量化政策。

　　美國聯準基於美國經濟發展的需要來調控美元供給量，卻因美元的變動牽連廣泛，使得世人對於美元為貨幣霸主的地位又愛又恨，但無論時下評論為何，聯準會調控美元對世界的影響是重大且深遠，導致美國聯準會有如世界性央行的地位。

美國聯邦準備制度與貨幣政策的制定

美國聯邦準備制度

聯邦準備理事會（聯準會）
- 理事7人，總統提名並經參議院同意。
- 理事任期14年，每2年改任其中一位。
- 相當於美國的中央銀行。

指派董事會3名成員 →

12家區域性聯邦準備銀行
- 由9人組成董事會，監督準備銀行的運作。
- 美國各存款機構必須將準備金存入所在區域聯邦準備銀行裡。
- 貨幣政策的執行單位。

出資 ←

會員銀行
包括所有的國家銀行及自願加入的州立銀行。

選舉董事會6名成員

聯邦諮詢委員會
由12家區域性聯邦準備銀行各選出1名董事，組成委員會。

參與　輪流　選舉

聯邦公開市場委員會
- 委員共12人，分別為理事會理事7人及5家區域性聯邦準備銀行總裁。
- 貨幣政策的制定實體，也是最重要的部門。

決定　決定　建議及諮詢　制定　執行

建議及諮詢

調控美元的貨幣政策

法定準備率　　重貼現率　　公開市場操作

全球受限於美元的影響力，使聯準會彷彿世界央行

美元供給量不僅影響美國經濟發展，也因為美元是各國外匯儲備的主流貨幣，且國際間以美元計價的商品不計其數，使得聯準會實施貨幣政策的效果牽連全世界。

第 3 章

貨幣利率
與金融

　　大錢在經過一段時間後滋生的小錢稱為「利
息」，利息與本金（大錢）的比例即為利率。利率
是貨幣的時間價值，可視為借出貨幣者應獲得的報
酬，也是借入貨幣者應付出的成本。利率的存在讓
有閒置資金的人願意借出貨幣，將貨幣釋放到金融
市場，而資金需求者以付出利率的代價取得資金，
進一步進行投資，讓貨幣經過金融市場挹注到經濟
體系，成為經濟交易、景氣進步的動能。

　　利率是促使貨幣流通的動能，藉由可獲得利率
的誘因使貨幣在借款人與貸款人之間不停流轉。由
於利率會影響貨幣的流動數量和方向，進一步牽動
景氣與物價，因此金融體系中重要的利率指標常受
到大眾關注。利率依據借貸對象的不同，常見的有
重貼現率、隔拆利率、存款利率與放款利率等等。
若依據性質區分又可分成固定利率、機動利率、長
期利率、短期利率等等。此外，隨著金融商品的迅
速發展，與利率相關的衍生性金融商品愈來愈多
元，提供投資大眾更多的利率避險工具。

學習重點

● 什麼是貨幣的時間價值？

● 央行與銀行間的貨幣流動關鍵：重貼現率

● 銀行同業之間的貨幣流動關鍵：隔夜拆款利率

● 如何觀察未來市場的利率變化？

● 存款人與銀行間貨幣流動關鍵：存款利率

● 銀行與借款人間貨幣流動關鍵：放款利率

● 存款時應該選擇固定或是機動利率？

● 如何從短期與長期利率的差異看市場風險？

● 利率衍生性金融商品有哪些？

● 利率與物價間的變動關聯？

● 解讀重要的利率指標

貨幣的時間價值

在現實生活中，向他人借入金錢時必須支付利息，常見的計息方式有日息、月息和年息，這意指著金錢和資本會隨著時間滋生價值。利息占本金的比例稱為利率，可視為貸放貨幣的價格和借入貨幣的成本，使貨幣能在資金供給者和需求者之間流通，成為現代金融活動的基礎。

為什麼貨幣具時間價值？

貨幣隨著時間的延長而增值的情形，稱為「貨幣的時間價值」，例如銀行每隔一段期間就會付給存款人一定的存款利息做為報酬，此利息即是貨幣因時間而產生的價值。貨幣之所以會隨著時間延長而增值，主要原因可以從兩方面來看：對貨幣持有者而言，當出借貨幣時表示其犧牲了現在享受貨幣的效用，因此在出借一段時間後應該能取得更多的貨幣，以彌補現在延遲消費的損失。對貨幣需求者（借款者）而言，需借入貨幣時表示對他人的多餘資金有所需求以解決目前資金不足的困境，藉此創造出更多的價值，因此很自然地應該支付出借者一定的報酬。

什麼是利率？

貨幣持有者（存款人）隨著出借資金的時間延長，可取得增加的貨幣，增加的部分即是貨幣的時間價值，稱為「利息」，而利息占原本出借金額（又稱本金）的比率則稱為「利率」。相對地，利率就是貨幣需求者（借款人）借入資金時，必須支付給出借貨幣者（貨幣供給者）的報酬，也是借款的成本。因此利率可以反映貨幣的價格，利率愈高代表需求者借入貨幣的代價愈高，但對出借者（貨幣供給者）而言相對有利，表示出借貨幣的期間愈長，可收回的貨幣愈多。反之，利率愈低代表貨幣出借的代價愈低，對借款人（貨幣需求者）有利，表示需付出的成本較低；但對出借資金者相對不利，隨時間可收回的貨幣較少。與物以稀為貴道理相同，需求大供給少的物品價格自然貴，同樣地，貨幣供給與需求消長間，會影響利率的高低，當貨幣的供給大於需求時，會使利率下降，當貨幣的供給小於需求時，則會使利率上揚。而利率的漲跌也會改變人們對貨幣需求與

供給的意願，高利率使更多持有多餘資金者願意出借貨幣以賺取更多利息；低利率則是讓資金需求者因需支付的成本降低而提高借款的意願。

利率在金融體系的功能

　　貨幣在不同目的與不同對象移轉，而產生各種利率。常見的利率有以下四種：當民眾將貨幣出借給銀行，銀行給予的報酬稱為「存款利率」；當銀行將貨幣貸放給民眾，民眾付出的成本則是「放款利率」；銀行與銀行之間貨幣融通時產生的借貸利率，則是稱為「拆款利率」；當銀行將收取的支票等商業票據存款，在未到期前向中央銀行先行兌換現金（此舉稱為貼現），需付出的報酬稱為「重貼現率」。雖然發生在不同對象間的利率名稱各異，但不論是個人與銀行間、銀行與銀行間、以及銀行與中央銀行間，只要有資金借貸融通的行為，出借的一方均能取得利息報酬、借款的一方均需付出利息成本，則是資金互動的基本通則。以利率做為讓貨幣在需求與供給間流通的動力，讓供給者供應資金並獲得收益，而需求者得以有限成本取得足夠資金進行投資，從而創造更高的獲利，藉此帶動經濟的運轉。

利率的意義與功能

現代金融制度中，存款人將錢存入銀行後，未來可獲得一定的報酬，稱為利息，此利息就是貨幣的時間價值。利息占本金的比率即為「利率」（利息÷本金），可衡量借貸成本，也代表貨幣的價格。

貨幣供給者（存款人）		貨幣需求者（借款人）
存款人借出資金會向借款人要求額外利息，以彌補犧牲目前消費或投資的損失。	借出本金 支付利息	借款人借入資金時必須支付存款人本金之外的利息做為報酬，也就是借款的成本。

貨幣供給＜貨幣需求	➡ 利率愈高→對存款人有利，表示利息報酬較高
貨幣供給＞貨幣需求	➡ 利率愈低→對借款人有利，表示借貸成本較低

利率的功能

促使貨幣供給者與需求者之間的資金流通，有助於金融活動的進行，並提升整體社會的經濟福利。

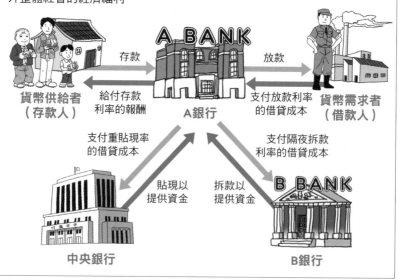

貨幣供給者（存款人）　存款　A銀行　放款　貨幣需求者（借款人）

給付存款利率的報酬　支付放款利率的借貸成本

支付重貼現率的借貸成本　支付隔夜拆款利率的借貸成本

貼現以提供資金　拆款以提供資金

中央銀行　　B銀行

重貼現率

當銀行營運所需的資金不足時，可以向中央銀行借款並支付利息。重貼現率即是央行對銀行提供的融資利率，也是央行調節貨幣供給的重要方法之一。央行藉由調整重貼現率的高低改變銀行的融資成本，間接控管可從銀行流入消費、投資市場的貨幣供給多寡。

重貼現率是銀行向央行的借款成本

民眾或企業以未到期的商業票據向銀行換取現金，稱為「貼現」，例如手上握有一張一年後到期的十萬元支票，若臨時需要現金週轉，便可將這張未到期的支票向銀行要求貼現。以貼現換得的現金會少於票據金額，其中的差額便是銀行向客戶收取的利息，稱為「貼現率」，做為提早換得現金的利息成本。銀行再將這些未到期商業票據或央行認可的票據，如承兌匯票、商業承兌匯票或商業本票等做為擔保品，向央行融通換取現金，銀行同樣需支付央行提早換得現金的利息成本，央行向銀行收取的利息即稱為「重貼現率」。

由於央行為經濟體系中貨幣的最高操控者，市場各金融機構如：商業銀行、信用合作社、信託投資公司、保險公司等皆重視央行的政策態度與方向，因此重貼現率變動更重要的意義是表達央行的政策態度。調高重貼現率表示央行認為市場資金氾濫而採行緊縮貨幣政策，讓資金回留至銀行體系；調降重貼現率則表示央行認為市場資金不足而採行寬鬆貨幣政策，讓資金流向市場。

央行以重貼現率調控貨幣流向

重貼現制度的存在使銀行資金調度更具靈活性，也讓央行得以在金融體系中扮演最後資金提供者的角色。因重貼現率相當於銀行向央行借款的成本，當央行調整重貼現率時，如同左右著銀行融通資金的借款成本。而銀行自央行取得的貼現資金，等於是央行將更多的基礎貨幣注入銀行，如果重貼現率低，提高銀行向央行的融資意願，央行便能間接透過此管道增加貨幣流入市場的供給量，形成寬鬆貨幣政策；反之，若央行調升重貼現

率，銀行向央行借款的成本變高，降低了銀行向央行借貸新款的意願，加上銀行還得償還先前向央行借貸的舊款，此時等於央行將基礎貨幣自銀行抽回，間接減少貨幣流入市場的供給量，形成緊縮貨幣政策。

重貼現率對利率的影響

由於重貼現率能改變經濟體系的總貨幣供給量，使存款利率和放款利率因為貨幣供需消長而出現變化。當央行調降重貼現率後，基礎貨幣透過銀行挹注進經濟體系讓整體貨幣供給增加，資金供給者為了順利的將資金貸放出去，將透過降低利率的方式吸引資金需求者，此行為會引導放款市場方面的利率下降，例如銀行對民眾的放款利率、銀行間融通資金的的隔夜拆款利率逐步下降。在存款市場方面，則可能因為經濟體系的資金充沛，使得多餘資金會回流到銀行儲蓄，讓存款供給大於銀行的資金需求，銀行為了減輕資金成本，會逐漸引導存款利率下降；反之，當央行調升重貼現率時，則使經濟體系的貨幣供給減少，導致市場資金緊縮，促使放款利率與隔拆利率逐步上升，存款供給也會減少而引導存款利率上升。

由此可知，若重貼現改變貨幣供給，各利率的升降變動趨勢會與重貼現率調整的方向一致，所以重貼現率被認為是利率的先行指標。

銀行通常向同業借款為主

實務中，銀行的融資對象除了央行外，還包括了銀行同業，向央行借款需付出重貼現率做為利息，向同業借款的利息則稱為「隔夜拆款利率」，有資金需求的銀行通常會選擇利率較低者做為資金融通的對象。因此若隔夜拆款利率較重貼現率低，銀行便會選擇與銀行同業融通，導致央行重貼現率的變動將無法透過銀行隨之調整放款利率的方式影響市場流通的的貨幣數量。

重貼現率對貨幣供給與利率的影響

重貼現率

一般商業銀行向中央銀行借貸的利率，稱為「重貼現率」。

以商業票據做為擔保品換取現金

借出現金

商業銀行　　　　　　　　　　　　　　中央銀行

央行調降重貼現率	央行調升重貼現率
表示市場資金不足，央行採取寬鬆性的貨幣政策。	表示市場資金充沛，央行採取緊縮性的貨幣政策。

銀行借款意願提高	銀行借款意願降低
銀行向央行借款成本下降，可借貸的資金變多。	銀行向央行借款成本提高，可借貸的資金變少。

貨幣供給增加	貨幣供給減少
央行藉此將基礎貨幣注入金融體系，再透過銀行貸放行為，間接使市場的貨幣供給量增加。	央行藉此將基礎貨幣自金融體系抽回，且銀行需償還先前借款，間接使市場的貨幣供給量減少。

引導市場利率下降	引導市場利率上升
●放款利率及銀行隔夜拆款利率下降，以利資金貸放。 ●存款利率下降，以減輕銀行資金成本。	●放款利率及銀行隔夜拆款利率上升，緊縮資金貸放。 ●存款利率上升，以吸引資金湧入。

隔夜拆款利率

隔夜拆款利率（簡稱隔拆利率）是銀行間互相資金融通時需付出的成本，是銀行需求資金時向央行融資外的另一管道。隔夜拆款利率呈現出市場流動資金鬆緊的情形，當市場資金充沛時，隔夜拆款利率會下降；市場資金緊縮時，隔夜拆款利率會上升。是中央銀行觀察市場資金流向，制訂貨幣政策的重要指標。

什麼是銀行隔夜拆款利率？

雖然中央銀行規定各銀行每日均需備妥並維持一定比例的準備金，供銀行營運使用，但因銀行每日遇到的營業狀況不同，常無法準確控制資金的流入或流出，例如出現臨時的大宗提放款，而準備金一時不足以支應、或使得準備金因而未達央行規定的水準時，除了向央行借款周轉之外，銀行也會向金融同業（也就是參加金融業拆款中心的會員，包括銀行、票券公司、信託投資公司、郵匯局等）借款以應急提款需求、或補足央行規定的準備金額度。銀行間的資金融通行為稱為「拆款」，付出的成本稱為「拆款利率」，由於大部分拆款的目的是為了滿足當日法定準備的規定，隔日便能清償，因此銀行間的拆款期間大都只有一個晚上，所以其利率又稱「隔夜拆款利率」（簡稱隔拆利率）。且一般銀行同業之間的隔拆利率皆會比向央行借款所需付出的重貼現率低廉，所以有資金缺口的銀行通常會向同業進行融通，而非優先選擇央行。

由於銀行除了依據央行規定提列每日的法定準備金，但實際營運上往往會提列較規定更高的準備金比例，超過的部分稱為「超額準備金」。然而超額準備金並無法為銀行帶來任何利潤，所以對銀行而言，將多餘的資金拆款給有資金需求的同業可以賺取拆款利息，達到利潤更高、避免資金閒置的效果。

隔拆利率高低反應市場資金走向

銀行向金融同業之間資金調度的代價，就是要付出拆款利息。拆款利率的高低受到銀行可供給的多餘資金與市場資金需求的影響。當銀行少有大宗提放款需求而不需向其他金融機構調度，表示金融機構多餘資金的供給大於市場資金需求時，隔夜拆款利率便會下降；反之，當銀行多有大宗

提放款而使準備金部位容易低於水準，向其他有多餘資金的金融機構調度的需求相對提高，表示市場需求的資金大於金融機構多餘資金的供給時，隔拆利率便會上揚。

　　由於銀行出現較為頻繁的大宗提放款而需要向同業調度資金的情形，往往是在景氣好轉或經濟成長促使投資需求大增、或公司結帳旺季等市場資金需求旺盛時，因原本在市場流動資金不足因應，因此極需向銀行提款、借款，會使隔拆利率因而走升。如果市場的流動資金已經相當充沛，例如在投資意願不高、公司結帳淡季等時候，相對比較多銀行擁有超額準備，為了順利貸放出去賺取利息，便會導致隔拆利率下降。因此，觀察隔夜拆款利率的走勢可以解讀市場的流動資金是否充沛，當隔拆利率逐步下降時，代表市場資金漸趨充沛，民眾、企業基於逐利本能，追求較高報酬率的資金運用方式，可能挹注到股市、房地產等投資市場，使股票、房地產等市場價格上揚。相反地，隔拆利率逐漸走升則表示市場資金趨向緊縮，民眾、企業的流動現金相對的較少，導致市場上可投資金額減低，而不利於股市、房地產等投資市場的發展。

央行如何影響隔拆利率？

　　由於隔拆利率反應出市場流動資金鬆緊的情形，所以各國央行均相當關切此項指標，並藉由貨幣政策來影響隔拆利率，進一步調節景氣動向。若市場流動資金不足時，可能導致企業籌資不易、投資行為萎縮，不利經濟發展，央行通常會實施公開市場操作、降低重貼現率或存款準備率等寬鬆性的貨幣政策，提高在市場中流通的貨幣供給量，營造出資金寬鬆的大環境，讓市場流動資金增加，挹注經濟發展，當政策收到成效時，會反應在隔拆利率下降。反之，當市場資金氾濫，央行為防止物價上漲或經濟泡沫化，會採行緊縮性貨幣政策來減少經濟體內的貨幣供給量，使銀行可貸放資金減少，當政策收到成效時，會反應在隔拆利率上升。

歐洲銀行拆款危機導致放款業務萎縮

　　隔拆利率對於經濟金融體系的重要性，可以從以下的實例了解。2008年金融海嘯時期，市場資金不足使歐洲銀行間存款準備金的拆款市場急凍，無法互相借款，讓銀行面臨現金不足又無法與同行拆借的困境，導致放款行為萎縮讓投資總量下滑，更加速景氣衰退的情況。直到荷蘭、瑞典央行採取增加貨幣供給的寬鬆貨幣政策，設立金融穩定特殊方案供銀行向政府借款，於是讓大2,000億美元挹注到金融體系後，才使得銀行間的隔拆利率逐步下降，提高銀行互相拆借的意願，也使銀行有現金讓客戶貸款，以鼓勵投資刺激經濟景氣，化解貨幣流動性不足的危機。

資金流量鬆緊影響隔夜拆款利率

隔夜拆款利率

簡稱隔拆利率，是銀行向金融同業互相借調資金時，所支付的借貸利率，也是貨幣市場短期利率指標之一。

影響① 市場流動資金匱乏

當市場資金匱乏時，銀行的法定準備金易不足，使資金需求大於供給。

影響② 市場流動資金充沛

當市場資金充足時，銀行易出現超額的法定準備金，願意將多餘資金貸放以賺取利息。

隔拆利率上升

進一步緊縮資金，投資市場冷卻。

最壞結果

若資金流動嚴重不足，可能導致企業籌資不易，不利經濟發展，導致景氣衰退。

隔拆利率下降

加速資金流動，投資市場熱絡。

最壞結果

若市場資金氾濫，可能導致通貨膨脹或經濟泡沫化。

央行實施寬鬆貨幣政策

當景氣呈現衰退，央行採行增加貨幣供給的寬鬆性貨幣政策。

引導

隔拆利率下降

使銀行有資金可供借貸，進而調降放款利率，刺激民間投資以提振景氣。

央行實施緊縮貨幣政策

當景氣呈現過熱，央行採行減少貨幣供給的緊縮貨幣政策。

引導

隔拆利率上升

緊縮銀行可借貸資金，進而調升放款利率，抑制投資和消費，緩和過熱景氣。

基準利率與放款利率

> 放款給有資金需求的借款人，並從中收取利息，是銀行主要的利潤來源。銀行就不同信用評等的借款對象，提供不同的放款利率。並以經過精算過的基準利率做為衡量放款利率高低的依據，一方面維護銀行的營運成本、一方面透過放款取得利潤。

基準利率是最低的放款利率

　　銀行吸收存戶所供給的存款後，放款給資金需求者，例如企業營運所需、廠商擴建廠房、民眾購買房屋與政府實施公共建設等需籌得大筆資金，並向這些需求資金的借款人收取議定的放款利率，在放款期間收取利息、到期時取回放款本金。放款利率是借款人借得需求資金的費用成本，可說是銀行營運的主要收入來源。

　　銀行放款了大額現金資產，並與借款人議訂利息，由於在放款期間承擔著借款人無法支付利息、悉數還回本金的風險，所以銀行進行放款前，會對借款人的信用、財務能力等進行評估，將借款人分為若干級信用評等。並參考重貼現率、隔夜拆款利率、一年期定期儲蓄存款利率或短天期商業本票利率等重要「指標利率」，再加上銀行的營運成本、合理利潤等「一定比率」，制定出基準利率，也就是銀行願意給予信用最佳（風險最低）的企業大戶的放款利率。而給予其他信用等級的客戶，則是以基準利率加上評估的風險加碼幅度（碼為利率的衡量單位，1碼等於0.25％）而訂出放款利率。加碼幅度是依據其信用、還款能力、借款規模與期限等因素進行風險估算而出，若借款人信用評等愈低，加碼愈高；相反地，信用評等愈高，加碼愈低，取得的放款利率也就愈接近基準利率。

基準利率的由來

　　經濟大蕭條時期，經濟景氣下滑使投資風氣不振，各銀行面臨許多閒置資金貸放不出去的情況，紛紛降低放款利率以謀取放款業績。為了避免銀行間過度削價競爭，1934年美國的若干大銀行商議，制定出銀行間應遵循的基本利率，此概念也沿用至今。但許多銀行為了爭取大客戶而進行減碼，使基本利率精神不再，台灣在2002指標利率為基底並且規定不得減碼，為了與舊名稱區隔，市場稱之為「基準利率」。

影響放款利率變動的因素

由於放款利率源自於基準利率的加碼，所以放款利率的變動深受組成基準利率的「指標利率」與銀行營運考量所加計的「一定比率」所影響。例如當政府為提振景氣而實施增加貨幣供給量的寬鬆貨幣政策時，例如買進債券而釋放現金到經濟體、調降重貼現率或存款準備率等政策之下，會使得與銀行營運成本相關的各種指標利率如銀行同業間的隔夜拆款利率、一年期定期儲蓄存款利率等各項指標利率下跌，進而引導基準利率下降，使得資金需求者可以拿到較優惠的放款利率，以刺激投資需求，促使經濟活動蓬勃、景氣回升。反之，當政府為抑制過熱景氣而實施減少貨幣供給量的緊縮貨幣政策時，例如賣出債券而回收現金到經濟體、調升重貼現率或存款準備率，會導致與營運相關的各指標利率上升，進而提高基準利率，使得放款利率上揚，降低資金需求者的借貸及投資意願，以緩和過熱的經濟活動。

各銀行精算基準利率的做法不盡相同，有的銀行會以一個月期金融業隔夜拆款平均利率與中央銀行重貼現率的平均值做為指標利率；有的銀行則以主要往來金融行庫的一年期定期儲蓄存款利率的平均值為參考，但原則上用來做為指標利率的項目，基本上都與銀行營運成本息息相關，變動方向有其一致性，儘管有差異也不會太大。因此，在商業銀行激烈競爭之下，雖然每一家銀行的營運條件和要求利潤不同，但各銀行設定的「一定比率」也不會相差太遠，一來是銀行提供的放款利率亦必須有市場競爭力，二來是央行亦不允許銀行輕易變動加計的「一定比率」，除非發生如合併、被合併、重整等重大因素而必須改變該銀行的成本組成和計算方式，但也得向央行核備後才能公告調整。因此，儘管各銀行設定的基準利率有別，但差異均不大。

真正影響放款利率的因素主要在於個別客戶自身的還款條件。一般來說，客戶的信用愈好、還款能力愈佳、借款期限短、與銀行長期往來密切且付息正常不拖欠之下，銀行認為這類客戶的違約風險較低，會願意給予較少的利率加碼，也就是較低的放款利率。反之，若客戶的信用不佳、財務狀況不穩、借款期限長，銀行面臨的違約風險高，便會提高利率的加碼，使得放款利率上升。

放款利率的核算基礎及變動因素

放款利率

放款利率為資金需求者付出的借貸成本，相對是銀行的主要收入來源。

一般放款利率＝基準利率＋加碼（1碼＝0.25%）

銀行願意給予信用最佳客戶的放款利率，也是最基本的放款利率。

指標利率		一定比率
包括：重貼現率、隔夜拆款利率或短天期商業本票利率、一年期定期儲蓄存款利率等，各家銀行參考的指標利率各有不同。		包括銀行的經營及作業成本、合理利潤、稅負調整值等，各銀行因本身營運條件及要求利潤不同而有差異。

銀行針對條件次佳的客戶，依據其信用、償款能力、借款規模與期限等因素進行風險估算，以決定加碼的比例。通常客戶的還款能力愈佳、財務狀況愈好、借款期限愈短，加碼的幅度就愈少。

影響放款利率變動因素

① 基準利率組成因子的變動

1. 指標利率的變動受到政府貨幣政策影響
   - 實施寬鬆貨幣政策引導指標利率下跌→降低放款利率
   - 實施緊縮貨幣政策引導指標利率上升→提高放款利率
2. 銀行依據營運狀況及要求利潤調整一定比率

各指標利率的變動方向通常一致，且各銀行與營運相關的一定比率，彼此差異並不大，使得各銀行的基準利率的差距不會太遠。

② 加碼條件的變動

加碼幅度的高低反映銀行借貸風險的考量
- 客戶信用愈佳、財務狀況愈好、借款期限愈短，表示銀行放款風險降低→減少加碼幅度→降低放款利率
- 客戶信用愈差、財務狀況愈壞、借款期限愈長，表示銀行放款風險提高→增加加碼幅度→提高放款利率

借款客戶透過與銀行的談判與往來情形，決定了加碼條件，也是影響放款利率高低不同的主因。

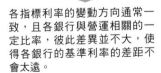

存款利率

存款是銀行營運資金的來源，銀行聚集資金（存款）後，能將多餘的資金貸放給社會中另一群需要資金的個人或企業（資金需求者），以賺取的放款利息支付給存款人做為供給資金的存款利息。存款利率不僅影響存款戶的儲蓄意願，進而影響到可供借貸的資金多寡，在經濟體系間可說是促進貨幣流通的推手。

什麼是存款利率？

銀行是日常生活中人們最常接觸的金融機構，當民眾或廠商等單位擁有多餘的資金時，可以將資金存放到銀行，稱為儲蓄，而銀行會付予存戶利息當做儲蓄的報酬，其利息占存款的比率即為存款利率。

銀行會因為不同貨幣、存款額及存款期間，提供不同的存款利率，例如新台幣存款利率、外匯存款利率、一年期存款利率等等。最常見的存款類型分為活期存款（活存）、活期儲蓄存款（活儲）、定期存款（定存）與定期儲蓄存款（定儲）四種。定存和定儲是指存戶存款後約定某期間不動用，等期滿後才能提領；活存和活儲是指存戶可以隨時自由提領帳戶內的存款。

活期存款與活期儲蓄存款的差異是透過存款的流動性來劃分。銀行認為公司戶、機關團體等提領資金的頻率可能較快，所以限制其僅能在活存開戶，利率較低；相對地，銀行認為個人戶與非營利組織等提領資金的頻率可能較慢，除了活存外亦可以在活儲開戶，活儲利率較高。而定期存款和定期儲蓄存款亦是有開戶條件的限制，一般而言，存期在十二個月以下只有定存，十二個月以上的可以選定存或定儲，其中定儲限於個人戶與非營利組織才能開戶，定儲利率較定存利率為高。由於民眾使用活期儲蓄存款的比例最多，因此活期儲蓄存款利率的變動對人們的影響最大。

存款利率變動的原因

影響存款利率變動的因素，主要為資金供需變動、資金流動性差異與各銀行的營運考量。銀行營運資金的最大來源為存戶存款，而存款利率的高低會影響存戶的存款意願，當銀行察覺未來營運資金趨向不足時（銀行

的資金需求大於存戶的資金供給），會提高存款利率藉此吸引更多存戶存款，使銀行需支付的利息成本增加；反之，當銀行察覺未來營運資金可能過剩時（銀行資金需求小於市場資金供給），則會降低存款利率使存款流出以降低利息成本。因此，資金的供需情形是影響經濟體長期存款利率趨勢的最主要因素。

　　資金的流動性差異會影響到個別的存款利率，流動性高的存款使銀行營運風險提高，使得銀行願意付出的利息較低；流動性低的存款讓銀行不須擔憂資金出走頻繁、降低營運風險，而願意付出較高的利息。所以，流動性低的定期存款利率通常高於流動性高的活期存款利率，且愈長期的定存利率愈高。除此之外，存款利率亦會因為個別銀行基於同行競爭、營運發展、擴張或縮編計畫等考量而出現差異，例如某銀行需要更多資金以擴大營運，可能會給予較同行高一點的存款利率，以吸引資金，但原則上只會有微幅調升或調降，變動方向與五大銀行平均利率水準相當一致。

什麼是五大銀行平均存款利率？

　　五大銀行平均存款利率是中央銀行每日調查台灣銀行、合作金庫、第一銀行、華南銀行及土地銀行，這五家銀行因為各自的歷史因素與代表性，央行將其一般定期存款的固定利率進行平均，為衡量市場存款利率高低的重要指標。

存款利率的種類和變動因素

銀行給予存戶儲蓄的報酬即為利息，而利息占存款的比率即為存款利率。

活期存款
- 個人、公司行號、機關團體、營利事業法人、非營利事業法人均可申請開戶。
- 隨時可自由提領帳戶內存款。

活期儲蓄存款
- 僅限個人及非營利事業法人申請開戶。
- 隨時可自由提領帳戶內存款。

定期存款
- 個人、公司行號、機關團體、營利事業法人、非營利事業法人均可申請開戶。
- 一定期間內不得提領，存款期間至少一個月。

定期儲蓄存款
- 僅限個人及非營利事業法人申請開戶。
- 一定期間內不得提領，存款期間至少一年。

存款利率高低

活期存款利率＜活期儲蓄存款利率＜定期存款利率＜定期儲蓄存款利率

影響存款利率變動因素

資金供需變動
若銀行對資金需求大於市場資金供給，會提高存款利率以吸引存戶；反之，降低存款利率以降低利息成本。

影響長期存款利率的最主要因素。

資金流動性差異
資金流動性愈低，銀行風險愈低，願意提供的存款利率較高。

定期存款利率通常高於活存或活儲，且愈長期利率愈高。

銀行個別營運考量
銀行為擴大營運，會提高存款利率以集資；若為減少開支、維持營運，則降低存款利率以降低利息成本。

僅微幅調升或調降，變動方向與平均利率水準相當一致。

固定利率與機動利率

固定利率指資金借貸雙方約定借款期間利率不變；機動利率指借款期間利率隨市場利率水準而變動。固定利率視為銀行對未來利率水準的預測，機動利率則反應現在的利率水準。

固定利率與機動利率的差別

當資金需求者與資金供給者進行借放款時，若雙方約定借款期限內利率固定不變，稱為「固定利率」；若約定借款期限內的利率將視市場情況調整，則稱「機動利率」或是「浮動利率」。舉例來說，若銀行與存款戶小明約定好一年期定期儲蓄存款的利率為固定利率1％，則未來不論市場利率如何調整，小明皆能領取到1％的利息；若銀行與小明約定好利率為機動利率1％，則小明目前可以領取1％的利息，但未來若銀行調整牌告的機動利率時，利率會隨之變動，有利息變多的可能或利息減少的風險。

固定利率最常出現在債券、定存與定儲等具有「一定期間」的金融商品，例如十年期債券、五年期定存（儲）等，讓借放款雙方能準確評估成本與收益，減低不確定性。機動利率則是一般金融商品計息的主流，包括活存、定存及定儲、放款等絕大多數商品皆有機動利率的計價方式，可以避免因為經濟環境變動導致約定的固定利率與真實利率相差太多，使成本大幅上揚造成損失。

固定與機動利率透露銀行對利率走向的看法

因應利率自由化趨勢，銀行會分別提供固定利率和機動利率供客戶選擇，但是固定與機動的牌告利率皆為銀行制定，而制定的利率水準源於銀行對於利率走向的預測，因此從牌告上的固定利率和機動利率即可看出銀行對未來利率走向的看法。由於銀行與客戶簽約以固定利率計息後，此利率將維持一段時間，所以固定利率被視為是銀行預測未來的利率水準；機動利率沒有簽約問題，可以隨著經濟情勢調整，也就是反應現在的利率水準。所以當機動利率大於固定利率時，代表銀行預測現在的利率比未來高，利率將逐步走跌；反之當機動利率小於固定利率時，代表銀行認為現

在的利率比未來低，利率走勢可能上揚。

對於存款戶而言，若未來利率看跌，選擇固定利率可以規避利息損失的風險；若未來利率看漲，選擇機動利率可以獲得利息增加的機會。對於貸款戶而言，與存款戶的決策選擇正好相反，若預期未來利率下跌，選擇機動利率可以減少利息負擔；若預期未來利率上漲，選擇固定利率可避免繳納利息增加。

觀察未來市場利率變化的四大面向

銀行的牌告利率由銀行依據營運成本自訂，但大體而言會受到銀行所處得時空環境與背景影響，例如經濟景氣、政府政策等。欲觀察未來市場利率的漲跌時，進一步考慮自己應該要選擇固定利率或機動利率時，必須涵蓋以下四個面向一併考量：一、**觀察經濟情勢**：若現在景氣不佳，央行可能採取降息政策以刺激投資或消費，未來利率將因降息政策而被引導逐步下跌，對存款戶來說此時應選擇固定利率；反之，景氣極佳時央行基於預防通膨考量使升息的機率大幅增加，此時應選擇機動利率。二、**回顧歷史水準**：因應景氣循環，利率亦會出現連續爬升或連續下降的趨勢，藉由利率走勢判斷未來會升息或降息，進一步選擇固定或機動利率。若利率已長期走低甚至逼近零利率，存款戶必然選擇機動利率為優，以期待利率隨市場變動而有上升的可能。三、**依循銀行觀點**：由於銀行掌握的資訊較廣且專業度高，若固定利率大於機動利率，代表銀行認為未來利率可能上漲；反之固定利率小於機動利率，則未來利率可能下跌。**四、考慮存款或貸款期間**：利率變化往往需要一段時間醞釀，因此存款或貸款期間超過一年以上，就必須考量未來的經濟情勢，但存款期間短的話，固定與機動利率直接從中選取較高者；相反地貸款期間短者，則從中選取利率較低者。

固定利率與機動利率的特色

固定利率

借貸雙方約定在借款期限內利率固定不變，不受市場利率改變而調整，到期時則以當初約定利率計息。

機動利率

借貸雙方約定在借款期限內利率將視市場情況而調整，到期時則以變動的牌告利率計息。

固定利率＞機動利率	銀行預測未來的利率會高於現在的利率 ➡ 未來利率看漲↑
固定利率＜機動利率	銀行預測未來的利率會低於現在的利率 ➡ 未來利率看跌↓

選擇固定或機動利率的考量因素

①觀察經濟情勢

- 目前景氣不佳，央行可能降息以刺激經濟復甦。
  →促使市場利率下降
- 目前景氣繁榮，央行可能升息以預防通膨發生。
  →促使市場利率上升

②回顧歷史水準

- 利率持續走揚
  →預期市場利率升息
- 利率持續走跌
  →預期市場利率降息

③依循銀行觀點

- 固定利率低於機動利率
  →銀行預期未來利率會下降
- 固定利率高於機動利率
  →銀行預期未來利率會上升

④考慮期間長短

- 存款或貸款期間長
  →判斷經濟情勢再決定利率走向
- 存款或貸款期間短
  →直接比較目前利率的高低

存款者與貸款者的不同選擇

對存款者來說，利率愈高收益愈佳；反之對貸款戶來說，利率愈低負擔愈輕。

存款者	未來利率看漲 ➡ 選擇機動利率 ➡ 期待存款利率上漲的利息收益
	未來利率看跌 ➡ 選擇固定利率 ➡ 避免存款利率下跌的利息損失

貸款者	未來利率看漲 ➡ 選擇固定利率 ➡ 避免貸款利率上漲增加還款負擔
	未來利率看跌 ➡ 選擇機動利率 ➡ 期待貸款利率下跌減少還款負擔

短期利率與長期利率

短期利率為資金交易期間一年內的商品利率；長期利率是資金交易期間一年以上的商品利率。用殖利率曲線可以衡量短期與長期利率的高低差異，進一步理解未來利率的變化與風險。

認識短期利率與長期利率

以資金交易時間的長短來分類，可以將金融體系分成貨幣市場與資本市場。貨幣市場是指期限在一年內的短期資金交易市場，具有期限短、流動性高、風險小等特色。常見的交易工具有商業本票、國庫券與可轉讓定存單等，雙方適用的利率稱為短期利率。資本市場是指期限在一年以上的長期資金交易市場，具有期限長、流動性較低、風險較大等特色，常見的交易工具為各種貸款、證券與債券等，雙方適用的利率稱為長期利率。

在不考慮經濟變動與通膨等因素影響的情況下，短期利率與長期利率的高低，取決於市場分別對於短期資金與長期資金的供給與需求情況，並沒有一定何者為高、何者為低。不過一般而言長期利率會高於短期利率，原因是同性質的金融商品中，長天期商品因投資時間較長，面臨的風險變數會高於短天期商品。以債券市場為例，因為長天期債券市場流動性較低，投資者可能面臨到期時因市場流動性不足而無法賣出好價格，所以長天期金融商品會被要求更高的報酬，以彌補投資者承受相對較高的風險。

觀察短長期利率變動的殖利率曲線

長短期利率差異的變化，主要是觀察市場對長短期資金的供需狀況，以及預測未來利率的漲跌。欲探討短期與長期利率間的相對高低差異，可透過殖利率曲線來衡量。將發行人風險相同但是期限不同的金融商品的利率繪製到平面，橫軸為到期期限，縱軸為利率水準，連成的曲線稱為「殖利率曲線」。例如距到期日一年的美國公債利率為5％，距到期日二年的美國公債利率為6％，距到期日三年的美國公債利率為7％，將這三種不同到期日及利率的公債商品繪於平面，可以繪出一條殖利率曲線，愈靠近左方的表示愈短期利率，愈靠近右方則是愈長期的利率。

殖利率曲線最常被應用在公債中的原因

　　殖利率曲線是用來衡量短期與長期利率間相對高低差異的
重要技巧，其對象是風險相同但是期限不同的金融商品。3個月、1
年期、2年期、5年期、10年期、30年期等期限的公債是很典型的短長
期利率，並且公債利率是重要的利率指標，所以公債利率經常被繪
製成殖利率曲線以觀察未來市場走勢。

不同型態殖利率曲線的意義

　　殖利率曲線基本上分成四種型態：上升、水平、下降與不規則狀。若
殖利率曲線為正斜率（上升），即長期利率高於短期利率，表示市場認為
未來經濟景氣樂觀，民眾願意做長天期的投資。由於銀行支付的存款利
率多屬短期，其放款利率多以長期為主，所以正斜率的殖利率曲線有助於
銀行營運。同時也表示市場預期央行未來可能升息平抑物價以減緩過熱景
氣，導致未來短期利率將上揚。反之，若殖利率曲線為負斜率（下降），
即長期利率低於短期利率，代表市場認為此資金市場的短期違約風險很
高，所以要求更高的短期利率；或是對未來經濟和通膨感到擔憂，市場預
期央行將在未來調降利率，而不願意付出較高的長期利率。

　　殖利率曲線呈現水平代表長短期利率水準相同，市場認為短期與長期
的風險相等，在實務上很少有這樣的情況。但由於長期利率尚考量了流動
性等時間風險，扣除時間相關風險下，長期利率其實低於短期利率，代
表未來短期利率可能微幅走低。當殖利率曲線呈現平坦或往下降時（負斜
率），代表市場認為未來利率趨勢向下，且負斜率的殖利率曲線使銀行獲
利萎縮，再者利率趨勢向下可能代表市場預期央行引導降息。央行降息的
目的往往是刺激景氣，有可能是市場看壞經濟的前兆，例如亞洲金融風
暴、科技泡沫及金融海嘯前皆出現長期利率低於短期利率的情況。殖利率
曲線呈現不規則狀（如複雜的峰狀）代表不同期間的利率水準高低不定，
一般是市場處於極度不穩定的狀態，例如突發的金融風暴衝擊，導致各年
期利率的變動沒有規則，出現各年期利率有些較高、有些較低的情況，稱
為「殖利率倒掛」。據統計，殖利率曲線出現反轉的6到18個月後景氣會
出現衰退，因此市場將殖利率曲線反轉視為預測經濟衰退的重要指標。投
資人對其成因及經濟預測的準確性有不同見解。認同殖利率反轉是重要指
標的學者認為，當長端利率低於短端利率時，會影響銀行放款意願，且短

期利率升高影響投資和消費的誘因，這都導致經濟衰退。這種特殊情況是短期劇烈波動下的產物，很快會在市場資金需求者優先購買較低利率的行為下弭平不合理的利率。

短長期利率變動的意涵

短期利率

定義：資金交易期間在一年內的商品利率
特色：期限短、流動性高、風險低
常見市場：貨幣市場（短期資金交易市場）
交易工具：商業本票、國庫券與可轉讓定存單等

長期利率

定義：資金交易期間達一年以上的商品利率
特色：期限長、流動性低、風險高
常見市場：資本市場（長期資金交易市場）
交易工具：各種貸款、證券與債券等

利用殖利率曲線判斷短長期利率變化

對存款者來說，利率愈高收益愈佳；反之對貸款戶來說來說，利率愈低負擔愈輕。

① 正斜率殖利率曲線

- 長期利率＞短期利率
- 未來短期利率上揚

② 負斜率殖利率曲線

- 短期利率＞長期利率
- 未來短期利率下跌

③ 水平殖利率曲線

- 長期利率＝短期利率
- 未來短期利率微幅下跌

④ 不規則狀殖利率曲線

- 利率水準高低不定
- 未來市場狀況不明

不同殖利率曲線的意義

上升殖利率曲線（正斜率）
1. 表示未來利率上揚
2. 放款利率（長期利率）＞存款利率（短期利率），有助銀行營運
3. 市場預期未來景氣樂觀

水平或下降殖利率曲線（負斜率）
1. 表示未來利率下跌
2. 因放款利率（長期利率）＜存款利率（短期利率），銀行獲利萎縮
3. 市場預期未來景氣衰退

利率的衍生性金融商品

由於市場利率受到景氣變動、時間波動、資金流動性、倒帳等風險的影響，讓金融機構有規避風險的需求，另一方面，市場上也有願意承受風險以賺取報酬的投機客，使得利率的衍生性金融商品躍為主流，最常見的有遠期利率協定、利率期貨、利率選擇權與利率交換。

利率衍生性商品源自於避險需求

　　對資金供給者而言，借出資金雖然可收取利率收益，但出借期間卻也同時得承受著利率可能因大環境變動的影響，而有利息收益不如預期的風險，愈長期的放款風險愈高，放款期間也使自己的資金流動性變低、還有借款者倒帳等的風險，導致以收取放款利率扣除支付存款利率為主要利得的金融機構因長期資金承受的風險大，利息收入可能因而縮水、甚至可能出現利息損失，因而有規避風險的需求。由利率所衍生出的金融商品，即是為了規避未來利率的不確定性而出現的避險工具。

　　衍生性金融商品由所連結的標的物如利率、股票、債券、外匯等衍生而來，透過相反操作的概念達到避險的目的，例如當認為利率未來一年將走低，為了避免利率下跌的損失，而買入一年期約定利率下限的衍生性金融商品，一旦利率真的走低，操作者可因此獲得約定利率的履約保證，以彌補實際利率走低所帶來的損失。倘若未來利率走勢與預期相反，操作者則會失去保證金，但也避免利率暴跌可能帶來的巨大損失。擁有大筆資金的機構，其財務的損益受到利率的影響很大，因此像是銀行、企業等擁有大筆資金，當利率跳動一碼時，影響的損益可能是千兆元，透過利率的衍生性金融商品操作避險，最多損失即是保證金，能避免利率走向不如預期時的更大損失。

避險者和投機者參與的零和市場

　　衍生性金融商品市場為零和市場，即獲利的一方和損失的一方加總為零，而不似股票等投資市場，股票可能因上市公司營運佳而股價上漲，讓景氣佳時使大多數人同時獲利。衍生性金融商品交易的僅是一只契約，

內容載明未來特定的履約日期，所連結某一標的物如利率、股票、期貨等價格變動時，交易雙方應有的權利義務。因此在衍生性金融商品市場裡，持有標的物商品的人為了避險目的而參與時，必然也需有人因希望投機獲利而承擔風險。由於通常只要繳納5～10％的保證金即可持有10倍～20倍的金融商品，例如投資人付出10元的保證金便可持有一百元額度的金融商品，當標的物的價格變動方向與投資人操作相同，最大可有數倍或數十倍以上的獲利；相反地，若標的物價格與投資人操作相反，最大損失也會達到數倍或數十倍，因而吸引投機客藉此以小博大。利率的衍生性金融商品讓企業便於進行利率的風險管理、投資者得以投機套利、促進市場資金流動性與效率，使資金在經濟體系流暢運轉。常見的利率衍生性金融商品則有遠期利率協定、利率期貨、利率選擇權與利率交換。

遠期利率協定

　　遠期利率協定（Forward Rate Agreement，簡稱FRA），是指衍生性金融商品的買賣雙方協議到期時以某市場利率為基準，例如債券的殖利率或銀行的借款利率，約定在未來到期日時，以某一固定利率水準結算。藉以讓實際上有借入資金、和借出資金行為者避免受到未來利率暴漲或暴跌的風險損失。

　　遠期利率的契約協定僅是到期時約定利率與市場利率的價差淨值計算方式，並無需支付本金，也不需繳納保證金。當結算日來臨時，若當時做為連結標的的市場利率高於協定的利率水準，則賣方必須支付買方市場利率與協定利率間的差額，讓實際上有借入資金行為的買方在市場利率上漲而需多支付借款成本時，因操作FRA所取得利息差額而能補貼實際支出，藉此規避實際上成本增加的風險。反之，若到期日時標的的市場利率低於協定利率，則買方將支付賣方市場利率與協定利率的差額，使實際上借出資金行為的賣方一旦面臨利率下跌而收益損失時，能藉由FRA補貼損失，避免實際上收益損失的風險。

　　舉例來說，某企業規劃明年借貸一筆資金，但考量未來利率波動而造成借款成本增加，所以向銀行貸款時，同時與貸款銀行簽訂了一年到期的遠期利率協定，例如1.8％，來降低萬一未來利率上漲時需支付給銀行較高成本的風險。一年後到期時，市場利率果真上揚至2％，比協定利率高，因此銀行就得依據FRA的協定，將到期時的市場利率2％減去協定利

常見的利率衍生性金融商品

市場利率的風險

市場利率可能受到景氣變動、時間波動、資金流動性、倒帳等因素而時有波動，引發利率漲跌不如預期的風險

產生

利率衍生性金融商品的出現與好處

- 定義：為一種金融契約，投資標的依附在利率上，隨利率波動而變化，可做為規避利率風險的金融工具。
- 優點：①風險管理；②投資者可藉此投機套利；③促進市場資金流動；d價格再發現的功能。

常見的利率衍生性金融商品

善用利率衍生性金融商品，可使企業資產或負債免受未來利率波動的影響。

遠期利率協定

買賣雙方約定在未來某特定時間以固定的利率水準結算，可避免買賣雙方受到未來利率暴漲或暴跌的風險損失。

利率選擇權

以利率為標的物的選擇權，買方需付出權利金以擁有未來履約利率高低的權力，賣方收取權利金而必須支付指標利率與履約利率之間的差額給買方。

- 利率上限（Cap）：結算日的指標利率超過約定利率上限，買方要求履約獲取利潤。
- 利率下限（Floor）：結算日的指標利率超過約定利率下限，買方要求履約確保收益。
- 利率上下限（Collar）：結算日的指標利率超過上下限的區間，買方要求履約賺取其差額。

利率期貨

以利率為標的的金融期貨契約，需繳交保證金。依合約標的期限，可分為：

- 短天期利率期貨：合約標的期限在一年以內的各種利率期貨，常以美國聯邦資金利率、美國國庫券利率、倫敦銀行同業拆款利率等為標的利率。
- 長天期利率期貨：合約標的期限在一年以上的各種利率期貨，常以各國長天期政府公債為標的利率。

利率交換

由交易雙方協議在未來的一段期間內，互相交換約定的利息。交換的標的可以為固定利率對機動利率、機動利率對機動利率或不同的利率指標。

率1.8％的差額0.2％補給該企業。如果一年後到期時，市場利率反而下跌至1%，比協定利率低的話，那麼反而是企業得依據FRA的協定，將到期時的市場利率1%減去協定利率1.8％的差額0.8％補給銀行。

利率期貨

利率期貨可視為遠期利率協定的延伸與改良，由政府或金融管理單位將遠期契約內容與交易條件標準化後，在期貨交易所讓買賣雙方進行交易。買賣雙方並非一對一締結合約，為不特定交易對象且能隨時買進賣出，增加交易的發生，而雙方皆需繳交保證金，一般是付給發行該金融商品的經紀商，由於交易者已經先付出保證金做抵押，大幅降低遠期協定的違約風險。利率期貨按照合約標的期限，可分為「短天期利率期貨」與「長天期利率期貨」。短天期利率期貨是指合約標的期限在一年以內的各種利率期貨，常以美國聯邦資金利率、美國國庫券利率、倫敦銀行同業拆款利率等短天期指標利率為標的利率；長天期利率期貨是指合約標的期限在一年以上的各種利率期貨，主要以各國長天期政府公債為標的利率。

在這樣的商品規則之下，讓擁有資金的大企業可以類似遠期利率協定的交易思維，透過利率期貨進行與現貨的反向操作，鎖住利率變動的風險。舉美國短期利率期貨為例，以90天的倫敦銀行同業拆款利率為標的，假設其契約單位為100萬美元，約定每月第3個星期三之前兩個倫敦銀行營業日為結算日。假設甲銀行擁有100萬美元的資金，並在拆款利率為0.2％時賣出一單位的利率期貨，此時避免違約風險，甲需要先付出保證金給負責期貨利率商品的經紀商，而當結算日來臨時拆款利率降為0.1％，則甲銀行因為降息而少賺利息收入，但在利率期貨上甲則賺入250美元〔100萬×（0.3％－0.2％）×（90天÷360天）〕，鎖住了利率變動的風險。

利率選擇權

選擇權為買方付出權利金而獲取是否履行合約的權力，賣方收取權利金而具備接受履約的義務，因此利率選擇權可使選擇權買方有效規避利率波動造成淨值損失的風險。利率選擇權商品分成利率上限（Cap）、利率下限（Floor）與利率上下限（Collar）三種類型。其中「利率上限」的合約內容為結算日時，若合約標的之市場利率超過該上限，買方可以要求履約，獲取利率上限點位與市場利率之間的差額利潤，而賣方有義務接受履

約，付出差額的損失；反之，若市場利率低於該上限，買方選擇不履約，賣方賺取保證金。「利率下限」的合約內容是指結算日時若市場利率高於該下限，買方可以要求履約，獲取利率下限點位與市場利率之差額利潤。「利率上下限」是指合約內容為約定某利率區間，結算日時若市場利率超過上下限的區間，則賣方要付給買方其利率差額；反之，若市場利率落於區間之中，則賣方賺取保證金。

通常買方會根據避險的對象而選擇不同類型的利率選擇權，例如：企業籌資時若以浮動利率計息，會考慮買入利率上限（Cap）的選擇權商品，以將長期負債的利息成本限制在一定水準之下，避免利率攀升的風險。若以浮動利率進行投資的企業，適合買入利率下限（Floor）的選擇權商品，將長期投資的資產利息控制在一定水準之上，確保投資收益。而買入利率上下限（Collar）的選擇權商品，使以浮動利率計息的借貸成本或投資收益，可以鎖定利率波動的風險在固定的範圍內，減少買方的損失。

利率交換

利率交換簡稱IRS，是目前最流行的利率商品之一，為買賣雙方約定在某未來特定期間，以相同的本金依據不同的利率指標計算出不同的利息後，交換彼此利息所得的遠期契約，以達到利率風險管理的目的。交換的標的可以為固定利率對機動利率、機動利率對機動利率或不同的利率指標。

舉例來說，甲公司持有1,000萬存款欲準備於未來償還債務使用，該存款以機動利率計價，甲擔心利率變動增加風險，需要固定利率5％鎖定未來的現金流以避險；而乙公司持有1,000萬公債能收取固定利率5％，但是判斷未來利率將會走揚，想利用機動利率增加利潤。此時甲乙雙方可以進行利率交換，約定甲方以市場機動利率的利息給付乙方，乙方以固定利率5％給付甲方，待約定時間到期時雙方再進行利息交換。若約定時間到期時市場機動利率為6％，甲方需將1,000萬存款所獲得的60萬利息給乙，乙方則需將1,000萬公債所獲得50萬利息給甲，乙方藉此成功賺取利率上揚的利潤，而甲方無論市場利率如何變動，皆能確保有5％的利息收入。

利率與物價：實質利率的概念

> 民眾將錢存入銀行後可以獲得利息，一段時間後能領取更多錢，
> 卻未必能購買更多東西，因為隨著物價上漲商品可能也變貴了。
> 由於物價膨脹會影響利息的購買力，所以區分為「名目利率」與
> 「實質利率」的概念，來了解貨幣真正的時間價值。

名目利率與實質利率

　　市場利率（存放款利率、隔拆利率、重貼現率等）是藉由市場資金供需所決定出的利率，名義上為借出資金者獲得的報酬，相對是借入資金者負擔的成本，然而市場利率並無法精確地衡量雙方真正的報酬與成本，因為有另一個侵蝕或膨脹貨幣價值的力量，稱為「物價膨脹率」（也稱通貨膨脹率、物價上漲率）。例如目前的活存利率為2％，假設物價膨脹率亦為2％，當小明存了100元隔年將賺取兩元的利息（100元×活存利率2％），然而100元的商品亦上漲2元（100元×物價膨脹率2％），正好抵銷原本的利息，使小明名義上領取2元的利息但實質上資金並沒有增加，真正的利率水準為0％。

　　綜上所述，我們見到的任何市場利率，皆為未考量物價膨脹率的「名目利率」，即透過貨幣名目上的增減額來衡量利率水準。若考慮到物價膨脹率的利率稱為「實質利率」，是藉由名目利率平減物價膨脹率而來，可以反映貨幣的真實時間價值。

如何衡量實質利率？

　　二十世紀初，經濟學家費雪出版著名的《貨幣的購買力》，其中探討名目利率與實質利率的關聯，將其結論簡單化可以呈現為：**實質利率＝名目利率－物價膨脹率**，稱為費雪方程式。換言之，實質利率的衡量，可以藉由該市場利率減去政府公布的物價膨脹率來衡量。為了計算物價膨脹率，各國政府會設置專門單位定期收集各類商品及勞務的價格資料，然後編製出「物價指數」，然後比較不同時期的物價指數，其中的增減額換算成百分比，便是衡量物價的漲跌程度。在我國是由行政院主計處每月公布的「消費者物價指數及其年增率」最為常見，其中消費者物價指數年增率

就是指物價膨脹率。例如台灣在2020年1月的平均一年期定存利率（名目利率）為1.035％，平均消費者物價年增率（物價膨脹率）為1.085％，所以實質利率為 -0.05％（1.035％－1.085％），表示市場實質利率跌破零利率的水準。

政策對實質利率的影響

政府可藉由政策來調節景氣以平穩物價，但利率的升降與物價的漲跌並無必然關係，因為利率的升降變化是與市場供需原則相符，也就是資金供給不足時，利率會上升；反之資金供給過剩時，利率會下降。

舉例來說，若當前景氣低迷，政府會實施擴張性的財政政策，例如增加造橋鋪路、大型公共建設等公共支出，因為政策需要龐大的資金而向市場借錢，表示市場資金需求增加，使市場名目利率上升，同時政府支出可帶動產業回春、增加就業機會、提升民眾所得與消費，讓社會總需求增加促使景氣回溫、物價上揚。另一方面，若由央行實施寬鬆貨幣政策時，例如公開市場操作或調降重貼現率，使貨幣供給增加讓經濟體系的資金充沛，反而引導市場名目利率下降，藉此鼓勵投資讓社會總需求增加，一樣能使景氣回溫、物價上揚。反之，若當前景氣過熱，政府會採行緊縮性的財政政策會讓社會總需求縮減，資金需求隨之下滑，導致物價和名目利率雙雙下跌，緩和過熱景氣；若由央行實行緊縮性貨幣政策，則使貨幣供給量減少而讓經濟體系的資金縮減，促使名目利率上揚，以抑制投資讓社會總需求減少，同樣使物價下跌、緩和過熱景氣。

由此可知，政策的調整導致物價變動時，名目利率可能往上或往下調整，兩者之間沒有必然關係，而藉由費雪方程式可以進一步判斷：寬鬆貨幣政策使物價上升（即物價膨脹率提高）與名目利率下降，必然壓低實質利率；擴張財政政策使物價上揚（即物價膨脹率提高）與名目利率上升，則實質利率可能上升或下降，視兩者變動的幅度而定。另一種情況是，緊縮性貨幣政策使物價下跌（即物價膨脹率降低）與名目利率上揚，必然提高實質利率；緊縮性財政政策使物價下跌（即物價膨脹率降低）與名目利率下跌，則實質利率可能上升或下降，一樣視兩者變動的幅度而定。

名目利率與實質利率

名目利率

以貨幣表示的利率，未考慮物價膨脹率，亦即日常生活所接觸到的各項利率，例如銀行、郵局所公告的利率。

實質利率

考慮物價膨脹率的利率，亦即名目利率平減物價膨脹率而來，可以反映貨幣的真實時間價值。

政策對利率變動的影響

情況① 景氣低迷，物價下跌

**採行政策①
擴張性財政政策**

擴大政府公共支出
↓
資金需求增加刺激社會總需求提高
↓
名目利率上升
↓
景氣回溫，物價上漲（物價膨脹率上升）
↓
實質利率可能上升或下降

**採行政策②
寬鬆性貨幣政策**

增加貨幣供給量
↓
資金供給增加
↓
名目利率下降，刺激投資需求增加
↓
景氣回溫，物價上漲（物價膨脹率上升）
↓
實質利率下降

情況② 景氣過熱，物價上揚

**採行政策①
緊縮性財政政策**

縮減政府公共支出
↓
社會總需求降低使資金需求下降
↓
名目利率下跌
↓
緩和景氣，物價下跌（物價膨脹率下降）
↓
實質利率可能上升或下降

**採行政策②
緊縮性貨幣政策**

減少貨幣供給量
↓
資金供給減少
↓
名目利率上升，抑制投資需求
↓
緩和景氣，物價下跌（物價膨脹率下降）
↓
實質利率上升

利率的升降與物價的漲跌無必然關係

- 利率的升降變化與市場資金的需求多寡相關，資金需求＞供給，則名目利率上升；資金供給＞需求，則名目利率下跌。
- 實質利率的漲跌受到名目利率及物價膨脹率兩者間的變動而定。

其他重要的利率指標

資本全球化的現代，眾多金融商品橫跨各國、各貨幣與資本市場，衍生出千萬種相對應的利率。透過重要的利率指標，例如美國聯邦資金利率、倫敦銀行同業拆放利率與政府公債殖利率，可以解讀眾多利率的趨勢、資金鬆緊流向、景氣變化等。

美國聯邦資金利率

　　「美國聯邦資金利率」是美國境內最重要的短期利率指標。其由來是美國聯邦儲備系統的各會員銀行，依法皆需要保持一定水準的準備金，該準備金稱為「聯邦資金」。由於各銀行每日的準備金會有盈餘或不足，不足者需跟同行拆借，而銀行間互相融通資金所需付出的借款利率便是聯邦資金利率，所以美國聯邦資金利率即為美國隔夜拆款利率。該利率水準由市場流動資金的供給與需求決定，敏感地反應市場流動資金的時間價值，亦是銀行同業間資金借貸的成本，所以許多銀行將美國聯邦資金利率視為基本利率，成為房貸、企業融資等放款利率水準高低的重要指標。

　　由於聯邦資金利率動見觀瞻，影響銀行放款行為，其利率水準亦能表達市場資金的鬆緊，所以成為美國聯邦準備理事會（簡稱聯準會）重視的貨幣政策工具之一。聯準會依據經濟情勢的不同而設定聯邦資金利率的目標區間（即該利率的理想上下限），然後藉由公開市場操作確保利率位於所設定的區間內，進一步影響經濟景氣。例如：當利率過低時賣出公債回收貨幣，使流動資金減少引導利率上升，減緩投資需求，避免景氣過熱；反之，當利率過高時買入公債放出貨幣，使流動資金增加引導利率下降，刺激投資需求，加快景氣復甦。

　　聯邦資金利率的重要影響力可從以下實例表達：例如從2004年起，聯準會連續17次升息，將聯邦資金利率從1％提升到5.25％，避免景氣過熱且抑制蠢蠢欲動的通貨膨脹。然而當時次級房貸的衍生性金融商品氾濫，聯邦資金利率的凌厲漲勢促房貸利率上揚，無法繳款的次級房貸者拋售房地產引起房地產市場崩盤，升息政策被視為次貸危機的元兇之一。又例如2008年發生全球金融海嘯以來，美國從5.25％連續調降聯邦資金利率十數次，到達0.25％的低水平，使市場資金旺盛且放款行為活絡，成功挽救經

濟景氣。然而逼近零利率水準的聯邦資金利率讓聯準會無降息的籌碼，暗藏若第二次衰退來臨時，聯準會將無政策工具可運用的危機，所以如何讓寬鬆性貨幣政策成功退場也考驗聯準會的領導能力。

倫敦銀行同業拆放利率與擔保隔夜融資利率

「倫敦銀行同業拆放利率」（London Interbank Offered Rate，簡稱LIBOR），是歐洲信用市場裡最重要的利率指標。其利率由英國銀行家協會（British Banker's Association，簡稱BBA）選定若干具有代表性的大型銀行，取每日上午11點時從事歐洲美元（指在美國境外且不受聯準會監控的美元）、日圓、英鎊等重要貨幣拆款利率的參考報價，扣除極端值後平均計算而成。

倫敦銀行同業拆放利率具有與美國聯邦基金利率相似的特質，第一是反映銀行同業之間融資轉貸的成本；第二個是反映歐洲流動資金的鬆緊；第三是各金融機構制定放款利率的參考指標。在實務當中，LIBOR不僅在英國倫敦金融市場上使用，由於其歷史悠久並運作穩定、運作機制透明且涵蓋幣別廣泛，所以是國際銀行與國際長期資金市場廣泛認可的參考利率指標。因此，許多資金借貸利率皆以LIBOR為基準再進行加碼，例如其合約內容可能為「貸款利率為倫敦銀行同業拆放利率加上1％」，藉此放款者可以確認收取市場融資成本以外的1％利潤。根據洲際交易所在2016年的粗略估算，全球約有350兆美元以上的金融產品與LIBOR相連結。

由於2012年德意志銀行、巴克萊銀行、瑞士銀行等遭美歐監管當局查出惡意操縱LIBOR，LIBOR的透明度和公正性遭到投資人質疑，全球監管機構於是研議替代方案。LIBOR將在2021年底退場，預計由紐約聯準會發布的「擔保隔夜融資利率」（Secured Overnight Financing Rate，簡稱SOFR）替代。兩者的差異在於，LIBOR是參考報價而沒有實際交易；SOFR則是根據美國境內金融機構以美國國債或政府債務做為抵押品，借入現金的實際隔夜交易利率之數據呈現，可以降低銀行惡意操控的風險。

政府公債殖利率

政府公債殖利率指的是政府發行國庫券等債券，其面額與實際成交價格之差額所計算出來的利率，表示投資公債至到期日這段期間的投資報酬率，例如某國發行面額100萬元的債券，代表到期日時政府需償還100萬元

重要的國際拆款利率

① 美國聯邦資金利率

定 義
相當於美國隔夜拆款利率，為美國聯邦儲備系統的各會員銀行互相融通資金所需付出的借款利率。

意 義
1. 美國銀行同業間資金借貸的成本。
2. 代表美國金融市場的短期利率水準。
3. 反應美國市場流動資金的鬆緊情況。

影 響
1. 被多數銀行視為基本利率，是衡量房貸、企業融資等放款利率水準高低的重要指標。
2. 美國聯準會調控貨幣政策的短期目標。
3. 由於美國金融市場影響全世界，且美元也是各國主要準備貨幣，因此美國聯邦資金利率的變動也是全球金融觀察的重點。

利率高低的影響

利率高	利率低
代表市場流動資金不足，銀行放款行為保守。	代表市場流動資金充沛，銀行放款行為寬鬆。

若景氣持續低迷，聯準會會買入公債釋出貨幣，增加貨幣供給量，引導利率下降，刺激投資促使景氣復甦。

若景氣逐漸過熱，聯準會會賣出公債回收貨幣，減少貨幣供給量，引導利率上升，緊縮投資以減緩景氣過熱。

② 倫敦銀行同業拆放利率

定 義
簡稱LIBOR，由倫敦具代表性的銀行在每日上午11點提供歐洲美元、日圓、英鎊等重要貨幣的拆款利率做為參考報價，計算而得。

意 義
1. 銀行同業間融資轉貸的成本。
2. 金融機構制定放款利率的參考指標。
3. 反應歐洲市場流動資金的鬆緊情況。

影 響
1. 其利率高低受各國貨幣政策影響，更能真實反應市場資金的動向。
2. 歷史悠久且穩定、涵蓋多國幣種，成為受到國際銀行與國際長期資金市場廣泛認可的參考利率指標。

利率高低的影響

利率高	利率低
代表市場流動資金不足，銀行放款行為保守。	代表市場流動資金充沛，銀行放款行為寬鬆。

表示借款成本提高，凍結未來的投資行為，也代表同行間信心不足，這些都是金融危機的前兆。

表示借款成本降低，有助於刺激投資行為，也表示未來經濟景氣看好。

2012年
爆出遭惡意操縱

LIBOR 於2021年底退場，由能夠降低人為操縱風險的擔保隔夜融資利率（SOFR）替代。

給債券持有人，而市場實際成交為95萬元（即債券價格）的話，表示債券持有人以本金95萬元購得政府公債，債券到期日時可再獲得利息收入為5萬元（債券面額100萬元－實際成交價95萬元），殖利率為5.26％（利息收入5萬元÷本金95萬元×100％），由於債券價格與殖利率成反比，當債券價格愈高，代表其報酬率愈低。

　　因為美國公債發行量廣大以及美元資產為許多國家央行的外匯儲備，所以美國公債殖利率為政府公債殖利率中最具代表性的利率指標。該指標的意義有三：**第一個意義是美國公債殖利率等於市場無風險利率**，由於美國公債信評為最佳的AAA，幾無違約可能，投資人必然可以取得該利息，因此政府公債或是國庫券的利率通常被視為無風險利率。若欲使投資人將資金移向其他具有風險的資產（例如股票、房地產等）時，其報酬率必須高於無風險利率，也就是應取得無風險利率加上風險貼水的利息，換言之，美國公債殖利率被視為資金移轉時放款人應取得的最低報酬。**第二個意義是反應市場資金流向**，進一步判斷市場風險。市場資金會在債券市場與其他資產市場間流動，但市場風險低時（例如對景氣發展樂觀），資金會流往其他資產市場以追逐較高的報酬，導致債券需求減少，使債券價格下降與殖利率上升；反之，當市場風險高時（例如預期景氣衰退），資金回流風險極低的債券市場，導致債券需求增加，使債券價格上升與殖利率下降。由此可知殖利率與風險成反比，例如2020年1月美國十年期國庫券殖利率為1.5％，三月時下跌至僅0.5％，因為當時正值新冠肺炎（COVID-19）嚴峻時刻，疫情的不確定發展引發金融市場拋售，致使市場流動性枯竭。

什麼是風險貼水？

　　投資者有一些風險趨近於零的投資商品可以選擇，例如政府發行的公債等等，此時的報酬率稱為無風險利率。而當投資者進行風險較高的投資時，必然預期要有高於無風險利率的報酬來彌補對高風險的承擔，這段高於無風險利率的額外報酬稱為「風險貼水」。

政府公債殖利率與代表性指標

政府公債殖利率

指政府發行國庫券等債券，其面額與實際成交
價格之差額所計算出來的利率，表示投資公債
至到期日這段期間的投資報酬率。

> 債券持有人
> 的利息收入

計算公式　
$$\frac{（債券面額－實際成交價）}{實際成交價（即債券價格）} \times 100\%$$

> 債券持有人
> 的本金

由於債券價格和殖利率呈反比，所以：
- **債券價格愈高，殖利率愈低→投資報酬率愈差**
- **債券價格愈低，殖利率愈高→投資報酬率愈好**

代表指標

美國公債殖利率

因為美國公債發行量廣大且美元資產為許多國家的外匯儲備，所以成為
政府公債殖利率中最具代表性的利率指標。

影響1
代表市場無風險利率的水準，成為衡量其他資產投資的最低標準。

影響2
反應市場資金流向，進一步判斷市場風險。
- 殖利率上升，表示債券需求減少、價格下跌，資金流向其他資產市場，意謂
  市場風險變小、未來景氣樂觀。
- 殖利率下降，表示債券需求增加、價格上揚，資金從其他資產市場回流到債
  券市場，意謂市場風險變大、未來景氣悲觀。

影響3
透過長短期殖利率的比較，即殖利率曲線走勢，判斷利率的時間風險
與預測未來的利率走勢。
- 殖利率曲線為正斜率，表示長期利率＞短期利率，市場預期未來景氣看好。
- 殖利率曲線為負斜率，表示長期利率＜短期利率，市場預期未來景氣衰退。

第 **4** 章

不同國家的貨幣關係——
外匯與匯率

　　隨著國界的不同，各種貨幣誕生於世界的舞台。耳熟能詳的美元、歐元、英鎊、日圓、韓圜、澳幣、人民幣等貨幣不僅在各自的國家密切使用，也在國際間流通，形成俗稱的「外匯」，不同國家貨幣之間的交換比例則稱為「匯率」。各國貨幣透過外匯市場串連，讓本國國民得以兌換外國貨幣、他國國民能兌換本國貨幣，有助於進出口貿易、國際投資、出國旅遊留學、購買他國財貨與勞務等重要經濟活動。外匯市場的存在，使得貨幣的功能與機制能夠跨越國界，而認識外匯與外匯市場，可以明瞭不同國家之間的貨幣如何串連、匯率機制如何運作、外匯市場的重要性、強勢貨幣與共同貨幣，以及外匯相關的金融商品。

學習重點

● 什麼是外匯？

● 各國貨幣的價值為何有差異？

● 匯率是什麼？

● 什麼是外匯市場？

● 固定匯率制度與浮動匯率制度有何不同？

● 影響匯率的國際收支帳

● 什麼是主流貨幣與儲備貨幣？

● 共同貨幣歐元的形成

● 常見的外匯交易與外匯投資工具有哪些？

什麼是外匯？

外匯是指一國擁有的外國貨幣、票據、及其他有價證券等各種非本國貨幣的資產，而對於一般民眾而言，外匯等於外國貨幣。經濟活動邁向全球化的現代導致外匯的供給與需求者大幅增加，不同外匯間進行的兌換比率稱為「匯率」。

外匯是什麼？

「外匯」是指外國貨幣、票據及其他有價證券等。其中票據包含國外發行的支票、銀行本票、銀行匯票等；其他有價證券則包含國外發行的公債、國庫券、公司債、股票等。換言之，外匯泛指一國所擁有的非本國貨幣的資產，這是「外匯」比較廣泛的定義。同時，外匯也可以被視為一個國家對外國資產的求償權，假設某銀行持有100萬元的美金，代表該銀行可以向美國求償100萬元的資產，求償的方式可以要求擁有（或稱為購買）美國的各種商品、勞務、土地等。

狹義的外匯是指可做為國際支付工具的外國通貨，也就是外國的貨幣，諸如美元、歐元、日圓、英鎊等，「外匯等於外國貨幣」也是民眾日常生活中最通用的外匯含意，例如要去日本旅遊而前往「外匯」指定銀行去兌換日圓（外國貨幣）。

匯率即各國貨幣的兌換比率

最原始的外匯需求與外匯供給源於國際貿易。當本國人民要購買外國的商品、勞務或資產時，必須先將本國貨幣轉換成外國貨幣才能購買，而成為外匯的需求者；反之，當外國人民要購買本國的商品、勞務或資產時，也必須將持有外幣轉換成本國貨幣才能購買，而成為外匯的供給者。隨著經濟活動邁向全球化，讓不同國家間的國際貿易與金融活動增加，包括進口商、出口商、國外服務需求者與提供者、金融機構、中央銀行、投資與投機客等，各自為了不同的原因而進行本國貨幣與外國貨幣間的兌換，所兌換的比率稱為「匯率」，例如30元新台幣可以兌換一塊錢的美元，該比率即為匯率。由於貨幣的價格源於可以兌換的商品或服務，當我們用30元新台幣兌換一塊錢的美元時，其意義等於我們用30元新台幣購買

1美元，或稱1美元的價格為30元新台幣，所以匯率除了是兩國貨幣兌換的比率外，也是利用一國貨幣來表達另一國貨幣價值的方式。

外匯與匯率的意義

外匯

廣義的外匯是指一國所擁有的非本國貨幣資產，也可以視為一個國家對外國資產的求償權。

外國貨幣	**外國票據**	**外國有價證券**
國外發行的法定貨幣	國外發行的支票、銀行本票、銀行匯票等	國外發行的公債、國庫券、公司債、股票等

此為狹義的外匯定義，做為國際支付工具的外國通貨，例如美元、歐元、日圓、英鎊等。

匯率

① 本國貨幣與外國貨幣相互兌換的比率。

② 利用一國貨幣來表達另一國貨幣價值的方式，也就是兩國貨幣的買賣價格。

例 **30元新台幣 ＝ 1美元**

> 表示30元新台幣可購買1美元，或1美元的價格為30元新台幣。

各國貨幣的價值如何訂定？

各國貨幣的價值決定於該國貨幣的效能，效能愈大表示價值愈高，而各國發行貨幣面臨的時空背景各有不同，所以各國的貨幣效能亦有所差異，因此有不同的兌換比率——匯率。匯率決定於市場買賣雙方的交易結果，可以升值與貶值來描述各國貨幣間價值的變動。

為什麼各國貨幣的價值不一樣？

　　當消費者在日本購買麥當勞的大麥克漢堡套餐時，可能要價640日圓，而飛到台灣時，大麥克漢堡套餐則只需要125元新台幣，明明是相同的產品，為什麼各國貨幣的價格不一樣呢？因為現代貨幣的價值決定於貨幣的效能，也就是貨幣可以兌換商品的多寡、或所代表商品價值的高低，而非貨幣本身幣材的商品價值。在前例中，較少的新台幣即可購得較多日圓才能購得的同一個大麥克漢堡套餐，表示新台幣的效能比日圓大。

　　貨幣的效能會受到貨幣數量、經濟景氣、產業型態、薪資水準、物價指數等眾多因素決定。由於各國所面臨的時空因素皆有差異，導致各國貨幣的效能必然不同。例如當某國的貨幣供給量增加時，人們感覺手裡的錢變多了而願意提高消費量，但原有的商品供給量並未改變，在供不應求之下導致原有的商品價格上漲，使得同樣價格下能買到的東西變少，因此每一枚貨幣的效能形同被稀釋了；相對地，當一國減少其貨幣供給量時，則會增長每一枚貨幣的效能。

　　由於不同國家有各自的貨幣供給量，導致各國貨幣產生效能上的差異，因此各國貨幣的價值並不相等。即使各國貨幣供給量皆相同，假設皆有1,000枚貨幣，此時國民產出較多的國家因為創造了較多可供購買的商品，讓1,000枚貨幣可以購買較多東西，相對的貨幣效能較強。倘若各國經濟景氣也相同，即國民產出相等，此時薪資水準比較高的國家，代表民眾要花比較多的貨幣來搶購原有的商品，導致物價上揚，貨幣效能較低。因為各國貨幣的價值並不相等，所以不同貨幣間有兌換比率（匯率）的產生，用來衡量各國貨幣的價值。

如何衡量各國貨幣的價值？

衡量各國貨幣價值的最簡單概念，稱為「單一價格法則」（簡稱單價法則），其概念是相同的商品在各國雖然價格不同，但應該具有相同的價值，因此便可依同一商品在各國的價格來判斷各國貨幣的價值。例如同樣一個漢堡在美國售價1美元、在台灣售價30元新台幣，則代表美元與新台幣的價值比例是1比30。單一價格法則的優點是直觀、單純、易懂，然而其前提必須建構在兩國物價水準相等之上，如此一來對照物價即可比較出

影響各國貨幣價值高低的因素

各國速食連鎖店販
售相同的漢堡套餐

台幣定價
為125元新台幣　VS.　日幣定價
為640日圓

較少枚的台幣即可買到相同的物
品，由此可知，台幣效能比日幣大
1元新台幣≠1元日幣

影響各國貨幣價值不同的因素

1. 貨幣數量

其他條件不變之下，貨幣數量愈多，會減少每一枚貨幣的效能；反之貨幣數量愈少，會增加每一枚貨幣的效能。

2. 經濟景氣

其他條件不變之下，經濟景氣變好，會提高每一枚貨幣的效能；反之經濟景氣變差，會減少每一枚貨幣的效能。

3. 薪資水準

其他條件不變之下，薪資水準愈高，會降低每一枚貨幣的效能；反之薪資水準愈低，會增加每一枚貨幣的效能。

4. 物價指數

其他條件不變之下，物價指數上升，會降低每一枚貨幣的效能；反之物價指數下跌，會增加每一枚貨幣的效能。

兩國貨幣間的相對價值，但如果兩國物價不同時，則單價法則的評判會失真。

　　由於單價法則並沒有考量到各國物價的差異，所以繼而出現了「購買力平價說」。購買力平價說在基於單價法則的精神上進一步考量了各國物價的差異，認為匯率決定於各國貨幣的購買力（即每一單位貨幣在國內所能購得的勞務或商品的數量），也就是各國物價水準相對比率。通常物價水準相對較低的國家，表示用較少的貨幣就能買到商品，因此購買力較高；反之，物價水準相對較高的國家，得用較多的貨幣買到商品，購買力往往會較低。但同一商品的價位應該是一致的，因此兩國貨幣進行兌換時，可將在兩國中能買到同一商品的貨幣量相比較，貨幣購買力較高的國家，其貨幣可以兌換到較多枚購買力低的他國貨幣。因此，貨幣購買力高的國家，其匯價會較高；相對地，貨幣購買力低的國家，其匯價則較低。以前述的單價法則中，同一個漢堡在美國與台灣的售價分別為1美元及30元新台幣，可推得美元兌新台幣的匯率為1比30，若一年後台灣物價上漲3％，美國物價上漲6％，表示美元的購買力下跌，匯價應該要調整，亦即美元應貶值3％（3％－6％＝-3％），即1美元兌29.1元新台幣。購買力平價說的優點是考量到兩國物價的差異，使其衡量各國貨幣價值更為精準，也成為目前各國普遍採用的匯率理論。缺點是現實生活中導致貨幣價值差異的因素並不只有物價，還包含國際收支平衡的狀況、各國人民對商品的偏好差異等種種因素，這也是購買力平價說沒有考慮到的範疇。

　　實務中，各國貨幣（外匯）如同一般的商品或資產，其價格（匯率）是由供給與需求兩方共同決定，因此匯率除了代表兩國貨幣兌換的比率外，更深的意涵是利用一國貨幣來表示另一國貨幣的價值，也就是由匯率市場的供需法則來決定各國貨幣的實際匯率高低。當我們將外國貨幣視為商品時，匯率等同於該外幣的價格，而價格決定於市場的供給與需求力道。如果外幣的供給大於外幣需求，將導致外幣的價格（匯率）下降，換言之等於本國貨幣升值；而外幣的供給小於外幣需求的時候，將導致外幣的價格（匯率）上升，也就是本國貨幣貶值，因此市場匯率就是各國貨幣價值比率的真正答案。不過當國家經濟受到劇烈衝擊，或是政府政策等非市場力量介入，可能導致市場匯率產生短期或長期的失衡，此時就必須藉由單價法則或購買力平價說等匯率理論，來評估市場匯率是否過度偏離合理範圍。

衡量貨幣價值的方法

方法① 單一報價法則（單價法則）

相同的商品在各國有不同的價格，但應該具有相同的價值，所以可以進行各國貨幣的價值判斷。

例 同樣一塊炸雞在美國賣1美元，在台灣賣30元新台幣，可以推論1美元＝30元新台幣。

缺點

未考慮各國物價水準高低，不能反映貨幣的真實價值。

方法② 購買力平價說

為各國普遍採用的匯率理論

考量各國物價的差異，認為兩國物價水準的相對比率決定了彼此貨幣兌換的匯價高低，也就是物價水準較低的國家，其貨幣購買力較高，則匯價也會較高。

例 依據單價法則，同樣一塊炸雞在美國賣1美元，在台灣賣30元新台幣，可以推論1美元＝30元新台幣，若兩國物價水準不同，美國物價上漲6%、台灣物價上漲3%，表示美元的購買力變低，因此美元應該貶值3%（3%-6%=-3%），使1美元＝29.1元新台幣。

缺點

未能包含物價以外的其他影響匯率的因素，例如：國際收支狀況、各國人民對商品偏好等因素，使得衡量匯率高低可能出現偏差。

方法③ 匯率市場供需法則

市場匯率是各國貨幣價值比率的實際答案

匯率市場上，貨幣即為商品，因此由供給與需求的力道來決定各國貨幣匯率的高低，這也是實務中各國貨幣之間兌換比例的真實答案。

例 當市場上對美元的供給大於需求時，則美元貶值；反之，當對美元的供給小於需求時，則美元升值。

缺點

匯率市場交易會受到非市場供需因素的干擾，像是一國經濟衰退、政府政策干預等，使匯率升貶值偏離合理範圍。

匯率的運作①：外匯市場

外匯市場是世界上最活躍與龐大的金融市場，市場參與者包含外匯供給者、外匯需求者、外匯指定銀行、外匯經紀商、外匯投資與投機客，以及各國的中央銀行等眾多角色在外匯市場進行交易，共同形成了外匯的價格（匯率）。

外匯市場①：顧客間市場

匯率的升貶值取決於外匯的供給與需求，也就是外匯買賣雙方的交易結果，而外匯交易的地方就是外匯市場。外匯市場是世界上最龐大與活躍的金融市場，交易者可以藉由實體櫃台、網路等有形與無形平台交易各種主流貨幣，例如美元、歐元、英鎊、加幣、澳幣、瑞士法郎、日圓等等。

外匯市場依據參與對象的不同，可以區分為「銀行與顧客間外匯市場」（簡稱顧客市場）與「銀行間外匯市場」（簡稱銀行間市場）。這裡的銀行是指商業銀行，可針對各國客戶提供外匯買賣、承辦外匯存款、匯兌、貼現等業務，是外匯市場中最主要的參與者。在台灣則是取得中央銀行許可經營外匯交易業務的商業銀行，稱為「外匯指定銀行」。

「銀行與顧客間外匯市場」顧名思義是指銀行與其往來顧客間買賣外匯的所在，在此市場的外匯供給者（賣方）包括出口商、提供外國勞務者、到本國投資的外國廠商、觀光客、海外工作賺取外幣薪資者等，他們所擁有的外匯欲兌換為本國貨幣使用時，會將外匯帶到銀行進行兌換，便成為外匯供給者。另一方面，像是進口商、需要外國勞務者、到外國投資的本國廠商、到外國旅遊或留學甚至移民的民眾等，他們需要將本國貨幣兌換為外幣以購買國外的財貨與勞務時，也會到銀行進行貨幣兌換，而成為外匯需求者（買方）。顧客間市場的特色是交易量小、外匯買賣價格受限於銀行的制定與牌告，相當於外匯交易的「零售市場」。

外匯市場②：銀行間市場

「銀行間外匯市場」則是外匯市場中成交量最大宗的市場，其最小交易單位為100萬美元，相當於外匯交易的「批發市場」。主要參與者為商業銀行（台灣為外匯指定銀行）、外匯經紀商、以及各國的中央銀行。外

匯經紀商在此扮演促進外匯交易的仲介與媒合角色，從中賺取佣金為目的，因為外匯經紀商熟悉外匯市場的供需情形、掌握匯率漲跌變化、提供專業的資訊分析，外匯投資者樂於利用此管道，以降低交易成本。外匯經紀商的主要服務對象為銀行、央行，而非一般投資大眾，目前台灣的外匯經紀商有兩家，分別為台北外匯經紀公司與元太外匯經紀公司，我國央行及外匯指定銀行皆是透過這兩家外匯經紀商進行交易。

外匯交易並非買方出價與賣方出價然後撮合成交，而是詢價者在眾多報價者提供的買賣價裡，選擇可以接受的價格成交。在外匯市場的交易中，提供交易價格（包括買價與賣價）的機構稱為「報價者」，報價者通常由銀行或央行擔任。而接受報價並且在眾多報價中進行選擇的機構稱為「詢價者」，詢價者則是外匯市場中任何的角色都有可能擔任，像是銀行、外匯經紀商、各國央行等。

由於銀行每天買進、賣出外匯的數量可能不盡相同，為了平衡其間的差異以結清買賣部位，避免匯率變動導致帳面上立即有匯損發生，銀行除了自行尋覓其他銀行或央行交易外，多數會委由外匯經紀商提供外匯買賣服務，以提高外匯交易的效率。外匯經紀商會利用電話、電報或電子交易系統詢價，以獲得本國和全球市場的眾多其他銀行或央行的報價，並提供給有交易需求的客戶，讓客戶選擇可接受的價格成交。

中央銀行是外匯市場中勢力最龐大者。由於各國央行大多擁有該國貨幣發行數量的控制權，幾乎是唯一有機會若干影響市場價格的角色。各國的央行往往代表政府與該國國民的立場，基於維持匯率穩定、合理調節該國擁有的外匯資產數量（外匯儲備數量）等原因，而將手中握有的龐大資金投入外匯市場進行外匯調度或是外匯干預，其操作方式是直接與銀行交易、或透過外匯經紀商中介以進行外匯買賣。央行可以大額的本國貨幣來購買外國貨幣，使外匯因需求量大增而匯率上升，藉此讓本國貨幣貶值；或大額拋售外國貨幣買回本國貨幣，使外匯因供給大幅增加而匯率下降。

雖然顧客市場與銀行間市場的參與對象不同，但這兩個市場的交易活動會互相影響。銀行會考量業務成本及合理利潤，將銀行間市場成交的匯率予以減碼或加碼，做為與顧客買賣外匯的買價與賣價，以賺取中間的價差。例如銀行間市場的美元匯率是30（表示銀行買進1美元需支付30元新台幣），為銀行買進美元的成本。銀行與顧客進行美元交易時，可能會把美元的賣出價格加碼訂為30.1（表示銀行賣給顧客1美元需收取30.1元新台

幣），美元的買進價格則減碼訂為29.9（表示銀行向顧客買進1美元只需支付29.9元新台幣）；而使銀行在買賣1美元時有0.2元（30.1元－29.9元）台幣的價差收入。

外匯市場的特性

投機客對於外匯市場的意義

國際投機客將外匯視為投資工具的一種，利用本身的資產購入外國貨幣或國外發行票據等資產，藉由同一時間點各種匯率波動的不同，同時買進賣出外匯以進行套利，來賺取差價利潤。量子基金的創辦人索羅斯便是廣為人知的投機客代表，他曾經在九〇年代放空英鎊，間接促使英國央行退出歐洲匯率機制（Exchange Rate Mechanism）而導致英鎊重挫，從中獲利超過10億美金；此外他也因為炒作泰銖，而被視為1997亞洲金融危機的始作俑者。在龐大活躍的外匯市場中，由於各國央行難免為了維護本國匯率水準而出手干預，導致外匯價格有時會偏離市場正常水準。若撇開投機客因短期炒匯而破壞金融秩序、曝露金融管制漏洞的道德風險不談，其實投機客基於賺取利潤的套匯行為，將自發性地影響不同外匯間的供給與需求，把價格拉回真正適當的價格，使得外匯市場更加有效率地運作。

外匯市場是現今交易量最龐大且活躍的金融市場，交易商品即為貨幣，由於商品（貨幣）數量和交易所都非常龐大繁多，使得外匯市場有以下六個特色：

一、貨幣商品流通性高：因為無論所持有的貨幣是屬於美元、歐元、日圓等流通量大的主流貨幣，還是像新台幣、印尼盾、泰銖等流通量小的區域型貨幣，都可以換購貨幣發行國市場上的任何資產，即使是小國家所發行的貨幣，因為本國人民一定會使用，而能維持一定的交易量，於是外匯只有升貶值的價格問題，而不會出現無人交易的窘境。

二、買賣價差小：因為外匯市場沒有區域性之分，而成為全球交易量最大的金融市場，根據國際清算銀行（Bank for International Settlements，簡稱BIS）每隔三年所做的外匯交易量統計，2019年的全球外匯交易量平均每日高達6.6兆美元，足見外匯市場規模驚人。由於參與者眾多、進出頻繁且金額龐大，外匯的買賣價差相對於股票、期貨等其他金融商品都來得小，交易者因此較少受到成交價格與出價價格出現落差的被迫成交損失（滑價損失）。

顧客間市場與銀行間市場

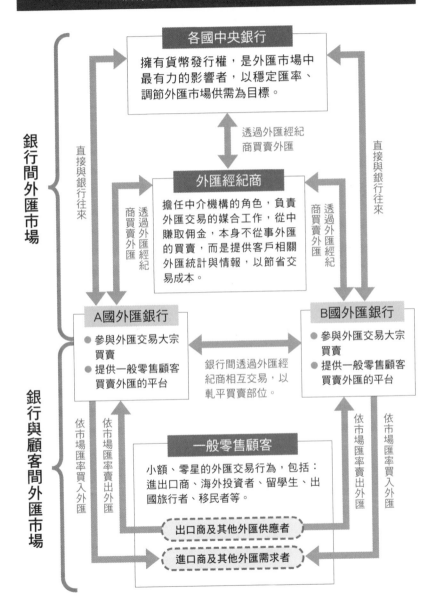

各國中央銀行

擁有貨幣發行權，是外匯市場中最有力的影響者，以穩定匯率、調節外匯市場供需為目標。

透過外匯經紀商買賣外匯

外匯經紀商

擔任中介機構的角色，負責外匯交易的媒合工作，從中賺取佣金，本身不從事外匯的買賣，而是提供客戶相關外匯統計與情報，以節省交易成本。

銀行間外匯市場

直接與銀行往來

透過外匯經紀商買賣外匯

直接與銀行往來

透過外匯經紀商買賣外匯

A國外匯銀行

● 參與外匯交易大宗買賣
● 提供一般零售顧客買賣外匯的平台

B國外匯銀行

● 參與外匯交易大宗買賣
● 提供一般零售顧客買賣外匯的平台

銀行間透過外匯經紀商相互交易，以軋平買賣部位。

銀行與顧客間外匯市場

依市場匯率買入外匯

依市場匯率賣出外匯

依市場匯率賣出外匯

依市場匯率買入外匯

一般零售顧客

小額、零星的外匯交易行為，包括：進出口商、海外投資者、留學生、出國旅行者、移民者等。

出口商及其他外匯供應者

進口商及其他外匯需求者

三、市場資訊透明化：各國貨幣的價值受到該國貨幣數量、經濟景氣、物價指數等眾多因素影響而有高低起伏，但這些影響貨幣價格的指標數據大都是對外定期公開且資訊透明，使得外匯市場資訊流通快速、透明度高方便交易者進行決策判斷。

四、操作限制相對少：主流的外匯市場如英國倫敦、美國紐約、日本東京等市場並無漲跌幅限制（即設定匯價波動的上下限），且交易成本、交易稅率等相對於股票、期貨等金融市場也比較低，所以外匯的操作限制相對較少。

五、市場不易被私人干預：由於外匯市場的規模非常龐大，外匯價格的波動是由銀行或各國央行等機構的真實供需狀況所決定，使投機客、財團等有心人士很難單憑己力進行炒作與操控匯率，所以較少內線交易、市場主力拉抬等情況。

六、全天候的交易時段：著名的外匯交易所例如美洲的紐約、芝加哥、洛杉磯；歐洲的倫敦、法蘭克福、蘇黎世；亞洲的東京、香港、新加坡；澳洲的雪梨、威靈頓等等，因為時差的關係使得這各洲的市場區塊成為二十四小時不停歇的交易市場，除了週六、週日及各國重大節日時，外匯市場才會關閉外，隨時都可讓外匯買賣雙方進出。例如投資者在上午的東京市場買進美元，晚間倫敦市場開市後美元上漲，投資者在倫敦市場賣出，不管投資者本人在哪裡，他都可以參與任何市場、任何時間的買賣，沒有空間或時間的限制。

外匯市場的六大特色

1 商品流通性高

所持有的外國貨幣可以換購該國市場上的任何資產，因此不會乏人問津，受到交易者的喜愛。

6 全天候的交易時段

全球外匯市場因不同時區的因素，成為24小時不休市的交易市場，外匯交易者可隨時買賣，匯價完全反映市場變動。

2 買賣價差小

外匯交易數量龐大，交易者較少受到成交價與出價出現差距（滑價）的損失。

外匯市場成為全球最大的金融市場

5 市場不易被私人干預

外匯市場因為交易數量龐大、參與者眾多，投機客與大戶難以干預，所以較少內線交易、市場主力拉抬等情況。

3 市場資訊透明化

貨幣數量、經濟景氣、物價指數等影響貨幣價格漲跌的指標因素，因資訊透明對外公開，使外匯投資者較易掌握相關訊息。

4 操作限制相對少

主流外匯市場如英國倫敦、美國紐約、日本東京等並無漲跌幅限制，且交易成本、交易稅率較股票、期貨等金融市場低。

匯率怎麼運作②：
各國貨幣如何報價

外匯市場是買賣各國貨幣的交易場所，交易的價格即為「匯率」，也就是將某一國兌換成另一國貨幣的兌換比率，一般常見的報價方式有直接報價法與間接報價法兩種。此外，若某兩國的貨幣並無直接的交易關係，就不會出現匯率，此時可以利用交叉匯率的概念衡量該兩國貨幣間的合理匯率，進一步在外匯市場進行交易。

直接報價法與間接報價法

　　國際間匯率報價（或稱匯價）的方式常見有兩種：直接報價法與間接報價法。直接報價法是將外國貨幣視為商品，本國貨幣視為商品價格，即買入每一單位的外國貨幣需支付多少單位的本國貨幣，例如1美元兌換30元新台幣，表示買入1美元需支付30元新台幣，所以美元兌新台幣的匯率為30（USD/TWD=30）。直接報價法又稱為應付匯率、價格報價法，國際匯市大多使用直接報價法，台灣地區亦是習慣此報價方式。

　　間接報價法是將本國貨幣視為商品、外國貨幣視為商品價格，也就是賣出每一單位的本國貨幣可收取多少單位的外國貨幣，例如1元新台幣兌換0.033美元，即表示賣出1元新台幣可收取0.033美元，因此新台幣兌美元的匯率為0.033。（TWD/USD=0.033）。間接報價法又稱為應收匯率、數量報價法，國際匯市中的歐元、英鎊、澳幣與紐西蘭幣則是習慣使用間接報價法。

外匯市場上的匯價表示方式

　　在外匯市場上，匯價最多可表示到小數點後五位數，若小數點後的尾數為0，則可省略。依照國際慣例，通常會用三個英文字母來表示貨幣的名稱，例如美元為 USD、日圓為 JPY、人民幣為 CNY、英鎊為 GBP、韓圜為 KRW 等。以他國貨幣兌換 1 元新台幣（TWD）為例，匯價標示如下：USD 30.28、JPY 0.2841、CNY 4.259、GBP 37.67、KRW 0.02645 等。

交叉匯率報價法

　　匯率是外匯市場買賣交易後所形成的價格，但如果兩國的貨幣並無直接交易的話，則會採用「交叉匯率報價法」，也就是找出同時與這兩國貨幣皆有交易匯率的第三種貨幣，然後以第三種貨幣的匯率進行兩國貨幣換算，以求得兩國貨幣的兌換比率。外匯市場實務之中，幾乎所有的貨幣與美元皆有兌換關係，所以交叉匯率往往是利用美元為基準來衡量非美元貨幣。舉例來說，市場上並無新台幣與柬埔寨幣（稱為里耳）的匯率，但新台幣與里耳分別跟美元有兌換關係，此時可以選定美元做為衡量匯率的基準，透過交叉匯率來計算新台幣與里耳的匯率，假設1美元等於30元新台幣、1美元等於4,000元里耳，由此推得30元新台幣等於4,000里耳，也就是1元新台幣等於133里耳（4,000÷30且小數點後四捨五入），因而得出新台幣兌里耳的匯率為133（KHR/TWD）。

交叉匯率在外匯交易的運用

　　外匯市場實務之中，交叉匯率還可以應用在判斷各國貨幣在匯率上是否有高估或是低估的情況，然後進一步低價買進、高價賣出以獲得利潤，此技巧稱為「三角套匯」。首先選定某一貨幣為衡量基準，對另外兩國貨幣進行交叉匯率計算，若交叉匯率計算出的理論值與市場實際交易匯率有差異時，便能夠進場低買高賣以換取利潤。假設市場上匯率顯示2日圓能夠換成1英鎊，並且1美元等於1英鎊、1美元等於1日圓，此時以美元為基準，透過交叉匯率可以評估出1日圓應該可以換成1英鎊，所以市場匯率過於低估日圓，可以進場賺取利潤。交易者賺取利潤的方式是在市場上利用1日圓為成本換成1美元，再用1美元換成1英鎊，最後用1英鎊換回2日圓，等於多賺取1日圓。

三種不同的匯率報價方式

匯率

將某一國的貨幣以「某一比率」去兌換另一國的貨幣，也代表一國貨幣在外匯市場的交易價格。

① 兩國貨幣具有交易關係：採行直接報價法或間接報價法

直接報價法
（應付匯率、價格報價法）

將外國貨幣視為商品，本國貨幣視為商品價格，顯示買入一單位外國貨幣需支付多少本國貨幣。

 1美元兌換30元新台幣
1USD=30TWD或TWD/USD=30
表示買入1美元需支付30元新台幣

▶ 國際匯市最常用的報價法，台灣亦採直接報價。

間接報價法
（應收匯率、數量報價法）

將本國貨幣視為商品、外國貨幣視為商品價格，顯示一單位本國貨幣可兌換成多少外國貨幣。

 1元新台幣兌換0.033美元
1TWD=0.033USD或USD/TWD=0.033
表示賣出1元新台幣可收取0.033美元

▶ 國際匯市的歐元、英鎊、澳幣與紐西蘭幣等採用。

② 兩國貨幣無直接交易關係：採行交叉匯率報價法

交叉匯率報價法

找出同時與這兩國貨幣有因交易而產生市場匯率的第三種貨幣，然後以第三種貨幣的匯率進行兩國貨幣的換算，以求得兩國貨幣的兌換比率。

例 新台幣與柬埔寨幣（里耳）交易，經由美元來報價
1美元＝30元新台幣
1美元＝4,000里耳
▶ 30元新台幣＝4,000里耳
▶ 1元新台幣＝133里耳（KHR/TWD=133）

▶ 通常利用美元為基準來衡量非美元貨幣。

固定匯率制與浮動匯率制

國際間的匯率制度分成固定匯率制度與浮動匯率制度兩大類型。固定匯率制度能讓進出口商處於安定的匯率環境，而浮動匯率制度則讓中央銀行保有貨幣政策的獨立性。各國依據不同的時空環境，選擇最適合該國的匯率制度。

匯率制度的原理與分類

　　各國的貨幣在外匯市場中進行交易，其價格「匯率」決定於外匯的需求與供給。理論上，匯率受到該國貨幣數量、經濟景氣、物價指數等各種市場多空角力的綜合影響；然而實務之中，卻可以發現某些貨幣的匯率時常隨市場波動、某些貨幣的匯率維持固定且不受市場干擾的情形。因為各國的中央銀行是貨幣發行當局，為外匯市場中最具勢力者，央行可以透過買進外匯、賣出本國貨幣，使得外匯需求增加，匯率提升；亦可以透過賣出外匯、買進本國貨幣，使得外匯供給增加，匯率下跌，足見中央銀行擁有一定的匯率訂價能力。由於匯率可能受到各國央行操控，因此匯率制度依照中央銀行針對該國貨幣與各國外匯間，是否進場干預匯率的程度，主要分成「固定匯率制度」與「浮動匯率制度」兩大類型。

什麼是固定匯率制度？

　　固定匯率制度的主要原則是指中央銀行會干預外匯市場，將該國貨幣與主要貿易對手國貨幣的匯率固定在某一理想區間。依據執行面的不同，又可以分成以下三種類型：一、**固定釘住匯率制度**是指該國貨幣以某國貨幣或一籃子貨幣為釘住對象，隨之維持固定或僅有極微小變動的關係，例如沙烏地阿拉伯以美元為釘住貨幣，使沙國幣與美元維持固定兌換比率。二、**可調整的固定匯率制度**是原則上採行固定匯率，但可以依據一國的國際收支狀況，定期進行微幅調整，例如中國平時以美元、日圓、歐元等一籃子貨幣為釘住對象，必要時則允許人民幣的匯價在一定範圍內波動並可調整中心價位。三、**聯繫匯率制度**是該國貨幣與特定貨幣的匯率固定之外，並嚴格規定兌換比例，使本國貨幣發行量會隨外匯存底數量連動的貨幣制度。當民眾持有外匯向銀行兌換時，銀行會依據央行事先訂定好的匯率將外匯兌換為本國貨幣給予民眾，由於匯率已事先被決定且固定於央行

手中，又稱為「匯率牌告制度」。例如香港的貨幣當局（香港金融管理局，簡稱金管局）不負責發行貨幣，而是委由香港匯豐銀行、渣打銀行與中國銀行等三家銀行發行，並按7.80港元兌1美元的固定匯率向金管局提交等值美元，記入外匯存底的帳目，做為發行貨幣的保證，且銀行的牌告匯率也必須依據此固定匯率訂定，設定港幣兌美元在7.75至7.85間波動。

什麼是浮動匯率制度？

浮動匯率制度的主要原則是指中央銀行不會干預外匯市場，所以該國貨幣與外國貨幣間的匯率由市場供需決定。依據執行面的不同，又可以分成以下四種類型：**一、完全浮動匯率制度**是指該國幾乎不干預外匯市場，匯率完全交給外匯市場的供需關係來決定，例如美國、英國、日本、瑞士、澳大利亞等國家。**二、管理浮動匯率制度**是原則上匯率由市場供需決定，但央行會視情況介入外匯市場改變匯率的走向，例如當匯率波動過大影響本國經貿發展時，央行便會干預，亦無承諾將匯率固定於某區間，台灣、新加坡、泰國、印度與俄羅斯等國家皆採取此種匯率制度。**三、聯合浮動匯率制度**是一組國家聯合起來，聯盟各國彼此間的匯率固定，但是對外採取聯合浮動，以在聯盟內創造一個穩定的匯率環境，促進聯盟內部的經貿往來，例如丹麥、斯洛伐克等國家。**四、共同法償貨幣匯率制度**是聯盟國成員對內匯率固定但對外採取浮動匯率，與聯合浮動制度類似，但差別是聯盟國內僅有一種共同流通的貨幣，而不是各自使用本國發行的貨幣，例如歐盟的歐元；或是以其他國家做為法償貨幣，例如馬歇爾群島、帛琉、東帝汶‧英屬維京群島等經濟規模較小的國家，因為高度依附美國而以美元為法償貨幣，又被稱為美元化制度。

固定與浮動匯率制度的特色

固定匯率制度可以穩定幣值，並讓進出口商與民眾不必面臨匯率波動風險，此時進出口業不需要透過遠期外匯與選擇權等避險金融工具來規避匯率變動的風險，可以節省避險所需的交易成本，讓國際貿易更加順暢。其缺點是中央銀行為了維持固定匯率，需要被迫放出或收回該國貨幣以調節匯率升貶值的幅度，導致基礎貨幣的數量（即國內流通的總貨幣量）時常有所變動。因為當中央銀行買入外匯時需釋出本國貨幣，基礎貨幣將隨之增加；反之，中央銀行賣出外匯回收本國貨幣時，基礎貨幣將隨之減少。因此固定匯率制度下，中央銀行受限於外匯市場的變動，為了維繫匯率波動在可接受的範圍內，被迫釋出或收回本國貨幣，相當於實施寬鬆或

緊縮貨幣政策的效果，使得貨幣政策無法完全配合國內經濟狀況做調整，亦即中央銀行必須犧牲貨幣政策的自由與獨立性。

　　相對地，浮動匯率制度的特色是進出口商與民眾會面臨匯率波動風險，需要透過金融工具來進行避險，導致進出口商與民眾必須承擔較高的交易成本，但中央銀行並不需要為了維持固定匯率而干預外匯市場，使中央銀行可以掌控基礎貨幣的數量，以保有貨幣政策的自由與獨立性。

固定匯率制vs.浮動匯率制的種類與特色

固定匯率制

中央銀行對外匯市場進行干預，將本國貨幣與主要貿易對手國貨幣的匯率，固定在某一理想區間內。

① 固定釘住匯率制度

● 本國貨幣與對象貨幣的匯率固定或僅有極微小變動。
● 代表國家：阿根廷、沙烏地阿拉伯等。

② 可調整的固定匯率制度

● 原則上採行固定匯率，但會依據一國的國際收支狀況，定期進行微幅調整。
● 代表國家：中國、尼加拉瓜等。

③ 聯繫匯率制度

● 本國貨幣與特定貨幣的匯率固定，且嚴格規定兌換比例，使本國貨幣發行量會隨外匯存底數量連動。
● 代表國家：香港、愛沙尼亞等。

優點　幣值穩定，進出口商與民眾不必面臨匯率波動風險，節省避險所需交易成本，有利於國際貿易。

缺點　央行為維持固定匯率，受限於外匯市場的變動下，必須隨時調節匯率升貶值的幅度，而無法完全掌握基礎貨幣的數量，犧牲了貨幣政策的自由與獨立性。

浮動匯率制

中央銀行不干預外匯市場，本國貨幣的匯率由市場的給供與需求狀況決定。

① 完全浮動匯率制度

● 央行幾乎不干預外匯市場，匯率完全交由市場供需來決定。
● 代表國家：美國、英國、日本、瑞士、澳州等。

② 管理浮動匯率制度

● 大致上匯率由市場供需決定，但央行會視情況干預外匯市場。
● 代表國家：台灣、新加坡、泰國、印度、俄羅斯等。

③ 聯合浮動匯率制度

● 聯盟國成員之間的匯率固定，對外則採取聯合浮動。
● 代表國家：丹麥、斯洛伐克等。

共同法償貨幣匯率制度

● 聯盟國成員之間採行固定匯率，對外採取浮動匯率，但共同流通一種貨幣。
● 代表國家：採行歐元的歐盟（歐元）；流通美元的帛琉、東帝汶等。

優點　央行不干預外匯市場，而可掌控基礎貨幣的數量，保有貨幣政策的自由與獨立性。

缺點　進出口商與民眾面臨匯率波動風險，而承擔避險所需的交易成本。

國際收支

國際收支是指一國在一定期間內與國外一切經濟交易活動的統計報表，也是外匯流入（收入）與流出（支出）的統計，代表著該經濟體系對於外國經濟活動的綜合紀錄。由於外匯的供給與需求來自國際交易活動的收入和支出，一國的國際收支狀況也常被用來分析該國的匯率變動。

國際收支的統計方法

　　國際收支最初的概念是指一國對外貿易的情形，也就是各國將該年度的出口與進口貿易額進行相減以求出貿易差額，來判斷當年度從國際間收入或支出貨幣的情況。二戰後，隨著各國經濟發展與國際分工，國際貿易日益頻繁、國際交往也更加密切，國際收支除了探討國際間的商品與勞務交易外，亦包含資本跨國移動、國際援助或賠款、國際間借貸款等眾多項目。各種本國與他國有債權或債務關係者皆列入國際收支的範圍，它代表一個經濟體系在一定期間內（通常以一個月、半年、一季或一年為期間），需要透過外匯來清償債務或賺取債權的金額，亦表示該經濟體系與世界其他地區所進行的各項經濟交易的綜合紀錄。

　　現代各國均以「國際收支平衡表」評量國際收支，平衡表的概念採會計的複式簿記原理，同時記錄與他國經濟活動的支出與收入，例如出口（支出）100萬元的商品，同時記錄進口100萬元的貨幣（收入）。藉由會計原理有系統地記錄各種國際收支項目與金額，任何一筆交易的付出與所得必然相等，最後將所有項目加總，若收入大於支出，表示有盈餘，稱為「順差」；若收入小於支出，表示有負債，稱為「逆差」。

國際收支平衡表：經常帳

　　國際收支平衡表中的項目繁多，依據性質主要分成經常帳、金融帳與資本帳三個類別。經常帳主要顯示一國商品與勞務的進出口交易情形，包含商品進口與出口，勞務的輸入與輸出，利潤、股利、利息收入與支出，經常性移轉的收入與支出（表示單向而無對應交易條件的支付方式，例如政府對外援助、私人留學支出）等項目。經常帳的特色是這部分的國際收支（貨幣流入與流出）是屬於常態發生的類型，若經常帳各項目的貨幣流

國際收支帳的內容

國際收支

指一國在一段特定期間（1個月、半年、1季或1年）內，在國內與國外一切經濟交易活動的彙整紀錄，包括了國際間商品與勞務交易、資本跨國移動、國際援助或賠款、國際間借貸款等，利用「國際收支平衡表」來管理。

① 經常帳

主要表現一國商品與勞務的進出口交易，屬於常態發生的帳目，若各項目的貨幣流入總和大於貨幣流出總和，稱為經常帳順差或盈餘；反之稱為經常帳逆差或赤字。

1. 商品進口與出口

當本國出口＞進口，表示本國有貿易盈餘，稱為「出超」，反之當本國出口＜進口，表示本國有貿易赤字，稱為「入超」。

2. 勞務輸入與輸出

指運輸、旅行及其他勞務的進出口交易。

3. 利潤、股利、利息收入與支出

包括持有他國金融性資產的收益、或他國直接投資的利得。

4. 經常性移轉的收入與支出

表示單向而無對應交易條件的支付方式，例如政府對外援助、私人留學支出。

② 金融帳

記載一國對外的金融資產交易。

1. 直接投資

外國投資者直接到本國設廠或成立公司。

2. 證券投資

外國投資者投資本國股票、債券等有價證券的行為。

3. 其他投資

不屬於直接投資與證券投資的其他類型投資，例如借貸款、現金與存款。

4. 準備金

指一國貨幣當局（中央銀行）所握有的國外資產，例如黃金、外匯等。

③ 資本帳

統計一國的長期與短期資本流動變化。

1. 資本移轉

本國與外國間債務的出現與消滅、資本財的移轉、移民資本匯進或匯出等。

2. 非生產、非金融性交易

像是專利權、商標等無形資產的取得、處分及交易。

入總和大於貨幣流出總和，稱為經常帳順差或盈餘；反之稱為經常帳逆差或赤字。經常帳的盈餘或赤字代表本國與外國進行國際貿易後的利潤與否。而經常帳中的商品進口與出口項目，若產生盈餘則是俗稱的「出超」，若產生赤字則是俗稱的「入超」。

國際收支平衡表：金融帳與資本帳

金融帳與資本帳代表著本國與外國間為了投資的資金移動收支，以及非經常性的資金移轉。金融帳包括以下四種金融活動有關的貨幣流入或流出類型：一、直接投資，例如外國人來本國設立公司、工廠等；二、證券投資，外國對本國的股票市場、債券市場進行投資；三、其他投資，不屬於直接投資與證券投資的其他類型投資，例如借貸款、現金與存款；四、準備資產，指一國貨幣當局也就是中央銀行所握有的國外資產，例如黃金、外匯等等。資本帳則是統計一國的長期與短期資本流動變化，一、資本移轉，即本國與外國間債務的出現與消滅、移民時帶進或帶出的資本等等；二、非生產、非金融性交易，像是專利權、商標等無形資產的取得、處分及交易。

國際收支對匯率的影響

國際收支代表著外國貨幣在本國進出的情況，所以會影響到外匯市場的外匯供給與需求，使匯率產生變化。當國際收支順差的時候，代表外國貨幣流入本國，有外匯淨盈餘產生，反映出該國商品或勞務的國際競爭力強、出口量擴大、整體經濟表現良好。若大額的外匯淨盈餘兌換為本國貨幣的話，會導致外匯需求減少、而對本國貨幣需求增加，使本國貨幣升值。而國際收支逆差的時候，代表本國貨幣流入外國，反映出該國商品或勞務的國際競爭力下降、出口量萎縮、整體經濟表現減弱，當進口所付出的外匯大於出口所收取的外匯時，會導致外匯需求增加但本國貨幣需求減少，從而導致本國貨幣貶值。

若國際收支逆差過大，將使國家的外匯存底大量流失，甚至出現無法支付國際債務的危機。相較之下，國際收支順差較有利於國家經濟成長，但若順差過大，引起外匯不斷流入本國，將使本國貨幣面臨升值的壓力，反而不利出口。因此無論是出現國際收支順差或逆差，各國政府均是希望順逆差的幅度不宜過大，以能設法控制收支平衡或有能力予以結清外債的程度為目標。

升貶值對進出口的影響

匯率貶值時，有助於該國的出口業、不利進口業；匯率升值時，不利於該國的出口業、有利進口業。舉貶值為例，假設一支手機售價2萬台幣，目前的匯率是1台幣換3.6日圓，則出口到日本的售價為7.2四萬日幣。當台幣貶值，1台幣換3日圓，則出口到日本的售價為6萬日幣，售價降低有利出口競爭力；反之，當商品要進口到台灣時，則因為台幣價值下降，需要用比較多的台幣購買原有的商品，不利進口。

國際收支的盈虧如何影響匯率

國際收支順差	國際收支逆差
代表外國貨幣流入本國，表示有外匯淨盈餘產生。	代表本國貨幣流到國外，表示有國際收支赤字產生。

意　義	意　義
1. 代表本國商品或勞務的國際競爭力強。 **2.** 代表本國出口量擴大。 **3.** 表示本國整體經濟表現良好。	**1.** 代表本國商品或勞務的國際競爭力下降。 **2.** 代表本國出口量萎縮。 **3.** 表示本國整體經濟表現減弱。

▭ 對匯率的影響 ▭	▭ 對匯率的影響 ▭
將外匯淨盈餘兌換為本國貨幣，以便在國內使用，使得外匯需求減少且本國貨幣需求增加，導致匯率下降，本國貨幣升值。	當進口所付出的外匯大於出口所收取的外匯時，會導致外匯需求增加且本國貨幣需求減少，導致匯率上升，本國貨幣貶值。

●國際收支順差有利於國家經濟成長。 ●但順差過大，引起本國外匯市場中對外匯的需求減少，本國貨幣將面臨升值的壓力，反而不利出口。	●國際收支逆差過大，將使國家的外匯存底大量流失，甚至出現無法支付國際債務的危機。

外匯存底

中央銀行所持有的外匯資產稱為外匯存底，包含了外國貨幣、外國票據與外國有價證券等，是該國央行提供給進口商支付外幣貨款與民眾需求外幣時的換匯來源，並且能帶來維持本國貨幣的匯率穩定、平衡國際收支、向外國借款的保證這三大作用。

國際儲備與外匯存底的差異

「國際儲備」是一國中央銀行所持有國際資產的總額，可以用來清償國際間的債務，或是代表擁有對他國的債權，可據以求償該國的資產。根據國際貨幣基金組織（IMF）的定義：國際儲備包括央行持有的黃金、外匯（外國貨幣、外國票據與外國有價證券等）與IMF發行的特別提款權、IMF的儲備金。央行持有的外匯資產便稱為「外匯存底」或是「外匯儲備」，而實務之中，一國的國際儲備大都由外匯存底組成，而持有的外幣以美元、歐元、英鎊與日圓最為主流。少部分為IMF的儲備金和特別提款權；IMF的儲備金主要根據IMF會員國的國民所得與貿易額等指標而分配到一定的配額，各會員國依配額向IMF繳納，用以協助會員國面臨國際收支失衡時，對其提供融資；特別提款權則是IMF所創設的一種記帳單位，用以清算各國官方的債權債務，由IMF按照各會員國的配額，無條件分配給各會員國，相當於是IMF創造的一種貨幣。由於台灣不是IMF的會員國，所以我國央行持有的國際儲備是以黃金及外匯存底為主。

外匯存底的功用

外匯存底是一國最主要的國際儲備，擁有以下三大效果：

一、維持本國貨幣的匯率穩定：當本國貨幣升貶值的幅度達到央行認為不合理而可能影響國家經濟發展的範圍時，央行會利用所持有的外匯存底來干預外匯市場，例如要使本國貨幣的匯率止跌回升，央行可以進入外匯市場拋售外國貨幣（即部分的外匯存底）而買入（回收）本國貨幣，使得外匯供給增加但本國貨幣需求增加，促成本國貨幣升值，以回復到央行可接受的匯率區間。

二、平衡國際收支的工具：當國家的國際收支出現逆差時，代表本國

欠外國錢，此時可以利用外匯存底來弭平國際收支的赤字，也就是使用之前存下的外匯來償債，避免因為臨時性的國際收支逆差而迫使國內採取緊縮性財政政策來籌措償債資金，例如：縮減國內的政策預算或是進行增稅，如此一來很可能會影響到本國經濟景氣的發展。

　　三、向外國借款的保證：外匯存底是國際儲備中最重要的部分，代表一國的儲蓄與償債能力，若國家為因應重大經濟變故而需要跟外國借款進行援助時，一國的國際儲備（包含外匯存底）數量是外國評估該國的借貸風險、而決定是否借款的重要考量之一。

一國應該有多少外匯存底？

　　外匯存底可以提供該國進行國際間現金清算所需，最常使用的時機是進口商進行商業清算，也就是支付給國外所進口財貨或勞務的款項，所以外匯存底至少要保持能提供進口商購買外幣的需求數量。目前公認的「最適外匯存底」約為該國每月進口額的3倍到6倍之間。舉台灣為例，2019年12月份的進口外匯支出計約217億美元，所以外匯存底應保持在6倍，即1,302億美元（217×6=1,302）的水準左右。不過，由於台灣並沒有加入國際貨幣基金組織、世界銀行等國際組織，一旦出現影響經濟發展的重大事件如金融風暴、嚴重天災等，可以依靠的外援不多。因此目前台灣央行的政策中，外匯儲備比一般國家高，像是台灣在2019年12月份的實際外匯存底為4,781億美元，為估算最適外匯存底金額的3.6倍之多。

外匯存底的功能

外匯存底

指一國中央銀行所持有的外匯資產，也稱「外匯儲備」，包括了外國貨幣、外國票據與外國有價證券等，亦是一國最主要國際儲備項目，所持有的外幣以美元、歐元、英鎊與日圓為主流。

外匯存底三大功能

1 維持本國貨幣的匯率穩定

中央銀行會以外匯存底適度干預外匯市場，以避免本國貨幣升貶值的幅度過大而影響經濟發展。

2 平衡國際收支的工具

若國際收支出現逆差時，國家可以利用外匯存底來還債，避免因此迫使國內政策預算縮減或增稅，反而影響國內經濟發展。

3 向外國借款的保證

外匯存底代表一國的儲蓄以及償債能力，也是外國評估該國借貸風險的重要依據，以此決定是否予以借款。

最適外匯存底的數量

外匯存底至少要保持能提供進口商購買外幣的需求數量，目前公認的「最適外匯存底」約為該國每月進口額的3～6倍之間。

提高外匯存底的情況

有以下情形的國家，會提高外匯存底的儲備金額，以因應不時之需：
① 經濟規模不大的國家，其金融市場易受國際資金移動影響。
② 經濟往來邦交國不多的國家，一旦遇到重大經濟事故或金融風暴時，能依靠的外援有限。

主流貨幣與儲備貨幣

各國貨幣中，交易量最龐大、受到最多交易者喜愛與持有的貨幣稱為主流貨幣；而各國主要持有的非本國貨幣，稱為該國的儲備貨幣。由於主流貨幣流通性高，為國際所認可的計價單位與交易媒介，所以各國往往也以主流貨幣做為儲備貨幣。

主流貨幣的特質

外匯市場中有許多國家的貨幣被進行交易，其中交易量最龐大、受到最多交易者喜愛與持有的貨幣，便成為國際間的主流貨幣。主流貨幣可歸納出以下三大特質：

一、成為國際間的交易媒介：

由於主流貨幣受到眾多國際交易者的喜愛，所以各國可以利用主流貨幣來進行國際貿易或清償債務，且交易者樂於接受，此時主流貨幣類似各國貿易者皆願意接受的國際貨幣。

二、成為國際商品的計價單位：

因為主流貨幣的交易量龐大、在外匯市場上價格訊息明確，令眾人熟悉且認同主流貨幣的價值，所以國際間販售的各種商品可以利用主流貨幣進行報價，提供購買者統一的價格訊息，例如黃金市場、原油市場皆以美元做為報價單位。

三、成為購買力的儲藏所：

由於主流貨幣能購買國際間的商品，換言之保證貨幣的價值，所以各國因國際收支順差等各種因素而取得外匯存底時，常常會將來自不同國家幣別的收入兌換為主流貨幣，此時所持有的主流貨幣等同該國的儲蓄，所以兼具儲備貨幣的性質。

邁入二十一世紀之後的主流貨幣有美元、歐元、英鎊、日圓與人民幣等。這些主流貨幣的發行國包括：美國、歐盟、英國、日本、中國等，都是屬於經濟實力強、與世界各國經貿往來頻繁的貿易大國，使得其貨幣的使用率高且普遍，而成為主流貨幣。其中美國為世界第一大經濟體，經濟實力與貿易總額皆為國際間的頂尖之列，其貨幣美元自四〇年代之後已經雄踞主流貨幣的龍頭數十年，儘管2007年次貸風暴與2008年全球金融海嘯

重挫美國經濟，但仍未動搖美元做為國際間關鍵貨幣的地位。人民幣則是近十年才崛起的主流貨幣，先前人民幣受到中國政府操控，幾乎無法在外匯市場進行交易，閉關自守數十年，直到近年中國經濟實力上升與經貿體制逐漸開放，市場利用人民幣進行結算的金額增加，2019年國際清算銀行公布數據，人民幣占國際貨幣交易總額的4.3%，是全球第八大交易貨幣。

儲備貨幣的特徵

儲備貨幣是指該國主要持有的非本國貨幣，屬於該國的儲蓄，能發揮外匯儲備（外匯存底）的功能，做為國際支付的交易工具及干預外匯市場以維護本國貨幣匯率的籌碼，也代表本國的國際清償能力。例如我國中央銀行所擁有的外匯大多以美元形式持有，則美元稱為我國的儲備貨幣。儲備貨幣可以視為該國擁有的外國資產，可以用來進行進出口結匯、國際間債務清算等功用，若是持有流通性較低的貨幣恐怕無法通用於各種情境，所以一國往往選擇流通性極高的主流貨幣做為該國的儲備貨幣。

主流貨幣與儲備貨幣的意義

主流貨幣

交易量最龐大、受到最多交易者喜愛與持有的貨幣,便成為國際間的主流貨幣。

功能

1. 成為國際間的交易媒介
主流貨幣是各國貿易者皆願意接受的國際貨幣,可以用來進行國際貿易或清償債務。

2. 成為國際商品的計價單位
主流貨幣在外匯市場上價格明確,利用主流貨幣進行報價,提供購買者統一的價格訊息。

3. 成為購買力的儲藏所
主流貨幣的價值較有保障,各國會將外匯存底兌換為主流貨幣,做為該國的儲蓄。

代表　美元、歐元、英鎊、日圓、人民幣等。

做為儲備貨幣
的選擇

儲備貨幣

一國主要持有的非本國貨幣,屬於國家的儲蓄,能發揮外匯儲備(外匯存底)的功用。

功能

1. 做為國際支付的交易工具
儲備貨幣必須因應一國進出口貿易支付、民眾結匯所需、清償國際債務等。

2. 干預外匯市場的籌碼
儲備貨幣可做為調節本國貨幣價格波動的工具,避免匯率起伏過大而傷害本國經濟發展。

3. 代表一國的國際清償能力
由於儲備貨幣代表一國的儲蓄,其數量多寡也反映該國償債能力的程度。

代表　美元、歐元、英鎊、日圓、人民幣等。

新崛起的共同貨幣：歐元

> 共同貨幣是指貨幣聯盟的成員國內，皆使用相同的貨幣進行交易，沒有匯率波動問題，並且帶來提升聯盟競爭力等多種好處。目前最成功的共同貨幣是歐元，並且是世界上的主流貨幣與儲備貨幣之一。

什麼是共同貨幣？

不同國家間進行貨幣聯盟，由聯盟創建一個統一的貨幣，各會員國內皆使用該貨幣，並且貨幣供給量與貨幣政策由聯盟決定，此貨幣便稱為「共同貨幣」。共同貨幣打破了會員各國間貨幣的籓籬，其使用相同的貨幣所以會員國間沒有匯率波動問題，可以降低匯兌風險與避險成本。理論上共同貨幣能讓區域內人民使用相同的貨幣進行貿易與旅行、整合成單一市場提升競爭力、單一金融市場有利於債權人及債務人間的資金移轉、促進區域內經濟更緊密的結盟、提升聯盟在國際地位等等。目前世界上最大的共同貨幣「歐元」是由歐盟27個成員國之中的19國共同組成的貨幣聯盟，也是唯一成功的案例（〈貨幣間的合縱連橫〉請參見229頁）。

共同貨幣的代表案例：歐元

歐元的形成最早來自於歐洲聯盟（歐盟）成立後的共同貨幣構想，而歐盟的起源可追溯到1958年，由西德、法國、義大利、荷蘭、比利時與盧森堡六個國家共同組合的「歐洲經濟共同體」。當時經過二次世界大戰催殘的歐洲逐漸復甦，為擴大經濟與政治實力，並與美蘇兩大霸權抗衡，政經水平相似的西歐國家率先合組聯盟，1973年之後，英國、丹麥、愛爾蘭、希臘、西班牙、葡萄牙等國家先後加入成為會員國。為利於聯盟內經貿往來並降低交易成本，首先推動關稅同盟，即對內取消關稅、對外採取相同稅率，而後成立歐洲匯率機制，讓會員國彼此間的匯率穩定。初期此機制運作順利，直至1990年東西德合併後，德國為抑制國內通貨膨脹而提高利率，逼使其他景氣不佳的會員國必須隨之調高利率以維持和德國馬克的匯價，卻不利於國內經濟復甦。歐洲國家面對各國經濟不同步、匯率被迫固定的壓力，開始出現統一貨幣的呼聲，以實現聯盟內資本自由流通、

統一市場的目標。1991年12月，會員國領袖在荷蘭的馬斯垂克通過「歐洲經濟暨貨幣同盟」協議，並於1992年2月7日正式簽署《歐洲聯盟條約》（又稱《馬斯垂克條約》），奠定歐洲地區進行貨幣整合，發行共同貨幣「歐元」的基礎，歐盟也於1993年正式成立。

在《歐洲聯盟條約》中，第一個執行階段是各會員國必然加入匯率同盟，追求各國貨幣間的匯率穩定。第二個執行階段是會員國需要拉近彼此的經濟水準，例如政府預算赤字不得超過國內生產毛額的3％、政府負債餘額不超過國內生產毛額的60％等條件。第三個執行階段是推動單一貨幣歐元的發行，首先於1998年時，確認符合資格且願意參與歐元區的成員國，隔年1999年歐元正式發行，此時採取歐元與會員國本身貨幣雙軌制，並且歐洲中央銀行體系開始運作，最後從2002年7月後，成員國全面使用歐元，從此之後第一個共同貨幣正式誕生。截至2020年，歐元區一共有19個成員國，特殊的是英國在2016年6月公投通過脫離歐盟，且始終沒有加入歐元區。歐元目前為世界上的主流貨幣之一，也是僅次於美元的世界第二大儲備貨幣，占各國外匯存底比重約三成以上，也是全球外匯市場中交易最頻繁的第二大貨幣。

共同貨幣的好處及歐元成立過程

共同貨幣

意指不同國家間進行貨幣聯盟，由聯盟創建統一的貨幣，各會員國內皆使用該貨幣，並且貨幣供給量與貨幣政策由聯盟決定。

優點

1. 沒有匯率波動問題，降低匯兌風險與避險成本

2. 區域內人民便於使用相同的貨幣進行貿易與旅行

3. 整合成單一市場提升競爭力

4. 單一金融市場利於債權人及債務人間的資金移轉

5. 促進區域內經濟結盟更緊密

6. 提升聯盟在國際地位

成功案例：歐元

發展源起

1958年：西德、法國、義大利、荷蘭、比利時與盧森堡六國成立「歐洲經濟共同體」，促成：
1. 關稅同盟→對內取消關稅，對外稅率一致
2. 歐洲匯率機制→利於聯盟內經貿往來並降低交易成本

先後加入成為會員國

1973年：英國、丹麥、愛爾蘭
1981年：希臘
1986年：西班牙、葡萄牙

成立歐盟、形成共識

1991年12月：在馬斯垂克通過「歐洲經濟暨貨幣同盟」協議。
1992年2月：簽署《歐洲聯盟條約》（馬斯垂克條約），確立廢除各國貨幣、發行單一貨幣「歐元」為目標。
1993年1月：歐洲聯盟（EU）成立。

1998年：共有11國同意加入歐元區。
1999年1月：歐元正式對外發行，採取歐元與會員國本身貨幣雙軌制，歐洲中央銀行體系開始運作。
2002年7月：歐元紙鈔及硬幣正式流通，會員國的法定貨幣退出市場。

現況

共同貨幣出現

- 至2020年為止歐元區共有19個成員國。
- 歐元為世界上的主流貨幣之一，僅次美元的世界第二大儲備貨幣，也是全球外匯市場中交易最頻繁的第二大貨幣。

常見的外匯商品①：外匯交易

外匯商品能帶來便於進出口貿易結算交易、規避匯率波動的避險操作、承擔風險而賺取投機利潤等等好處，可以分成外匯交易與外匯投資工具兩大類。其中日常生活中最常見的便是外匯交易，也就是買賣雙方進行實體的外匯兌換交易，常見的有現鈔兌換、旅行支票、即期與遠期外匯交易等。

什麼是外匯商品？

　　外匯商品指的是以外匯為投資標的或交易媒介，在金融市場中進行交易的金融商品，其投資的損益計算或兌換價值的高低與外匯漲跌息息相關。外匯商品最初是為了清算國際間因為經濟行為而產生的債權債務，例如貿易往來的結算、國際間的債務清償等。但在七〇年代規範全球採行固定匯率制的《布列敦森林協定》（參見215頁）瓦解後，各國貨幣的匯率開始有上下浮動的空間，使得不同貨幣交易之間產生匯差，而出現套利的可能性；同時為了規避未來匯率波動的風險，出現了由匯率所衍生出以避險為主的金融商品，也吸引了許多為投機獲利而進場的交易者。

　　外匯商品種類繁多，時常有新的金融商品研發問世，提供給不同需求的外匯交易者。但一般來說，外匯商品可以歸納為「外匯交易」與「外匯投資工具」兩大類型。「外匯交易」的商品性質是買賣雙方進行實體的外匯兌換交易，目的大多是有實質的外匯使用需求、或是進出口商進行避險操作，常見有外匯現鈔兌換、旅行支票、即期與遠期外匯交易等等。「外匯投資工具」則不一定出現外匯實體交易，可能僅是投資標的與外匯的漲跌波動有所連結而出現損益，目的是為了投資收益，常見有外幣存款、海外共同基金、衍生性外匯商品如外匯期貨交易、外匯選擇權等等。

常見的外匯交易①：現鈔兌換與旅行支票

　　現鈔兌換是民眾最常使用的外匯交易，當民眾要出國旅行、留學、海外購物等各種目的時，便需要持有外國當地的貨幣以進行交易，而取得外幣的方式是前往外匯指定銀行將本國貨幣兌換成外國貨幣，稱為「現鈔兌換」。當民眾進入銀行後會看見寫滿各國匯率的「外匯牌價」電子看板，此看板主要表達兩種資訊：外匯現鈔買入價（Bid Rate）與賣出價（Offer

Rate）。現鈔賣出價即銀行賣出外幣的價格，也就是民眾以新台幣現鈔向銀行購買外幣現鈔的價格；現鈔買入價即銀行買進外幣的價格，也就是顧客將外幣現鈔賣給銀行後所取得新台幣現鈔的價格。舉例來說，某銀行的美元匯率牌價為買入價為28.91、賣出價為29.01，民眾因出國需求而兌換美元時，要以外匯牌價中的美元賣出（銀行賣出給民眾）的價格29.01為準；反之，民眾從國外回來要將美元兌換回新台幣時，則要以外匯牌價中的美元買入（銀行自民眾手中買進）的價格28.91為準。通常銀行牌告的買入匯率較低，賣出匯率較高，銀行可以從中賺取價差。

　　旅行支票則是另一種常見的外匯交易商品，有面額大小與貨幣種類之分，包括美元、歐元、英磅、日元、澳幣等。旅行支票是由銀行發行並且銀行保證付款，其效力與外匯現鈔幾乎相同。旅行支票便於攜帶、兩次簽名才代表付款、不慎遺失時的話可至銀行補發，對欲攜帶大額外匯出國的民眾來說較為便利安全。旅行支票主要使用在海外旅行或出國洽公，可免除攜帶現金的困擾、節省刷信用卡的手續費及被盜刷的風險，且購買旅行支票的匯率比買外幣現鈔好，在國外當地兌現時的匯率也比現金兌換為

外匯商品的意義與種類

外匯商品

以外匯為投資標的或交易媒介，在金融市場中進行交易的金融商品，其投資的損益計算或兌換價值的高低與外匯漲跌息息相關。

功能

1. 清算國際間因為經濟行為所產生的債權債務，例如進出口貿易結算、國際間債務清償等。

2. 規避匯率波動的避險操作。

3. 承擔風險而賺取投機利潤。

外匯交易

買賣雙方進行實體外匯兌換交易，目的大多是有實質外匯使用需求、或是進出口商的避險操作。

例 外匯現鈔兌換、旅行支票、即期與遠期外匯交易等。

外匯投資工具

不一定有外匯實體交易，可能僅是投資標的與外匯漲跌有所連結而出現損益，目的是投資收益。

例 外幣存款、海外共同基金、衍生性外匯商品如外匯期貨交易、外匯選擇權等。

佳。民眾可以預先將本國貨幣付給銀行，購買由銀行發行的旅行支票，並在旅行支票的上方簽名欄簽名，到外國使用旅行支票付款時，在下方的簽名欄複簽一次，收受者便能拿去銀行兌換成現金。目前發行旅行支票的單位主要為花旗銀行、美國運通（American Express Company）、威士（VISA）國際組織等單位，其中美國運通是全球旅行支票發行量最大的組織。

常見的外匯交易①：即期與遠期外匯交易

現鈔交易大多屬於小額的外匯交易，對於進出口貿易商、銀行與其他金融機構、跨國企業等大型客戶，往往需要的是大額的外匯交易，但銀行櫃台未必有這麼多外匯現鈔提供兌換，所以依匯率買賣時間的差異延伸出「即期外匯交易」與「遠期外匯交易」。其中，即期外匯交易是全球外匯市場中最主流的交易方式，占外匯交易總額的4成左右。

即期外匯交易與現鈔兌換的概念類似，牌價一樣分成買入與賣出價，其買賣的立場是針對銀行而言，買入價是指銀行願意從市場上買進外匯的價格；賣出價是指銀行願意向市場賣出外匯的價格，且買入價會低於賣出價，銀行藉此賺取買賣價差。不同的是即期外匯交易，為成交的兩個營業日內辦理交割手續，也就是今天約定成交價格，最晚後天收付款項，所約定的匯率稱為「即期匯率」。例如：某家進口商打算向銀行買進100萬美元的外匯，以支付進口所需貨款，在10月12日向銀行探詢美元報價，假設銀行報價為28.65（賣出價），而進口商願意接受此報價，則必須在10月14日以前將2,865萬新台幣（100萬美元×即期匯率28.65）交付給銀行以兌換100萬美元，完成即期外匯交易。

遠期外匯交易屬於遠期契約的一種，也稱為「遠期外匯契約」（簡稱DF），是指買賣雙方議定在未來某一特定日期，以約定好的匯率進行某一金額的外匯交割，其好處是對未來有大額外匯需求的機構，提前擬定好交易條件，以規避未來匯率波動的風險。而約定的交割日以一星期（或10天）、一個月（30天）、三個月（90天）、六個月（180天）較常見，所約定的匯率稱為「遠期匯率」，是以即期匯率加減換匯點來計算。「換匯點」即為遠期匯率與即期匯率的價差，換匯點為正數，表示遠期匯率高於即期匯率，稱為「升水」；反之，換匯點為負數，表示遠期匯率低於即期匯率，稱為「貼水」。遠期外匯交易的報價方式除了直接以遠期匯率表示外，實務上多以換匯點來表示。假設目前美元兌新台幣的即期匯率為30.45，一個月期遠期外匯的換匯點為+0.04（即遠期升水），表示一個

月期的遠期匯率為30.49（即期匯率30.45＋換匯點0.04）；反之，若換匯點為-0.04（即遠期貼水），則遠期匯率為30.41（即期匯率30.45－換匯點0.04）。遠期外匯交易可以分成兩種，合約到期日才進行交割的稱為「固

小額外匯交易：現鈔兌換與旅行支票

外匯交易① 現鈔兌換

民眾因出國旅行、留學、海外購物等各種目的，需要持有國外當地的貨幣以進行交易，而向外匯指定銀行進行兌換。

報價方式

依據外匯指定銀行的「外匯牌價」電子看板，分為「買入價」及「賣出價」。

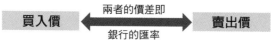

兩者的價差即
買入價 ⬅➡ **賣出價**
銀行的匯率

銀行買入外幣的價格，也就是顧客將外幣現鈔賣給銀行後所取得新台幣現鈔的價格。

> **實例** 民眾要將100美元兌換回新台幣，若銀行的美元匯率牌價的買入價為28.91，表示民眾可兌換回100×28.91＝2,891元新台幣。

銀行賣出外幣的價格，也就是顧客以新台幣現鈔向銀行購買外幣現鈔的價格。

> **實例** 民眾要將1萬元新台幣兌換為美元，若銀行的美元匯率牌價的賣出價為29.01，表示民眾可兌換到10,000÷29.01＝344.709美元。

外匯交易② 旅行支票

旅行支票是由銀行發行並保證付款，專門提供旅行者簽發使用的另一種現金，其效力與現鈔幾乎相同，也有面額大小與貨幣種類之分。

主要優點

1. **便利安全**
   旅行支票便於攜帶、兩次簽名才代表付款、不慎遺失或被竊，可向銀行申請補發。
2. **匯率較佳**
   購買旅行支票的匯率比買外幣現鈔好，在國外當地兌現時的匯率也比現金兌換為佳。
3. **避免信用卡消費的缺點**
   使用信用卡的手續費較高，部分單位所發行的旅行支票可以免手續費兌現，並可免除被盜用的風險。

定期間遠期外匯交易」；如果是合約到期日前皆可以交割，最晚不超過合約到期日的稱為「選擇期間遠期外匯交易」。

　　遠期外匯交易的合約會載明交易的幣種、約定遠期匯率、約定外匯交易金額與約定遠期交割日。當約定交割日到期時即合約生效，雙方依據事前約定的條件進行付款清償等動作，以規避匯率波動的風險。例如甲貿易商出口電子零件到美國，預計三個月後會收到貨款100萬美元。為了避免屆時美元兌換新台幣的匯率貶值而蒙受匯兌損失，甲在未收到貨款前先與銀行訂定遠期外匯契約，約定三個月後美元兌換新台幣的遠期匯率為28.8。若三個月後匯率貶至28.3，此時甲仍可依照約定的遠期匯率兌換回新台幣，也就是用100萬美元兌換2,880萬元新台幣。若甲想要握有多一點現金以因應週轉需求，可與銀行簽訂「無本金交割遠期外匯契約」（Non-Delivery Forward，簡稱NDF），也就是不需要本金交割，直接以契約約定的遠期匯率與到期時的即期匯率相比較，給付結算差額，而由銀行支付匯兌損失的差額50萬元新台幣（100萬美元×(約定三個月後遠期匯率28.8－三個月後即期匯率28.3)）給甲，同樣可以達到規避匯率風險的目的，且本金僅用於匯差計算，不需要實際收支，對公司未來現金流量不會造成影

大額外匯交易：即期與遠期外匯交易

外匯交易③　即期外匯交易

買賣雙方在成交的兩個營業日內完成交割的外匯交易，也就是今天約定成交價格，最晚後天收付款項，所約定的匯率稱為「即期匯率」。

報價方式

以匯率報價，與現鈔交易雷同，分為買入價與賣出價。

實例說明

大發公司進口機械零件，在10月14日需要支付貨款100萬美元，因此有兌換外匯需求。

報價日期10/12	2天	最晚交割日期10/14

●━━━━━━━━━━━━━━━━━━━━●

銀行報價的賣出價匯率為28.65，大發公司同意報價，此交易成交。

大發公司必須在兩個營業日內支付：100萬美元×即期匯率28.65＝2,865萬元新台幣，向銀行兌換100萬美元。

響。但由於NDF不用透過本金交易的特性，等於操作者用極少的代價便可買空賣空。投機客或特定人若要藉由NDF狙擊新台幣，可以低成本大量放空或做多。台灣NDF市場因為在1997年亞洲金融風暴中遭遇國際金融炒家索羅斯等人狙擊台幣，時任央行外匯局長彭淮南斷然關閉NDF市場，擊退國際炒家。直到2020年4月，才重新有限度地開放槓桿交易商與專業機構投資人及法人客戶承作不涉及新台幣匯率的無本金交割遠期外匯交易。

外匯交易④　遠期外匯交易

買賣雙方約定在未來的特定日期（常見1週、1個月、3個月、6個月）以議定的匯率及金額數量交換本國幣與外幣，此約定匯率稱為「遠期匯率」。

報價方式

- 通常以換匯點報價，因此遠期匯率＝即期匯率＋換匯點。

  例 若即期匯率為30.485，換匯點為+0.015，則遠期匯率為：
  30.485+0.015=30.5

- 換匯點為正數，表示遠期匯率＞即期匯率，稱為「升水」。

  例 換匯點為+0.04，若即期匯率為30.45，則遠期匯率為30.49（30.45+0.04），大於即期匯率，即遠期升水。

- 換匯點為負數，表示遠期匯率＜即期匯率，稱為「貼水」。

  例 換匯點為-0.04，若即期匯率為30.45，則遠期匯率為30.41（30.45-0.04），小於即期匯率，即遠期貼水。

實例說明

甲順公司在9月10日出口電子零件，預計三個月後收到貨款100萬美元，為了避免美元貶值而有匯兌損失，與銀行簽訂遠期外匯契約，約定三個月後的匯率水準。

報價日期9/10　　　　　約定3個月　　　　　合約交割日期12/10

銀行的遠期匯率報價為28.8，甲順公司同意報價，此契約成立。

甲順公司將100萬美元交付給銀行，可兌換回100萬美元×遠期匯率28.8＝2,880萬元新台幣，若當日即期匯率為28.3，甲順公司因此避免了50萬元的匯兌損失。

※為確保現金流的餘裕，甲順公司也可與銀行簽訂「無本金交割遠期外匯契約」，合約到期時，結算所約定遠期匯率與到期日的即期匯率的差額，省去雙方交割本金的手續，由銀行給付：100萬美元×（遠期匯率28.8－即期匯率28.3）＝50萬元新台幣，將美元貨款的匯兌損失彌補給甲順公司。

常見的外匯商品②：外匯投資工具

外匯投資工具是指以外匯為投資標的，不一定有實體的外匯兌換行為，而是與外匯相關指標的漲跌波動有所連結而出現損益，常見的外匯投資工具有外幣存款、外幣期貨與海外共同基金等。

常見的外匯投資工具①：外幣存款

外幣存款是指投資者在銀行開設外幣存款帳戶，然後存入新台幣以外的外國貨幣以賺取利息或是匯兌收益。外幣存款類似民眾一般在銀行的存款行為，主要也分為活期存款與定期存款，只是存款的標的是外國貨幣，常見的幣別為美元、歐元、加幣、紐幣、澳幣及英鎊等。而外幣的利率深受外國利率的影響，例如某投資者欲投資外幣存款而開設美元帳戶，當美國升息的時候，美元帳戶的利率往往也會連動提高。

選擇外幣存款的好處在於：一、**分散資產配置風險：**若只持有本國貨幣的存款，投資者只能被動地接受本國利率而沒有選擇餘地，或是當本國貨幣貶值時，本國貨幣資產也隨之縮水，因此投資外幣存款可以因應國際金融情勢的轉變，選擇未來看漲的外幣，而不會受限於本國貨幣利率或價格波動的變化。二、**賺取利差：**放眼海外諸國，各國的利率多有不同。以2020年1月為例，台灣的定存利率約1.55％、美元1.55％、人民幣約1.75％、歐洲0.002％、日圓為0.002％，可見各國利率差異甚大，若投資者擁有一筆閒置資金時，選擇利率較高的外幣存款會比本國貨幣存款獲得更多的資本利得。

雖然外幣存款可以讓投資者選取報酬率高的國家來存款，但資金通常還是會兌換回本國貨幣以便使用，如果發生外幣貶值時則僅能換回較少的本國貨幣，所以實務操作中，外幣存款亟需考量匯兌損失與匯率波動。

常見的外匯投資工具①：外幣期貨

外幣期貨（也稱為外匯期貨）是以外匯為投資標的的衍生性金融商品，指明在未來某一特定日期，以約定好的匯率，買賣一定數量的另一種

貨幣。外幣期貨有標準化的契約規格、報價方法、保證金額、損益計算方式等，其契約的單位為「口」，一紙契約即為「一口」，買賣方式也與遠期外匯交易相似，但不同的是遠期外匯交易透過銀行來進行，而外幣期貨的交易地點必須在期貨交易所進行，且一年當中有限定交割日期，一般為三月、六月、九月和十二月的第3個星期的星期三。

　　舉歐元期貨為例，歐元期貨的標的物是歐元指數，進場所需的保證金是4,000元美金，且依照契約規定，指數跳動1點時影響的收益是12.5美元，即投資者買入歐元期貨，當歐元指數上漲1點時，可以賺取12.5美元；當歐元指數下跌1點時，則損失12.5美元。假設今天的歐元指數為14,000點，甲此時買進一口歐元期貨，而明天的歐元為14,500點，甲於此刻將買進的歐元期貨賣出，則甲賺取（14,500點－14,000點）×12.5美元＝6,250美元。

　　外幣期貨主要有兩種功能，一是讓機構進行避險操作，例如某銀行持有大量的外匯現鈔部位，若擔心外匯貶值造成損失時，可以大量賣出（放空）外幣期貨，當外匯貶值時，現鈔部位雖然面臨損失，但外幣期貨因為放空而獲利，兩邊相抵鎖住匯率波動風險。二是讓願意承擔匯率波動風險的投機者，進場買進（做多）或放空以期賺取匯差的投機利潤。

常見的外匯投資工具③：海外共同基金

　　海外共同基金是指登記註冊於本國以外地區，由國外基金公司發行的基金，其投資標的為海外資產，例如外國的股票、債券、房地產等各種金融商品。因為投資標的可能遍及全球，所以通常以外匯計價，屬於外匯的投資工具之一。

　　海外共同基金如同一般國內基金，是由專業的基金經理人與決策團隊負責資產配置，擁有專業的投資眼光與豐富的財經資訊蒐集能力，可以節省投資人研究及選擇投資標的的時間與精力，且透過專業的投資管理而能享有資本增長的機會。海外共同基金更大的好處是投資標的的範圍更廣，不僅投資標的可能高達數百種金融商品，風險比單一股票或債券交易來得低，同時可配置在世界各國的金融市場，能夠分散更多單一地區性的風險，提供投資者更多的選擇。不過，海外共同基金的缺點亦是以外匯計價之故，所以有匯兌損失與匯率波動的可能。

三種常見的外匯投資工具及共同風險

外匯投資工具① 外幣存款

投資者在銀行開設外幣存款帳戶，存入新台幣以外的外國貨幣以賺取利息或是匯兌收益，一般分為活期存款與定期存款。

投資優點

1.分散資產配置風險
投資外幣存款可以因應國際金融情勢的轉變，選擇未來看漲的外幣，不會受限於本國利率或價格波動的變化。

2.賺取利差
各國的利率各有不同，選擇利率較高的外幣存款會比本國貨幣存款獲得更多的資本利得。

外匯投資的風險

1. 匯兌損失
當外匯投資獲利時，想要兌換回本國貨幣使用，此時如果本國貨幣升值，可能要承擔換匯的匯差損失。

2. 匯率波動
由於外匯投資工具連結外匯相關指標，因此會隨外匯波動而出現漲跌，造成投資損益。

外匯投資工具② 外幣期貨

也稱為外匯期貨，指在未來某一特定日期，以約定好的匯率，買賣一定數量的另一種貨幣。買賣必須在期貨交易所進行，交割日期一般為3月、6月、9月和12月的第三個星期的星期三。

投資優點

1.便於機構進行避險操作
讓持有外匯現鈔的機構如銀行，做為反向操作的投資工具，用來降低外匯升貶值所產生的風險。

2.承擔風險以投機獲利
讓願意承擔匯率波動風險的投資者可以藉由做多或放空外幣期貨，以賺取匯差所產生的收益。

外匯投資工具③ 海外共同基金

指登記註冊於本國以外地區，由國外基金公司發行的基金，以外匯計價，其投資標的為海外資產，例如外國的股票、債券、房地產等各種金融商品。

投資優點

1.專業投資管理增加獲利機會
由專業基金經理人代理操作，並有基金公司的研究團隊支援，讓一般投資人享有專業管理的獲利機會。

2.選擇多元，可分散投資風險
海外共同基金的投資標的多元，且可配置在不同區域的金融市場，有效分散投資風險。

第 **5** 章

通貨膨脹與
通貨緊縮

　　物價的高低起伏不僅攸關民眾生活品質，更是經濟發展、成長的基本條件。穩定的物價能讓經濟體系運轉順利，當民眾能適度分配所得購買需要的商品，企業也才能在可適度預期適當的產量與獲利之下，進一步生產。經濟的發展和成長便是透過消費行為與投資活動的互為支撐下向前推動。若物價出現劇烈波動，會導致人民生活的不安定感而影響消費意願，例如因物價不斷飆漲的通貨膨脹，使貨幣變得不值錢、資產縮水，或物價持續下跌的通貨緊縮，造成經濟活動停滯，在消費力與消費行為不彰之下廠商也因面臨虧損而減少產出，甚至減薪、裁員，使經濟活動呈現低迷的惡性循環。因此，在所有國家和經濟體中，政府的重要職責之一便是責求中央銀行維護物價平穩，以維持經濟體系正常運作。

學習重點

- 什麼是通貨膨脹？
- 什麼是通貨緊縮？
- 通貨膨脹如何形成？
- 為什麼會發生通貨緊縮？
- 惡性通貨膨脹會導致什麼後果？
- 物價波動如何影響利率與外匯？
- 資產泡沫化如何發生？
- 經濟大蕭條的成因是什麼？
- 政府如何平穩物價？

通貨膨脹與通貨緊縮

> 貨幣的購買力是貨幣的價值所在，購買力的大小可以透過物價指數來衡量。當物價指數持續且大幅度地上升，代表貨幣的購買力下降，稱為通貨膨脹；當物價指數持續且大幅度地下跌，代表貨幣的購買力上升，稱為通貨緊縮。

貨幣的價值－物價指數的概念

　　人類使用貨幣來兌換商品，所以貨幣的價值展現在貨幣的購買力上，能以愈少數量兌換一單位商品的貨幣，表示購買力愈高。因此物品的價格（簡稱「物價」）便可以用來具體表達貨幣的價值。當物價上升的時候，代表一單位商品需要更多的貨幣才能兌換，也就是貨幣的購買力下降、貨幣價值降低；而當物價下降的時候，同樣一單位商品以較少的貨幣就能兌換，則表示貨幣的購買力上升、貨幣價值提高。

　　衡量貨幣購買力的變化最簡單的方式便是透過「物價指數」。然而商品種類繁多難以計數，因此衡量總體物價時會先選定一籃子具代表性的商品與服務加權計算出總體平均價格，再選定某一年加權計算出來的總體平均價格做為基期指數100，再相對於基期100換算成物價指數，例如103，然後只要將各年的物價指數與基期100相比，就能了解物價的變動幅度，例如上漲3%〔（103-100）/100〕，若物價指數較基期高，代表物價上漲、貨幣購買力降低，全面性地掌握一國或一地區物價的高低起伏，以及所代表的貨幣購買力是提升還是下降。

什麼是通貨膨脹與通貨緊縮？

　　當一個經濟體內的物價指數呈現持續且大幅度上漲的現象，稱為「通貨膨脹」；相反地，若是呈現持續性大幅度下跌的現象，則稱為「通貨緊縮」。所謂的「持續性」大約是指六個月以上的連續上漲或下跌；「大幅度」則是指物價指數上漲或下跌的幅度超過該國的正常水準。然而，各國因經濟活動方式不一，表現出的正常物價波動水準也不相同，例如台灣近10年的消費者物價指數波動幅度為2%～-2%之間，相當穩定，若物價超過2%便可能是通貨膨脹的訊號。但如果一個國家出現物價指數劇烈上揚或下跌的現

象僅一次就停止，或是雖連續上漲或下跌，但每次都僅微幅增加或減少，很可能是因為受到季節性的生產淡旺季、或產業經濟型態改變的影響，對經濟的傷害並不大，也就稱不上是通貨膨脹或是通貨緊縮。

從物價指數變動判斷通膨或通縮

貨幣價值與物價的關聯

貨幣價值　起源於　貨幣購買力　起源於　可兌換物品多寡

所以

「物價」可表達出貨幣價值

判斷方法

「物價指數」的變動反映出貨幣價值高低

物價指數

1. 物價指數能夠全面性地探討一國或一地區物價的高低起伏，可以觀察該國貨幣購買力是提升或下降。
2. 通常會訂某一年為比較基期，數值為100。若高於此基期表示物價上漲，低於此基期表示物價下跌。

大於100表
物價上漲　　　　100　　　　小於100表
物價下跌

基期

物價指數呈現持續（約6個月以上）且大幅度上漲（漲幅超過3%）的現象

物價指數呈現持續（約6個月以上）且大幅度下跌（跌幅超過3%）的現象

通貨膨脹

通貨緊縮

壞的通膨與好的通膨

溫和的通貨膨脹可能促進經濟成長、就業率上升，具有提升人民財富的效果，被稱為「好的通膨」。劇烈的通貨膨脹則會削弱民眾的消費能力，帶來所得與財富重分配、資源分配扭曲及社會不安定等壞處，嚴重者還會導致貨幣體制崩潰，因此被稱為「壞的通膨」，並成為眾所關注的焦點。

壞通膨的負面影響

當持續且劇烈波動的通貨膨脹出現時，直接受到衝擊的便是日常生活必需品的價格普遍上揚，也就是物價持續上漲，民眾會感受到商品價格變貴，貨幣的購買力下降，同樣的錢無法購買跟以前一樣多的商品，因而被迫縮衣節食，若要維持跟以往一樣的生活水準，就必須增加開銷。

壞的通貨膨脹還會導致民眾財富與所得重分配。就財富方面來看，一般民眾所持有的資產不外乎分為如現金、存款、股票等金融資產，以及具有實際價值的實物資產，如土地、建物等房地產。當通貨膨脹發生時，貨幣購買力降低會侵蝕金融資產的價值，而實物資產如房地產價格卻會上揚，因此，擁有房地產者，其財富會增加，但沒有房地產者在金融資產縮水之下便更加買不起實物資產。同時因貨幣的購買力下降，債權人收回的本金價值也隨之降低，相對地，債務人的債務價值也會同樣減少，使債務人因而受惠、債權人卻蒙受損失，換個角度來看，也就是金融資產縮水的價值如同債權人把資產送給了債務人。因此，在壞的通貨膨脹影響下，資產價值出現異常的升貶，民眾的財富也被重新分配。而領取固定薪資的受薪階級、依靠退休金的退休者、仰賴利息收入或社會福利金的族群，現金所得屬於容易受到通膨侵蝕的金融資產，尤其是如果薪資收入未隨著物價上漲而增加的話，扣除物價上漲後的實質所得便可能比隨物價上漲調增薪資者相對降低，出現物價漲、薪水卻沒漲的實質所得倒退情況。

除此之外，通貨膨脹尚會造成經濟資源分配的扭曲、社會與政治不安定等負面影響。當通貨膨脹愈趨嚴重，人們不願意儲蓄而改為囤積貨品，或是爭相購買房地產等不具生產性用途的投資，造成需要資金的生產事業缺乏資金來源，企業也因貨幣貶值導致生產成本大漲，在可能面臨虧損之

通貨膨脹的壞處

壞處① 生活必需品價格提高

因物價上漲，同樣的錢無法買到跟以前一樣多的商品，民眾有感於商品價格變貴。

有多餘預算	無多餘預算
要維持原來的消費水準，就必須增加開銷。	縮衣節食，減少消費，生活水準可能降低。

壞處② 財富與所得重分配

(1)財富重分配

個人所持有的資產隨貨幣購買力下降而有變化：
a. 金融資產（現金、存款、股票等）貶值
b. 實物資產（土地、建物等房地產）升值
c. 因債權人可回收的本金價值降低，使財富資產一部分移轉至債務人手中。

(2)所得重分配

受薪階級、依靠退休金的退休者、仰賴利息收入或社會福利金的人，其收入受到通膨侵蝕，實質所得相對降低。

壞處③ 經濟資源分配扭曲

1. 民眾不願意儲蓄而改為囤積貨品，或爭相購買房地產等不具生產用途的投資。
2. 企業因生產成本大漲、面臨虧損，而不願意投資。

整個社會的經濟資源耗費在對抗通膨上，嚴重影響經濟成長。

壞處④ 社會與政治不安定

(1)社會不安定

1. 民眾增加比價次數、節省開支，生活壓力升高。
2. 人民要求加薪，但企業面臨工資成本上升，如果要調高售價又會影響銷路，而有不同考量→增加勞資對立衝突。

(2)政治不安定

社會要求政府應出面解決通膨問題，若政府採取的措施不能有效抑制通膨，反而會引起民怨，使人民對政府失去信心，導致政權更迭。

物價不受控制
持續上漲

惡性通貨膨脹

物價指數年增率以數百倍、甚至數千倍的幅度不斷上揚，又稱為「超級通貨膨脹」，代表貨幣的購買力在短時間內極度萎縮，會帶來金融危機，使該國貨幣體制崩潰。

下不願意繼續投資，整個社會的經濟資源將耗費在對抗通膨上，嚴重影響到經濟成長。當通貨膨脹造成人民生活的壓力時，會迫使民眾四處比價尋找便宜的物品，也會因實質所得減少而要求企業加薪，並要求政府解決物價及工資不相稱的問題；企業則面臨工資上漲會增加成本支出、為反應成本而調漲商品售價卻反而讓銷售量大幅衰退，並且同樣會要求政府解決營運困境。壞的通貨膨脹使個人、企業和政府之間緊張程度大幅增加，讓社會與政治處於不安狀態。民眾和企業的壓力將使政府難以忽視而必須要有因應措施；若在一定期間內未能有效控制住通膨，民怨容易沸騰，甚至造成政權更迭，成為政治不安定的因素之一。

落入惡性通貨膨脹的可怕

當物價指數以不合常理的速度上揚，物價指數年增率可能達數百倍、甚至數千倍以上時，稱為「惡性通貨膨脹」或「超級通貨膨脹」。惡性通貨膨脹的發生可能是在一連串的壞通膨未得到有效解決後發生，也可能是受戰爭、政權動盪等影響而一夕爆發，一旦落入惡性通貨膨脹，代表貨幣的購買力在短時間內極度萎縮，一旦動搖了貨幣持有者對貨幣發行國家的信心，不再認同其貨幣的價值，紙幣也因此回歸為僅為「一張紙」的價值，此時以信用為基礎的金融貨幣體系也隨之崩潰，建立在金融貨幣體系上的現代經濟發展型態，自然也隨之崩壞。這樣的惡性通貨膨脹所帶來的金融危機，將足以摧毀一國的經濟體制，民眾不使用沒價值的貨幣進行交易，使貨幣體制崩潰回到以物易物的時代。例如非洲的辛巴威是全球通貨膨脹最嚴重的國家，2009年甚至還發行面額100兆的紙幣，當年的通貨膨脹率高達百分之50億兆以上，1,000億面額的紙幣只能購買3顆雞蛋，整個國家的貨幣制度幾近崩潰，勞工不願意領取貨幣薪資、企業無法正常運作，經濟倒退數十年。

溫和通貨膨脹是好的通膨嗎？

通常通貨膨脹的嚴重性與通貨膨脹的幅度呈現正比，通貨膨脹幅度愈大，需付出的經濟代價也愈慘痛。然而，在運作良好的經濟成長過程中，溫和、穩定的物價上漲有助於廠商的利潤增加，刺激廠商擴大投資的意願，使得產出增加、人員擴編，以提供更多的工作機會和薪資，讓人民與廠商互謀其利，有助於經濟發展，這正是凱因斯學派的經濟學家所認為

的，溫和的通貨膨脹代表社會總需求（民生消費、廠商投資等）增加而帶動經濟景氣，是良性的表現。此類型的通膨即稱為「潛進性通貨膨脹」，又稱為「溫和通貨膨脹」，一般的表現是在很長的一段時期內，物價指數持續以一定的程度小幅波動，但不至於脫軌爆增。2012年美國聯準會首度將通貨膨脹率目標設定為2％，無論低於或高於2％，聯準會都會關注、甚至介入。許多已開發國家也將通膨目標設定為2％。但經濟開發程度不同的國家適合的通膨率並不同，開發中國家的經濟成長較快、通膨率相對較高。以2010年到2019年的數據為例，已發開國家的平均通膨率為1.52％、新興市場和開發中國家平均通膨率則為5.19％。

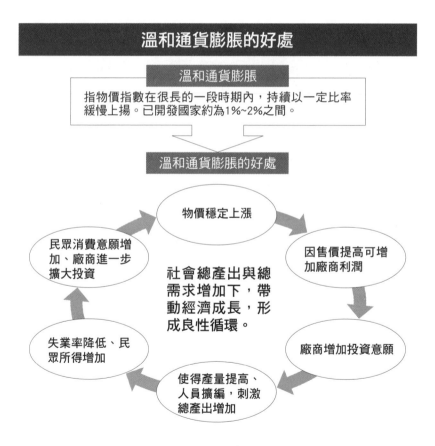

溫和通貨膨脹的好處

溫和通貨膨脹

指物價指數在很長的一段時期內，持續以一定比率緩慢上揚。已開發國家約為1%~2%之間。

溫和通貨膨脹的好處

物價穩定上漲

因售價提高可增加廠商利潤

廠商增加投資意願

使得產量提高、人員擴編，刺激總產出增加

失業率降低、民眾所得增加

民眾消費意願增加、廠商進一步擴大投資

社會總產出與總需求增加下，帶動經濟成長，形成良性循環。

通膨成因①：
需求拉力型與成本衝擊型

從供給和需求的消長可以決定價格的高低，當供給大於需求時會導致物價水準下降，供給小於需求時導致物價水準提高。若通貨膨脹是由總需求增加所造成時，稱為「需求拉力型通貨膨脹」；相對地，通貨膨脹若是因為總供給減少所造成，便稱為「成本衝擊型通貨膨脹」。

需求拉力造成的通貨膨脹

　　市場上出現供不應求或供需失調的情形時，容易造成物價波動，因此通貨膨脹的形成因素，可以從需求面及供給面來討論。從需求面來看，當物價上漲的原因來自於商品及勞務的總需求大於總供給時，便稱為「需求拉力型」的通貨膨脹。社會的總需求又可以分成民生消費、廠商投資、政府支出等類型，當此類型的消費增加，皆會導致需求拉力型通貨膨脹的出現，並且讓廠商有更高的意願投資、生產更多商品來滿足社會增加的總需求，進而創造更多就業機會，帶動景氣復甦。例如政府編列預算來進行公共建設，或是中央銀行增加貨幣供給量，讓民眾持有的貨幣增加而刺激消費，兩者皆能刺激就業率、拉抬景氣。然而當多數人手中握有的錢變多時，一旦增加的消費量超過供給面的產能，便會出現競相出高價搶購商品的情形，使得物價不斷高漲，導致需求拉力型的壞通膨形成。

　　當經濟體受到需求拉力型通貨膨脹侵襲時，由於政府要改變民生消費習慣與廠商投資行為較為困難且曠日費時，因此，最簡單的對策是政府執行緊縮性財政政策、縮減政府預算，當政府支出大幅減少之下便能降低社會總需求，消弭需求拉力造成的通貨膨脹。

成本衝擊帶來的通貨膨脹

　　除了需求拉動的通貨膨脹外，若物價持續上漲的原因是因為供給面的成本上漲或生產不足，導致總供給小於總需求時，則稱為「成本衝擊型」的通貨膨脹。造成生產成本上升的原因包括原物料或能源的價格上漲、

工資上漲，或是廠商為增加利潤而調高售價等，此時在物價被推升的衝擊下，導致廠商的產出減少、投資意願降低，人力縮編，因而造成失業率上升、景氣下滑，使得經濟發展的動能趨緩停滯，其所帶來的傷害往往比需求拉力型通貨膨脹還巨大。例如七〇年代的石油危機，帶來廠商成本大幅上升的生產面衝擊，使得物價騰揚，各國紛紛出現成本衝擊型通貨膨脹，並且重創各國的經濟景氣。當時並造成台灣的通膨率從原來的約3％劇烈跳高為47.5％，經濟成長率則從連續多年的10％降到約2％的水準，可見成本衝擊型通貨膨脹對經濟的嚴重傷害。

　　政府在對抗成本衝擊型通貨膨脹時，可以透過管制原物料價格與數量、限制工資調漲幅度、管控商品漲價情形等方式，來壓抑廠商的生產成本，但缺點是如此一來將使市場機能無法自由運作，反而造成反效果，例如限制原物料價格與數量之下，廠商可能因買不到原物料，產能反而更低，使社會總供給再度下滑，加劇成本衝擊型通貨膨脹的壓力。所以政府以此方法對抗成本型通貨膨脹，是沒辦法中的方法，是有限度、有期限，站在舒緩的立場介入原物料市場，拉長人民與企業適應通膨的時間。

內生的通貨膨脹

　　需求拉力型通貨膨脹與成本衝擊型通貨膨脹，都是屬於該經濟體內部的因素所造成，所以又稱為「內生的通貨膨脹」。

供需變動引起的通貨膨脹

需求拉力型通貨膨脹

當商品及勞務的總需求大於總供給時,帶動物價持續上揚所形成的通貨膨脹。

成本衝擊型通貨膨脹

當供給面的成本上漲或生產不足而導致總供給小於總需求時,帶動物價持續上揚所形成的通貨膨脹。

形成原因與影響

民生消費增加

廠商投資增加　政府支出增加

產生影響

社會總需求增加,使消費量超過供給產能,廠商因而擴大產能,促使就業率上升,景氣復甦;但在供不應求的情況下,物價持續上揚,形成需求拉力型通貨膨脹。

形成原因與影響

原物料或能源價格上漲

工資上漲　廠商調高售價

產生影響

廠商因成本上漲的壓力,為增加獲利而調高售價或減少產出,造成失業率上升,景氣下滑;但在供需失調的情況下,物價持續上揚,形成成本衝擊型通貨膨脹。

解決方式

政府藉由執行緊縮性財政政策、縮減政府預算,以降低社會總需求,消弭需求拉力造成的通貨膨脹。

解決方式

政府透過管制原物料價格與數量、限制工資調漲幅度、管控商品漲價等方式,來壓抑廠商的生產成本,但市場機能無法自由發揮,可能使社會總供給再度下滑。

> 對經濟的傷害比需求拉力型通貨膨脹還大

通膨成因②：
輸入性、出口性通膨

國際貿易盛行的現代，一國的物價水準也會受到與其他國家進出口的影響。當一國通膨的起因是他國進口品價格昂貴而拉高國內物價水準時，稱為「輸入性通貨膨脹」；若通膨的起因是出口到他國的商品數量繁多而拉高國內總需求促使物價水準上揚，稱為「出口性通貨膨脹」。

輸入性通貨膨脹

　　國外的商品藉由進口而流入本國經濟體後，進口商品的價格會影響國內的物價水準，當進口品的價格上漲，將導致本國物價水準上升，若此種情況持續，則稱為「輸入性」通貨膨脹。輸入性通貨膨脹影響本國物價程度的大小，端看本國依賴進口商品程度的高低而定，若本國的消費習慣相當仰賴進口品，或本國的生產原物料高度仰賴外國進口，就愈容易受到輸入性通貨膨脹的衝擊，但假如一國的進口額極低，那麼即使外國出現嚴重的通貨膨脹導致進口品價格上揚，對本國物價也構不成影響。

　　當發生輸入性通貨膨脹的現象時，雖然政府無法改變進口品在外國的價格，但可以透過匯率來改變進口品到本國的價格，當政府透過央行的公開操作調降匯率使本國貨幣升值時，進口品的價格便會相對地變得便宜，進一步舒緩輸入性通貨膨脹。例如新台幣匯率從原本的1美元兌換30元新台幣升值到1美元兌換25元新台幣，將導致原本以美元計價的進口商品，在換算為新台幣計價後的價格下降，藉此舒緩進口商品的高物價帶來輸入性通貨膨脹。然而，降價後的進口商品卻也可能因此衝擊本國市場的同類型商品，而且本國的貨幣升值也將不利出口，一來會使得原來出口商品的美元價格因本國貨幣升值而變貴，例如原為定價1美元，升值後變成定價1.2美元，不利於出口競爭力；二來，當本國貨幣升值時，廠商因出口所賺取的外匯，可兌換回的本國貨幣變少、利潤減少，因而打擊國內景氣。因此，解決輸入性通膨的最佳方法還是降低國內對進口品的依賴，例如鼓勵廠商提升本國產品的競爭力，並鼓勵民眾愛用國貨，使本國商品便能與進口商品相互抗衡，並且能在國際上具有良好競爭力。

出口性通貨膨脹

與輸入性通貨膨脹相反的是出口性通貨膨脹。當外國對於本國財貨的需求提高時，將促使本國的出口數量上升，大量的出口需求將帶動本國經濟成長，廠商在投資增產下提高就業率，具有帶動景氣活絡復甦的效果。在民眾所得增加之下，國內消費力上揚，對商品的總需求也隨之增加，而大於原本的總供給，導致物價上揚，但若此種情況持續，就會形成「出口性」通貨膨脹。出口性通膨的原因可能是外國的經濟成長、相對物價上揚或解除進口管制等因素使然，導致外國對本國商品的需求提升。出口性通膨的影響視該國出口額占國民生產毛額（Gross National Product，簡稱GNP）的比率正相關，出口額占GNP比率愈高則出口性通膨影響愈大。

出口性通貨膨脹的成因與需求拉力型通膨類似，所以可以透過縮減政府支出等降低總需求的方式，壓低出口性通膨的影響。也可以藉由調降匯率使本國貨幣升值的方式調整，抑制國內過熱的經濟景氣。不過就現實來看，政府大多站在鼓勵出口，藉以刺激景氣並賺取外匯，所以較少干預出口性通貨膨脹。

進出口引起的通貨膨脹

輸入性通貨膨脹

進口商品的價格上漲，連帶影響國內物價水準持續上揚的情況。

影響原因

本國愈依賴進口商品，愈容易受到輸入性的通貨膨脹影響。

政府因應措施

① 調降匯率
使本國貨幣升值，進口商品的價格相對變得便宜，以舒緩輸入性的通貨膨脹。
➡ 缺點：不利於出口，打擊國內景氣

② 降低國內對進口品的依賴
鼓勵民眾愛用國貨、廠商提升本國產品的吸引力來與進口品競爭。

出口性通貨膨脹

一國因出口量大幅增加，拉抬國內景氣，而產生物價持續上漲的情況。

影響原因

外國的經濟成長、相對物價上揚或解除進口管制等因素，導致外國對本國商品的需求提升，造成本國物價上揚。
➡ 出口額占GNP比率愈高則對出口性通膨對的影響愈大

政府因應措施

① 縮減政府支出
政府實施緊縮財政政策，以降低社會總需求，減低出口性通膨的影響。

② 調降匯率
使本國貨幣升值，出口商所賺取的外匯在兌換回本國貨幣後的獲利減少，降低出口意願，以舒緩出口性通貨膨脹。

※因出口增加可帶動經濟成長，政府較少干預出口性通膨。

通膨成因③：
政府與央行立場不一致

民主時代的政府有爭取選票的壓力，所以政府有很大的誘因執行擴張性財政政策，形成良好的經濟景氣和低失業率以贏得政績的肯定，並且能賺取通貨膨脹稅。然而此立場與重視物價穩定的央行思維卻大相逕庭，使得政府與央行的政策角力也影響著通貨膨脹是否會出現。

擴張性財政策對景氣的影響

當政府編列預算而提高政府支出或是調整稅制降低稅收時，稱為「擴張性財政政策」，例如擴大公共建設、調降遺產稅及贈與稅、為刺激消費而發放消費券等。擴張性財政政策將增加政府部門對商品、服務與勞動力的需求，像是採購公共建設所需的原物料、推動各項計畫而遴選承包商，而使總需求增加，讓廠商為了提高供給以賺取利潤而增僱員工，帶動就業量上升、景氣上漲。雖然擴張性財政政策可以刺激景氣復甦，但龐大政府支出如果沒有帶出實質的經濟動能與效益，便容易累積巨額財政赤字，而且在社會總需求提高之下，若物價不斷上揚，還容易形成通貨膨脹。

由於通貨膨脹會導致財富與所得重分配，隨著貨幣購買力降低，債務金額的價值會縮水，不利於債權人、反而是對債務人有利，如同把債權人的資產轉移給債務人。而政府在實施擴張性財政政策時往往會增加貨幣供給或是向民眾發行公債，以集資支應龐大的支出，累積巨額債務的政府成了一國當中最大的債務人，若出現通貨膨脹，政府會在無形中得到好處，但做為債權人的人民持有的金融資產包括貨幣和債券，卻在通貨膨脹時無形地縮水了，等同被政府「隱形課稅」，此種稅又稱為「通貨膨脹稅」。

政府與央行的立場對立

在政府需要藉由選民認同來贏得政權的民主時代，一國經濟的好壞因關係著人民實質生活品質而影響選票甚鉅。然而經濟發展原本即有高低起伏的不同景氣狀態，但執政者為了維護經濟景氣良好的狀態，或是賺取通貨膨脹稅以減輕實質債務的負擔，往往會傾向執行擴張性財政政策，不斷地促使社

會的總需求增加，但如此一來卻可能造成需求拉力型的通貨膨脹。

　　相對於政府以追求經濟成長、視經濟景氣繁華為政施優先目標，中央銀行負責一國貨幣的發行，其政策立場則是以穩定物價（即穩定貨幣購買力）為主，並藉由控制貨幣供給量來調整貨幣購買力，兩者立場並不一致。中央銀行若擁有貨幣政策的獨立性，則可以透過緊縮性貨幣政策減少貨幣供給量，來抑制政府造成的需求拉力型通貨膨脹；但若中央銀行受限於政府的話，就不可能以物價穩定為第一考量，甚至反而被政府要求配合實施寬鬆性貨幣政策，印製新鈔以融資政府施政所需的財源，更強力地刺激經濟景氣，但結果卻是帶來更嚴重的通貨膨脹。

政府政策導致的通貨膨脹

政府

實施擴張性財政政策

採取方法
1. 增加政府支出：
   ◆發放消費券
   ◆擴大公共建設投資計畫
2. 減稅：
   ◆調降稅率、遺產稅及贈與稅等

正面效果
1. 增加社會總需求
2. 廠商擴大投資
3. 就業機會增加
4. 刺激景氣復甦

　　➡ 民主政府藉此贏得選票

負面效果
1. 累積巨額財政赤字
2. 促使物價不斷上漲

　　➡ 形成通貨膨脹

增加貨幣供給量

採取方法
發行新鈔（通貨）

正面效果
1. 彌補財政赤字
2. 政府身為一國最大債務人，可藉此減輕負債。

　　➡ 政府藉此償還債務

負面效果
1. 貨幣的購買力被稀釋，導致物價上漲。
2. 民眾被「隱形課稅」（通貨膨脹稅）而受害。

　　➡ 形成通貨膨脹

抑制通膨現象

類型1 擁有獨立性的貨幣政策
可調整貨幣供給量來影響物價，以平穩物價為優先。

助長通膨現象

類型2 貨幣政策方向聽命於政府
配合政府以刺激經濟成長為目標，被迫實施寬鬆貨幣政策，增加貨幣供給量。

中央銀行

物價、利率與匯率的關係

「物價」代表本國貨幣對商品的購買力、「利率」是借貸本國貨幣需付出的代價、「匯率」則代表一國貨幣在外匯市場上的價值，因此物價、利率與匯率分別是貨幣在不同層面的價值展現。這三者也是備受矚目的經濟指標，雖然彼此之間並沒有變動的必然關聯，卻經常被用來探討變動所產生的效果，來了解可能的連動法則。

物價、利率與匯率的定位及關係

「物價」是以貨幣單位來表示商品價格，顯示貨幣對本國商品的購買力，代表貨幣在國內的價值。「利率」則是貨幣借給他人運用的價格，會受到資金鬆緊及借款時間長短的影響，代表使用貨幣的代價，通常資金緊縮、借貸時間愈長，運用的風險就愈大，相對需支付的利率報酬也會相對提高。「匯率」則是一國貨幣對他國貨幣的兌換比率，代表貨幣在國外的價值。綜合來看，利率、物價與匯率分別是從時間價值、國內價格與國外價格這三個層面來衡量貨幣的價值，所以三者之間會互相影響。當貨幣價值高時，表示貨幣的購買力高，物價就相對較低；同時借貸成本也就提高，因此利率偏高；而且本國貨幣相較於外國貨幣升值，使得匯率偏低。反之，當貨幣價值低時，表示貨幣的購買力低，物價就相對較高；同時借貸成本也就降低，因此利率偏低；且本國貨幣相較於外國貨幣貶值，使得匯率偏高。

物價、利率與匯率者雖然是貨幣各層面的價值表現，雖然彼此之間並沒有變動關係的必然關連性，沒有何者變動、另一者必然上升或下降的變動結果。但因三者同為重要的貨幣變動指標，所以經常被整合起來觀察，並找出其中可能會有的連動影響。

物價變動對利率與匯率的影響

當物價變動時，對利率和匯率所形成的連動關係，可從需求增加造成物價變動、或供給減少造成物價變動兩方面來了解。貨幣需求大於貨幣供給時，會導致利率上揚；貨幣需求小於貨幣供給時，會導致利率下降的概念下，在一國的貨幣供給量不變的前提中，如果物價上揚的原因是民生消

費、廠商投資、政府支出等需求拉力因素所造成的總需求增加時，將會伴隨著景氣上揚、所得增加的效果。此時在貨幣市場中，因為所得增加會增加民眾的消費意願，使得以交易為目的的貨幣需求增加，超過原本的貨幣供給，引發利率上升。而外匯市場中，本國所得的增加會使得國人對進口商品的消費需求提高，使外匯需求增加，另一方面本國利率的上升也將使國際熱錢湧入本國投資，使外匯供給增加，在外匯需求和供給皆增加的情況下，匯率會或升或降，沒有一定的變動方向。相反地，若是需求拉力減少將帶來相反的效果，表示民間的消費及投資都縮減，使得景氣下跌、所得減少，引導物價下降及利率下降，對外匯的需求與供給的整體規模相對減少，匯率同樣也會出現不一定的變動方式。

　　如果物價水準上揚是因為供給面的成本上漲、或生產不足所造成的成本衝擊，使社會總供給因而減少的話，則會造成景氣下跌、所得減少的效果。此時在貨幣市場中，因為所得減少會降低民眾的消費意願，使得以交易為目的的貨幣需求縮減而小於原本的貨幣供給，引發利率下降；而本國商品生產減少導致出口下滑，使出口商在外匯市場中的外幣收入減少，而本國貨幣需求相對增加，造成本國匯率上升。反之，當供給面的成本條件獲得改善，使社會總供給增加，進而使得物價水準下降時，將伴隨著景氣上升、所得增加的效果。此時在貨幣市場中，因為人民所得變多帶動了消費行為，在廠商投資增產的意願提升下，便易引發利率上升。此時，本國商品生產的增加亦有利於出口量，使出口商在國外賺取更多的外匯，回外

物價、利率、匯率與貨幣價值的關係

	物價	利率	匯率
	●顯示貨幣對本國商品的購買力 ●代表貨幣在國內的價值	●貨幣借給他人運用的價格，受資金鬆緊及時間長短影響 ●代表貨幣的時間價值	●一國貨幣對他國貨幣的兌換比率 ●代表貨幣在國外的價值
貨幣價值高	物價下跌	利率上升	匯率下跌
	因貨幣的購買力提高，用較少的錢即可買到同樣的商品。	借貸資金的成本提高。	本國貨幣相較於外國貨幣升值，每一單位貨幣能兌換的外匯變多。
貨幣價值低	物價上漲	利率下降	匯率上漲
	因貨幣的購買力降低，要用較多的錢才買到同樣的商品。	借貸資金的成本降低。	本國貨幣相較於外國貨幣貶值，每一單位貨幣能兌換的外匯變少。

匯市場兌換成本國貨幣，讓外匯供給增加，造成本國匯率下降。

由此可知，需求拉力帶來的物價變動，與利率變動方向會呈現正比，但匯率變動方向無法預知。成本衝擊帶來的物價變動，與利率變動方向呈現反比，但與匯率變動方向則會呈現正比。

利率改變對物價與匯率的影響

當一國的貨幣供給量下降，導致市場因資金減少而利率上升時，由於借貸資金成本提高會使廠商的投資的意願降低、投資需求減少，而貨幣供給量減少也會抑制民間消費意願，若因此形成了社會的總需求小於原本的總供給，就會使得物價下降。而本國利率上升將使國際熱錢湧入本國投資，所以外匯市場中的外匯供給增加，由於外國利率相對較低，本國對外國投資的意願也會下滑，使外匯需求減少，而使得本國貨幣升值，匯率下降。

相反地，當貨幣供給量上升，市場因資金充足而利率下降時，資金借貸的成本降低之下，廠商的投資意願會增加，民間消費意願也會提高，若社會總需求因而大於原本的總供給，物價便會上升。當本國利率下降時，將使國際熱錢出走找尋更有利的投資標的，本國對外國的投資意願也會因為外國利率相對較高而增加，造成外匯市場的外匯需求增加，而使得本國貨幣貶值，匯率上升。因此當貨幣供給量產生變動，衝擊到利率產生變化，原則上物價與匯率的變動方向皆與利率呈現反比。

匯率改變對物價與利率的影響

兩國間經濟情勢變化、國際收支不平衡等因素，都會讓外匯市場的交易條件有所改變，產生新的均衡匯率。當本國匯率上升、即貨幣貶值時，會讓出口品變得相對便宜有利於出口產業，使得出口需求增加，進一步帶動國內景氣。若新的社會總需求大於原本的總供給，就會拉高物價水準。此時生產者為因應增加的出口需求而擴大投資以提高產能，對資金的需求也會提高，而導致利率上揚。

相對地，當本國匯率下降、即貨幣升值時，出口品也會變得相對昂貴而不利於出口產業，使得出口需求減少，並衝擊國內景氣。一旦造成了新的社會總需求小於原本的總供給時，就會使物價下跌。生產者也會因為出口萎縮而降低產能、縮減投資，使得對資金的需求隨之減少，而導致利率下降。因此當外匯市場條件改變造成匯率產生變化時，原則上物價與利率的變動方向與匯率呈現正比。

物價變動對利率及匯率的影響

物價上升

需求拉力提高的影響

民生消費、廠商投資、政府支出等需求拉力擴大，使總需求增加而造成物價上漲。

產生效果
- 景氣上揚
- 所得增加
- 消費意願提高

成本衝擊提高的影響

因為供給面的成本上漲或生產不足所造成的成本衝擊，使總供給減少而造成物價水準上揚。

產生效果
- 景氣下跌
- 所得減少
- 消費意願降低

利率上升

以交易為目的的貨幣需求大於貨幣供給，貨幣供不應求，引導利率上升。

匯率變動不定

- 所得增加→進口財需求變多→外匯需求增加
- 利率上升→國際熱錢湧入本國→外匯供給增加。
- 外匯供需同時改變，使得匯率漲跌不一定。

利率下降

以交易為目的的貨幣需求小於貨幣供給，貨幣供過於求，引導利率下降。

匯率上升

本國商品生產減少導致出口下滑的現象，使出口商在外匯市場中的外匯供給減少，造成匯率上升。

物價下降

需求拉力減少的影響

民生消費、廠商投資、政府支出等需求拉力減少，使總需求下降而造成物價下跌。

產生效果
- 景氣下跌
- 所得減少
- 消費意願降低

成本衝擊降低的影響

因為供給面的成本條件有所改善，使總供給增加而造成物價水準下跌。

產生效果
- 景氣上升
- 所得增加
- 消費意願提高

利率下降

以交易為目的的貨幣需求小於貨幣供給，貨幣供過於求，引導利率下降。

匯率變動不定

- 所得減少→進口財需求變少→外匯需求減少
- 利率下降→國際熱錢變少→外匯供給減少。
- 外匯供需同時改變，使得匯率漲跌不一定。

利率上升

以交易為目的的貨幣需求大於貨幣供給，貨幣供不應求，引導利率上升。

利率下降

本國商品生產增加有利於出口量，使出口商在外匯市場中的外匯供給增加，造成匯率下降。

利率變動對物價及匯率的影響

利率上升

原　因
貨幣供給量下降，使借貸資金的成本提高。

影　響
1. 廠商的投資意願降低
2. 抑制民間消費意願

物價下降
社會的總需求小於原本的總供給，使得物價下跌。

匯率下降
- 吸引國際熱錢湧入，外匯供給增加。且外國利率相對較低，使本國對外投資意願下滑，外匯需求減少。
- 外匯供給＞外匯需求→本國貨幣升值→匯率下降。

利率下降

原　因
貨幣供給量增加，使借貸資金的成本降低。

影　響
1. 廠商的投資意願增加
2. 民間消費意願提高

物價上升
社會的總需求大於原本的總供給，使得物價上漲。

匯率上升
- 因國際熱錢退出，外匯供給減少。且外國利率相對較高，本國對外投資意願增加，外匯需求增加。
- 外匯供給＜外匯需求→本國貨幣貶值→匯率上升。

匯率變動對物價及利率的影響

匯率上升

產生影響
- 表示本國貨幣貶值，出口品變得相對便宜有利於出口產業，使得出口需求增加。
- 景氣上揚。

物價上升
因出口需求增加，使社會的總需求大於原本的總供給，使得物價上漲。

利率上升
生產者為因應出口擴張而提高產能，需擴大投資而增加對資本的需求，導致利率上揚。

匯率下降

產生影響
- 表示本國貨幣升值，出口品變得相對昂貴不利於出口產業，使得出口需求減少。
- 景氣下跌。

物價下降
因出口需求萎縮，使社會的總需求小於原本的總供給，使得物價下跌。

利率下降
生產者因出口萎縮而降低產能，投資活動衰退而減少對資本的需求，導致利率下跌。

惡性通膨的影響：
貨幣體制崩潰

惡性通貨膨脹是指商品價格持續地急遽飆漲，造成貨幣價值迅速萎縮的現象。一般說來，當物價年增率每個月高達五十％或更多時，就會被視為惡性通貨膨脹。由於惡性通膨將導致該經濟體系的貨幣體制崩潰，是各國中央銀行最大的敵人。

為什麼會出現惡性通貨膨脹？

在政府壟斷貨幣發行權的現代貨幣體制中，貨幣是由低成本不具商品價值的材質製成而發行，而且發行貨幣時，其背後未必有黃金、外匯等資產做為擔保，因此貨幣價值便源於人民對政府的信心，信心來自於認為政府不會破產、該國社會與經濟秩序穩定等。如果人民對政府發行的貨幣沒有信心的話，進行商品交易時買家會希望取得更多的貨幣報酬才安心，例如原先一個麵包僅售10元，但因為若干因素導致店主對貨幣的信心下降，懷疑10元貨幣並不具有一個麵包的價值時，則會希望收取20元、30元……，直到店主願意接受後才成交，商品的價格也因對貨幣價值不具信心而飆升。當交易時的成交價格不斷飆升，表示貨幣價值持續探底，若因此引發人群持續對貨幣失去信心的話，將會造成失控現象，出現惡性通貨膨脹，造成一連串的金融體制崩潰。當一個國家的物價年增率每月出現50％以上時，就會被視為發生惡性通貨膨脹。

造成人民對貨幣信心不足的原因有以下幾種情形：一、貨幣供給異常增加，例如貨幣當局無限制地濫發貨幣，過多的貨幣讓民眾懷疑手中貨幣的價值微薄。二、因為戰爭與革命造成政治與經濟發展不穩定，使得該經濟體的貨幣機制難以運作，例如有錢也買不到東西，自然物價高漲；三、當一國政治或社會出現嚴重衝突與動盪，民眾不再信任政府具有解決問題的能力，將導致民眾對政府信心不足，而不信任政府發行的貨幣。

惡性通貨膨脹造成的惡性連鎖反應

惡性通貨膨脹會使貨幣價值驟降，導致幾乎所貨幣均會失去「價值儲

藏」的功能，不再能保有其價值以留待未來消費之用。伴隨而來的經濟現象是商品成交價格飆升，例如一碗麵今天售價50元，明天售價卻調漲為500元，因而引起民眾的恐慌出現囤積實物的行為，購買商品就必須付出更多的貨幣，導致一件普通的商品出現天價般的成交價格。此時，民眾自然地再也不信任手中貨幣的價值而視之為廢紙，寧願收受他國的貨幣，或是回到以物易物的交易行為，至此，貨幣的「交易媒介」功能已經喪失，本國的貨幣體制崩潰。而各種以本國貨幣計價的存款金額、股票價格、債券面額隨著貨幣變成廢紙而化為烏有，國民多年的儲蓄與投資毀於一旦，在資金供需嚴重停擺之下，經濟運作也因此無以為繼。所引發的金融風暴與金融體制崩潰的惡性連鎖反應，正是建立在通暢貨幣金融體制之上的現代經濟最脆弱的罩門。

經典實例①：二戰後德國的惡性通膨危機

　　第一次世界大戰後，德國的經濟體系受到戰爭的摧殘，又因為被視為發動戰爭的首惡而受到嚴厲的經濟制裁，並且背負高額的戰敗賠款。政府當局為了改善財政與安撫失業民眾而大量發行貨幣，導致物價開始飆升，政府只能印製更高面額的貨幣因應。當持有德國貨幣馬克的人們無法確保手頭貨幣是否具有價值，開始拒絕以馬克為交易媒介，而改為接受外國貨幣、美國煙草，甚至採以物易物。從歷史資料來看，1914年時4.2馬克兌換到1美元，但到了1923年卻要1億馬克才能兌換1美元，物價更較戰前上漲約14,000億倍，德國貨幣體制在九年間崩毀，使得德國經濟先因戰爭摧殘，後因惡性通貨膨脹而雪上加霜，造成大量中產階級淪為赤貧，造成政治與社會的動盪不安，而民眾對當時多為猶太籍的銀行家積怨日深，也因此埋下了第二次世界大戰的種子。

經典實例③：戰後台灣的惡性通膨導致幣制改革

　　台灣在三〇年代到四〇年代之間，遭受嚴重的惡性通貨膨脹侵襲，進一步導致現在「新台幣」的誕生。二次世界大戰末期的台灣仍為日本殖民地，當時臺灣銀行承購了鉅額的日本公債。二戰之後，民間的生產力因戰爭破壞而產量大減，此時大量人口又從大陸移入台灣，造成物資供給不足的窘境，暴增的物資需求因此造成物價上漲的壓力。當時貨幣發行單位臺灣銀行在面對政府財政赤字及企業資金不足的窘境，大量發行舊台幣以刺

惡性通貨膨脹的起因與結果

現代貨幣的價值建構在政府的信用上

政府壟斷貨幣發行權後，幣材不再是有價的商品貨幣，也沒有等價的擔保，貨幣的價值完全由政府的信用做保證。

信心危機的風險 ▶ 民眾若對貨幣的信心不足，易引發惡性通貨膨脹。

造成民眾對貨幣信心不足的原因

1 貨幣供給異常增加

貨幣當局無限制地濫發貨幣，讓民眾對持有貨幣價值的信心崩潰。

2 戰爭或革命的影響

戰爭或革命引起的政治動亂與經濟破壞，使貨幣機制難以運作。

3 政治或社會動盪的影響

一國的政治或社會情勢動盪不安，使民眾對政府發行的貨幣不具信心。

惡性通貨膨脹的影響

1 貨幣價值儲藏功能喪失

貨幣的價值無法儲存且留待未來消費使用，造成民眾囤積與哄抬物價的心理。

2 貨幣無法成為交易媒介

民眾對政府發行貨幣不具信心，寧願使用外國貨幣或以物易物。

3 金融體系及經濟運作停滯

一國貨幣體制崩潰會破壞金融體系及經濟的正常運作，造成經濟停滯。

激經濟，然而物資嚴重匱乏下，供不應求仍導致物價不停上升，以及政治的動盪更加深民眾的不安，使得惡性通貨膨脹隨之現身。從民國35年到41年間，台北市的躉售物價指數大約飆漲8,000多倍，民不聊生、社會動盪。民國38年國民政府進行幣制改革發行新台幣，以1元新台幣兌換4萬元舊台幣的方式回收舊台幣，並且利用高利率政策吸引民間資金回流、以及美國的經濟援助，終於穩定貨幣體制。

經典實例③：惡性通膨導致貨幣面額飆漲的辛巴威

辛巴威是位於非洲南部的一個小國，卻因惡性通貨膨脹而聞名於世，曾經發行面額一百兆的辛巴威元（簡稱辛元）是目前世界上貨幣面額最高紀錄者。辛巴威自二十世紀末期開始，因為長期積欠外債和嚴重的財政赤字，所以大量印製新鈔來彌補資金缺口，卻導致貨幣急速貶值。2008年時，1,000億的辛元僅能購買3顆雞蛋，政府為了追趕急速高漲的物價而在2009年2月發行百兆面額的辛元，但亦僅能購買半條麵包，通貨膨脹率高達50億兆％。惡性通貨膨脹率導致辛巴威的經濟活動陷入停擺，失業率高達80％，人民紛紛逃往鄰國，而民眾僅願意收受美元，政府最終在2009年4月宣布停止使用本國貨幣，之後將美元、南非幣、英鎊和歐元做為法定貨幣，藉由民眾對他國貨幣的信心來重建貨幣秩序、擺脫惡性通膨，但也導致辛巴威沒有自己的貨幣，無法施展本國貨幣政策。因此在惡性通膨解決後，辛巴威政府在2019年6月重啟辛巴威幣。然而辛幣到2019年底兌美元的匯率已經下跌超過6成，加上2020年新冠肺炎疫情爆發，辛巴威在5月大肆印製鈔票，7月時通膨率為737.26％，經濟大幅衰退。

貨幣供給量異常增加是惡性通膨的關鍵

從德國、台灣與辛巴威的實例來看，惡性通貨膨脹的出現皆有當時特殊的時空背景，但共同的關鍵因素是貨幣供給量大幅增加，使物價陷入不停上揚的惡性循環，導致民眾對貨幣價值的信心崩潰。當發生惡性通膨時，依據歷史經驗，可行的方案包括：放棄本國貨幣而改用具有公信力的他國貨幣（辛巴威案例），但此方案將失去自己的貨幣；或者可以發行新貨幣來取代舊貨幣，並且透過配套措施讓民眾對新貨幣產生信心（台灣案例）。但無論是用哪一種方法，惡性通膨都對民眾有極大的傷害。貨幣當局要能夠堅守貨幣發行的準則，惡性通膨才不會迅速發生，政府也有較寬裕的應變時間。

三個惡性通膨的經典實例

① 德國 惡性通膨導致二戰發生

- ●時間：二○年代初期
- ●起因：經濟受到第一次世界大戰的催殘，且背負高額戰敗賠款，德國政府當局為改善財政而大量發行貨幣馬克，導致物價飛漲。
- ●影響：德國馬克濫發使民眾對馬克幣值不具信心，而拒收馬克。

結果

因民不聊生、經濟重創，德國承受戰敗惡果的屈辱及對猶太銀行家的仇恨，成為引爆第二次世界大戰的導火線。

惡性通貨膨脹

② 台灣 惡性通膨導致幣制改革

- ●時間：三○～四○年代
- ●起因：受到第二次世界大戰的影響，臺灣銀行承購日本政府留下的巨額公債，且生產減少、大陸移入人口增加，物資嚴重匱乏，為了解決財政赤字及民間資金不足的問題，臺灣銀行大量發行舊台幣以刺激經濟。
- ●影響：物資供不應求且政治動盪不安，物價持續飆漲，舊台幣不值錢。

結果

國民政府自民國38年改革幣制，發行新台幣、回收舊台幣，並配合高利率政策及美援，得以穩定幣制。

③ 辛巴威 惡性通膨導致幣制崩潰

- ●時間：二十世紀末期至今
- ●起因：因長期積欠外債並有嚴重的財政赤字，政府不斷印製新鈔來彌補資金缺口，但經濟政策無法發揮作用，使幣值一落千丈。
- ●影響：辛巴威幣持續不斷貶值，2009年2月發行發行百兆面額的辛元，為目前世界上貨幣面額最高紀錄者，但實質購買力未見起色。

結果

因辛巴威人民對國家貨幣完全失去信心，寧願使用外幣或以物易物，導致辛巴威幣制崩潰，政府並宣布2009年4月停用本國貨幣。

資產性通貨膨脹與資產泡沫化

股票、房地產等資產價格不斷上漲，雖然能讓投資者受惠，但資產價格若持續膨脹，可能推升物價全面上揚而引發資產性通貨膨脹，一旦此通膨現象繼續擴大，易導致資產泡沫化，使經濟體先後受到通膨與通縮的洗禮，重創經濟實力。

什麼是資產性通貨膨脹？

當股票與房地產等民眾最常持有的資產出現價格波動時，會直接衝擊個人的財富水準，而所擁有財富的多寡則會影響到消費行為。當投資失利財富縮水時，可能被迫縮衣節食，消費需求降低；當投資獲利財富增加時，因而能購買更多的商品，消費需求增加。由於民眾的消費需求與財富多寡呈現正比，所以當一國的資產價格膨脹時，例如房地產增值、股票價格上升，便會使民眾在總財富水準增加之下，總消費需求也隨之提高，進一步帶來物價上揚，此現象稱為「資產性通貨膨脹」。

什麼是資產泡沫化？

當資產的成交價格持續上揚，超出資產的理論價格過多，形成不合理的交易價格時，稱為「資產泡沫化」或「泡沫經濟」。資產的「理論價格」是從該資產的基本面優劣來評估，例如進行股票價格分析時，依據該企業的財務報表、獲利表現、產業遠景等不同層面來評估股票的理論價格；進行房地產價格分析時，依據地理位置、交通、周遭設施、租金收益率等各種條件來評估房地產的理論價格。交易時，買賣雙方則在理論價格基礎上，加入個人主觀的價值考量進行增減，最後形成「成交價格」。

在市場資金充沛之下，國民因財富增加，使得消費及投資活動旺盛，購買股票、房地產等資產的意願也會增加。雖然資產均有其相對的理論價格，但在消費與投資活動暢旺的市場裡，因為消費力提高且對未來景氣容易信心過度，在樂觀增值期待高的心態下，便推升了資產的成交價格。當投資人大幅獲利的成果下，民眾因預期未來的資產還會有高獲利，因此引發更多人繼續進場購買資產，導致資產價格狂飆。此時政府若沒有適時打壓價格，繼續實施寬鬆貨幣政策使資金持續湧入市場的話，更營造資金寬

鬆的環境，便會助長資產成交價格不合理的現象，而出現不合理的繁榮假象，即「泡沫化」。

資產泡沫破滅後重創經濟

　　泡沫化現象主要來自於不當的貨幣政策導致資金犯濫與人為炒作，造成資產的成交價格大幅偏離理論價格，但若實質的經濟成長並無法跟上金融面投機價格的成長速度時，泡沫經濟遲早會破滅。資產泡沫化的壞處是持有資產的民眾財富大增，可能會創造大量的消費需求而產生資產性通貨膨脹，因而產生通膨的壞處，例如侵蝕民眾的購買力、侵蝕儲蓄者的資產等。若資產泡沫化沒有被迅速抑止的話，不停墊高資產價格，讓民眾感覺更有錢，誘使民眾投入更多的財富購買資產，卻缺乏足以支撐經濟持續繁榮的基本面，使得經濟榮景如同泡沫一般，一旦泡沫破滅，資產價格下挫的力道將愈大，使之前由天價成交的資產所建構出的財富成為紙上富貴，股票、房地產價格大量崩盤下，造成投資者血本無歸，套牢或破產的惡果會形成社會恐慌心理，使得消費需求大減、投資大幅萎縮，物價開始下跌而出現通貨緊縮。對於經濟體而言則是國民財富總值大減，廠商也因為獲利下降，被迫降低產能或裁員，至此經濟體邁向蕭條。

資產泡沫化帶給日本經濟失落的十年

　　二次世界大戰後日本的經濟成長快速，在八〇年代達到頂峰，但過多的貨幣與投機炒作使日本資產泡沫化愈發嚴重，日經股票指數於1989年達到逼近4萬點的歷史高峰。之後泡沫經濟破裂，短短幾年內日經指數跌到1萬4,000點，房地產價格也大幅崩落，使得國民財富大損失，但個人的房貸與信貸、公司的融資依舊存在，造成許多公司倒閉、家庭破產，重創日本經濟，整整花了十年時光才逐漸復甦。

資產泡沫化的過程

孕育資產泡沫化的環境

1 市場的資金充沛，國民財富因而感覺增加，使得消費及投資活動旺盛，購買股票、房地產等資產的意願也增加。

2 政府在資金充沛下，持續實施寬鬆貨幣政策，導致資金氾濫。

3 經濟投機活動盛行，人為炒作之下，哄抬資產價格，資產性通貨膨脹產生。

產生資產性通貨膨脹

股市不斷飆漲、房市持續加溫，促使國民總財富水準上升，總消費需求因而增加，導致物價的全面上揚，形成「資產性通貨膨脹」的現象。

出現資產泡沫化

民眾樂觀預期未來資產價格會上漲，相繼購買資產，投機活動更熱烈，資產價格繼續狂飆。

資產泡沫化
資產的市場成交價格遠高於理論價格的評估，其價值因投機炒作而高漲，並非由實質的經濟活動所支撐。

泡沫破滅的影響

①股票、房地產價格大量崩盤，投資者血本無歸。
②形成社會恐慌心理，使得消費需求大減、投資大幅萎縮，物價開始下跌而出現通貨緊縮。
③國民財富總值大幅下降，廠商因獲利大減，被迫降低產能或裁員，經濟邁向蕭條。

通貨緊縮與經濟蕭條

通貨緊縮就是物價持續下跌。雖然能讓民眾用更便宜的價格買到各種商品，但因通貨緊縮會造成廠商獲利變少，因而減產、減薪、甚至裁員以降低成本，造成民眾的所得下降甚至失業而減少消費，讓整體的經濟運作停滯，對經濟的傷害不亞於通貨膨脹。

為什麼會有通貨緊縮？

通貨緊縮與通貨膨脹的概念相反，是指物價指數呈現持續性下跌的情形。國際貨幣基金組織（IMF）認為，當一國因需求減少導致物價指數年增率持續兩年負成長，則視為通貨緊縮（簡稱通縮）。造成通貨緊縮主要有兩種原因：一、當廠商的成本降低或生產技術進步，將使經濟體的總供給增加，大於社會原本的總需求，因而使得物價下降。若此種情況持續，則稱為「供給過剩型」的通貨緊縮。二、當社會對商品的需求量減少，也就是民眾的購買力下降，導致總需求小於總供給，使得物價下降。若此種情況持續，則稱為「需求不足型」的通貨緊縮。其中需求不足型的通貨緊縮往往伴隨著經濟衰退，對民生衝擊較大，而發生供給過剩型的通貨緊縮未必是壞處，代表經濟體的生產力往上提升。

通貨緊縮的影響

通貨緊縮代表物價變便宜，讓民眾能夠用較低的價格購買財貨，這是通縮帶來的好處。除此之外，若是因為「技術進步」所帶來的供給增加而造成物價下跌，形成「供給過剩型」的通貨緊縮，對於文明與科技的發展也都會具有正面的影響。例如近年來電子科技進步，個人電腦的價格持續下滑使得電腦普及化，且電腦的功能不斷進步，消費市場大增，有益於經濟成長。因為生產技術進步、效率與規模大幅提升，會讓社會的總供給增加並且大於原本的總需求，物價雖會下跌，卻會提振景氣，廠商在增加投資和擴產之下，民眾同時享受到所得增加與物價便宜的好處，是舒緩通貨膨脹的最佳方法。

相對地，若是因為民間消費大幅下降，廠商投資變少、政府公共支出縮減、進出口減少而出現「需求不足型」的通貨緊縮，在社會的總需求小

於總供給，即供過於求之下，則不僅物價會下跌、景氣也會下降。廠商在利潤縮減之下減少產能、投資意願低，繼而減薪甚至裁員之下，國民所得變少，消費力與意願同步降低，便會同時造成投資需求不足與民眾消費不足的窘境。

舒緩通貨膨脹的最佳方法

當通貨膨脹嚴重時，政府所施行平抑物價的政策，例如緊縮性財政政策與貨幣政策等，等同是人為創造的通貨緊縮，所以也可以分成「供給過剩型」與「需求不足型」兩種方法。其中「需求不足型」的方法只要政府削減開支便能達成，其政策效果迅速，但會帶來經濟衰退的負面效果。而「供給過剩型」的方法，如採取獎勵投資、鼓勵研發及生產等，其效果較慢，但能逐步引導物價下跌與景氣上升，民眾同時享受到所得增加與物價便宜的好處，是舒緩通貨膨脹的最佳方法。

通貨膨脹的惡性循環如何造成經濟蕭條？

無論是何種類型的通貨緊縮，都會因為財貨價格下降而直接侵蝕廠商的利潤，長期的通貨緊縮會使得人民所得與廠商利潤皆減少之下，同時抑制消費與投資需求，形成對整體經濟運作產生實質傷害的需求不足型通貨緊縮出現，更進一步地抑制消費與投資需求，讓需求不足型的通貨緊縮更加肆虐，景氣與物價持續探底，這種現象稱為「通貨緊縮的惡性循環」。

通貨緊縮的惡性循環將使失業率升高，且資產價格也因物價持續下跌而縮水，民眾會感覺自己的薪資收入愈來愈少，對消費的態度更趨保守，廠商為刺激買氣，又進一步調降售價，卻可能獲利更低，甚至無法負荷經營壓力而倒閉，致使景氣邁入衰退甚至蕭條。一旦出現大蕭條，要重建金融體制，讓經濟有效運作，往往曠日廢時。最有名的實例是發生在1929年的全球經濟大蕭條，當時農產品生產過剩而引發穀物價格下跌，導致農業持續衰退，失業率開始攀升，人們因為收入頓減，導致消費支出更為萎縮，市場上財貨供過於求導致物價持續下跌讓通貨緊縮更加嚴重，廠商沒有利潤甚至賠本倒閉，導致失業率攀升，於是進入通貨緊縮惡性循環與經濟大蕭條，當時全球的失業人口高達數千萬人，更有無數家銀行與工廠倒閉。這一波的經濟大蕭條更是歷經十餘年，景氣才逐漸復甦。

通貨緊縮的成因與影響

通貨緊縮

國際貨幣基金組織（IMF）的定義：一國因需求減少，導致物價指數年增率持續兩年負成長。

供給過剩型通貨緊縮

當廠商的成本降低或生產技術進步，使經濟體的總供給大於總需求，促使物價下降。

影　響

1. 對文明與科技有正面助益
2. 物價下跌
3. 所得增加
4. 景氣上升

有助於舒緩通貨膨脹

需求不足型通貨緊縮

當社會對商品的需求量減少，使經濟體的總需求小於總供給，促使物價下降。

影　響

1. 物價下跌
2. 所得變少
3. 景氣下降

對經濟的衝擊較大

長期通貨緊縮的情形

通貨緊縮的惡性循環

● 投資降低
● 裁員
● 產量減少

● 失業率提高
● 所得下降

● 投資活動遞減
● 消費減少

社會總需求嚴重不足

投資及消費活動更加不振

● 投資活動遞減
● 消費減少

廠商獲利不足而縮減生產活動

導致

經濟大蕭條

央行如何守衛通貨膨脹和通貨緊縮？

通貨膨脹會造成經濟資源分配不均，甚至導致金融貨幣體制崩潰，嚴重危害經濟的穩定發展，而通貨緊縮則會帶來經濟大蕭條，傷害不亞於通貨膨脹。中央銀行身為貨幣發行單位，其重責大任即是對抗通膨與通縮，守衛物價的穩定性，避免經濟體受到巨幅物價波動的傷害。

為什麼中央銀行要平穩物價？

通貨膨脹會衝擊民眾的購買力，並且造成財富與所得重分配、經濟資源分配扭曲、社會與政治不安定等壞處，且惡性通貨膨脹甚至會導致金融貨幣體制崩潰。而通貨緊縮則可能讓經濟陷入長期衰退，導致一連串惡性經濟循環。通貨膨脹和通貨緊縮亦可能緊隨著發生，因物價不穩大起大落接續發生時，資產價格膨脹先是帶來資產性通貨膨脹，一旦經濟熱度達到頂峰，卻沒有實質的經濟成長面來支撐，便造成資產泡沫化，榮景破滅後會重創民眾的財富水準，緊跟著是通貨緊縮，物價持續低迷下，消費及投資都巨幅縮減，最終引發長期的經濟蕭條。

為了避免通膨及通縮所帶來的種種壞處，中央銀行最適當地政策目標便是平穩物價，目標包含消費性商品物價與資產性商品物價。即使有若干學者認為溫和的通貨膨脹有益於經濟發展，但全球的央行均不敢大意，致力使物價不過度上揚或下降，便成了中央銀行的必然目標。

平抑物價的最有力工具：調節貨幣供給量

商品價格的變動源於商品在市場的成交價格，成交價格源於供給與需求雙方的力道，所以不同的商品會有不同的價格，這是市場運作的無形之手，一般情況下政府與中央銀行並不會介入個別商品的價格。然而當經濟體出現普遍性的商品價格上揚，也就是通貨膨脹時，中央銀行會基於平穩物價的立場而出手干預，其最有力的調節工具便是「貨幣供給量」。當經濟體出現普遍性的價格上漲，也就是通貨膨脹時，中央銀行藉由緊縮性

貨幣政策減少經濟體內的貨幣數量，使得每一枚貨幣的購買力上升，民眾能用較少的貨幣購買到原有的商品，讓物價回跌抵銷通貨膨脹；反之，當經濟體出現普遍性的價格下跌，也就是通貨緊縮時，中央銀行可以實施寬鬆性貨幣政策，釋出更多的貨幣到經濟體內，使得每一枚貨幣的購買力下降，刺激物價回升抵銷通貨緊縮。

央行平穩物價以力抗通膨與通縮

通貨膨脹的壞處

1. 物價飛漲，衝擊民眾的購買力
2. 造成財富與所得重分配
3. 經濟資源分配扭曲
4. 社會與政治不安定
5. 惡性通膨將導致貨幣體制崩潰

負面影響

物價大起大落導致通膨與通縮出現

物價上漲形成通膨

促使資產價格上揚，形成資產性通膨，景氣看似樂觀，投資及消費需求不斷擴大。

資產泡沫化出現

經濟過熱，但沒有實質的成長面來支撐，形成資產泡沫化的繁榮假象。

經濟陷入長期蕭條

通貨緊縮會使得景氣與物價持續探底，經濟陷入低迷不振的惡性循環。

造成通貨緊縮

經濟榮景破滅，重創民眾財富水準，使投資與消費大幅縮減，形成通貨緊縮。

調控

央行以平穩物價為目標

央行平穩物價以穩定經濟發展，避免通膨與通縮的負面影響。

負面影響

通貨緊縮的壞處

讓經濟陷入長期衰退，企業獲利減少、投資萎縮、產出減少、民眾消費意願低落，導致失業率高漲、景氣蕭條，形成惡性經濟循環。

調整物價變動的其他對策

除了藉由中央銀行的貨幣政策來改變經濟體內的貨幣數量外，政府尚有「財政政策」、「物價凍漲」、「工資管制」與「指數連動政策」等方式來抑制通膨或通縮。財政政策主要是由政府調節預算，改變政府支出，進一步影響社會的總需求，來調節物價水準。例如遇到通縮的低迷景氣，政府可實施擴張性財政政策，擴大公共建設支出，藉由採購原物料、發包廠商等措施帶動產業回春，進而增加產能與就業機會，提高投資與消費意願，使物價上揚擺脫通縮困境；相反地，通膨時，政府也可用緊縮性財政政策，形成相反的效果。物價凍漲則是政府利用公權力，來約束某種商品的價格維持平穩，例如限制油價、水電費率等，紓解民生壓力。工資管制則是限制勞工的薪水給付範圍，紓解廠商的成本壓力。指數連動政策則是一種特殊對抗通膨的措施，約定物價膨脹10％時，民眾薪水亦增加10％，於是實質所得不變，藉此讓民眾不受到通貨膨脹的影響。

央行是物價平穩的守衛者

各種對抗通膨與通縮的對策，皆會付出相對應的代價，例如透過緊縮性財政政策對抗通膨，像是減少公共支出、增稅等方式，會抑制民間投資與消費意願，使總需求降低引導物價下滑，但會帶來經濟衰退的結果；管制商品價格與工資不但違反社會公平，亦可能導致黑市交易等情況出現；指數連動政策則有實施上的困難，一般企業很難配合物價漲跌幅度便調整薪資結構。對於政府而言，對抗通膨與通縮成效未必彰顯，此時，負責掌管貨幣發行的中央銀行，其藉由調節貨幣供給量而改變物價上漲或下跌的做法，對於平穩物價仍是最為關鍵性的影響。中央銀行並非僅在通膨後才緊縮貨幣、通縮後才釋放貨幣，除了適當與平穩的貨幣政策，是避免物價大幅漲跌的必要因素外，也要具有遠見宏觀之明，因應可能出現的經濟衝擊做出適切地應變準備。例如2007年全球油價上漲時，台灣央行逐漸調升利率以緊縮銀根，減少貨幣供給量，獲得順利抑制通膨的美名；2008年面對美國次貸風暴與全球金融海嘯時，台灣央行迅速地釋放大量貨幣，刺激經濟亦避免通貨緊縮；2010年經濟逐漸復甦時，台灣央行逐漸回升利率，並且對抗國際熱錢，平穩外匯波動與試圖打壓房價，避免資產價格過度膨脹。因此，中央銀行可稱為物價平穩的守衛者。

央行與政府調節物價的方法

中央銀行實施貨幣政策 ➡ 調節貨幣供給量

緊縮性貨幣政策

發生通貨膨脹時，減少經濟體內的貨幣數量，以提升貨幣的購買力，使物價回跌抵銷通貨膨脹。

寬鬆性貨幣政策

發生通貨緊縮時，增加經濟體內的貨幣數量，以降低貨幣的購買力，使物價回升抵銷通貨緊縮。

調節貨幣供給量可改變物價漲跌，是平穩物價最有力的工具。

政府調節物價的方法

① 財政政策

由政府調節預算，改變政府支出，進一步影響社會的總需求，來調節物價水準。

例 通貨緊縮→擴張性財政政策→擴大政府支出提升投資與消費促使景氣回溫。

負面影響 若實施緊縮性財政政策，會減少投資與消費，導致經濟衰退的結果。

② 物價凍漲

政府利用公權力，來約束某種商品的價格維持平穩，紓解民生壓力。

例 限制油價、水電費率等。

負面影響 管制商品價格有違反社會公平之嫌，亦可能導致黑市交易的情形。

③ 工資管制

政府限制勞工的薪水給付範圍，紓解廠商的成本壓力。

例 限制工資調漲幅度。

負面影響 管制工資有違反社會公平之嫌，亦可能導致黑市交易的情形。

④ 指數連動政策

約定薪資調整幅度隨物價漲幅來變動，使民眾的實質所得不變，而不受通貨膨脹的影響。

例 當物價膨脹10%時，民眾薪水亦增加10%。

負面影響 一般企業難以配合物價漲跌幅度，便調整薪資結構。

第 **6** 章

貨幣學
經典理論

　　因為貨幣與經濟活動密切相關，直接影響民眾
的生活，透過諸多經典理論的探討，能做為政府調
控貨幣的依據，並能率先了解每一項貨幣政策的效
用與侷限。例如美國聯邦準備理事會調整利率的根
據來自於泰勒法則；貨幣政策能夠刺激人民消費，
源於貨幣幻覺；而財政或貨幣政策之所以有效，是
因為依據菲利浦曲線所說的失業率與通貨膨脹率可
以進行抵換，所以政府可以犧牲通膨來拯救失業率
等等。了解重要的貨幣學經典理論，將會更容易掌
握貨幣驅動人類行為的奧妙。

學習重點

- 影響美國聯準會施行貨幣政策的泰勒法則
- 貨幣如何讓人類產生幻覺？
- 為什麼名目利率不等於實質利率？
- 失業率與通貨膨脹率之間有什麼關係？
- 如何衡量不同國家間貨幣漲跌的因素？

美國央行對貨幣政策的基本模式：泰勒法則

貨幣政策的施行模式分成權衡式與法則式兩大類型。權衡式政策側重短期的經濟成效，較不著眼長期效果；法則式政策則重視長遠的政策目標，而忽略短期經濟情況，兩者各有優缺點。在二十世紀末期，經濟學者提出回應式法則來融合雙方優點，其中最著名且影響美國利率政策走向的是「泰勒法則」。

權衡式與法則式貨幣政策的兩難

中央銀行可以藉由改變經濟體系內貨幣供給量以影響物價與景氣，但同樣是利用公開市場操作、調整重貼現率與存款準備率等貨幣政策工具，卻有著截然不同的貨幣政策操作哲學，凱因斯學派主張貨幣政策應採取權衡式操作，貨幣學派則主張法則式貨幣政策，兩大截然不同的政策思維衝突，讓二十世紀中期的中央銀行在選擇貨幣策略時，發生了到底應以權衡式貨幣政策或法則式貨幣政策何者為宜的爭議。

權衡式政策會因應不同的經濟情勢制訂不同的貨幣政策，主動介入經濟的發展。然而因時制宜的做法可能產生誤判整體情勢、以及新政策來不及評估成效，新狀況又已出現等缺點。相對地，法則式政策則是央行依據事先決定好的法則實施政策，以追求長期目標為原則，期間不主動介入經濟運作。然而一旦碰到重大金融危機、經濟發展的關卡時，往往付出嚴重的代價，使制度暴露出僵固且缺乏變通的缺失。

在二十世紀末期，經濟學者試圖結合權衡式與法則式兩大政策思想，提出了「回應式法則」。回應式法則主張在法則式政策的基礎上，預先設想在追求長期目標的過程中可能發生的各種經濟狀況，並擬定好相對應的策略模式，使得貨幣政策既可因應情勢變化而有權衡式的做法，又能確保整體政策依循著長期目標。在回應式法則的相關理論中，最著名的政策是1993年由美國經濟學家泰勒所提出的「泰勒法則」。

泰勒法則的內容與應用

泰勒法則提出以調整中央銀行的拆款利率的方式，做為因應經濟變化

的策略工具。拆款利率在美國稱為「聯邦資金利率」，為美國貨幣市場的短期利率之一，代表國家內金融體系銀行向美國聯準會（Fed，美國的中央銀行）短期融資的資金成本。美國聯準會若調節對銀行融資的短期利率，便能影響銀行對民眾的借貸利率，進而調節流入美元債券、股票等金融市場的貨幣數量，影響物價與經濟發展方向。

　　泰勒法則認為設定拆款利率時應該考量下列四項因素：一、通貨膨脹率（觀察物價起伏）；二、均衡實質利率（長期充分就業狀態下的實質利率，為名目利率－通貨膨脹率）；三、通貨膨脹缺口（實際通貨膨脹率與理想的通貨膨脹率之間的差額）；四、國內生產毛額缺口（實質GDP與理想的實質GDP之間的差額比率，用來衡量經濟景氣的狀態，也稱為產出缺口）。由於設定聯邦資金利率時，泰勒法則顧及了通貨膨脹缺口、國內生產毛額缺口的變動，透露出其認為長期貨幣政策應以穩定物價與穩定景氣為最終目標。由於通貨膨脹率、均衡實質利率、通貨膨脹缺口與國內生產毛額缺口，以及理想的聯邦資金利率，都可以經統計計算出經濟數據，反應出經濟運作過程的變化；而不同經濟情況下理想的聯邦資金利率也可以利用「**均衡實質利率＋本期通貨膨脹率＋0.5×（通貨膨脹缺口）＋0.5×（國內生產毛額缺口）**」的公式計算出來，用以彈性回應經濟現況的需求來進行調節。

　　根據泰勒法則的設定方式，當通貨膨脹缺口變大，也就是通膨變嚴重時，聯邦資金利率應該調高，採取緊縮性貨幣政策，藉由銀行體系的升息抑制流入市場的資金，以抑制投資和消費等需求以降低物價，解決通貨膨脹的問題。另一方面，當國內生產毛額缺口變小，也就是經濟不景氣時，聯邦資金利率應該調低，改採取寬鬆性貨幣政策透過降息鼓勵市場需求資金，提高投資和消費意願，讓社會總需求增加來拉抬景氣。這一套方法和基本概念至今深深影響著美國貨幣政策的思維。

融合權衡式與法則式政策精神的泰勒法則

權衡式貨幣政策

中央銀行依據當時的經濟情勢，因地制宜地改變、調整貨幣政策。

優　點

政策多變、調整性高，屬於主動式的政策精神。

缺　點

1. 人為制定的政策可能產生錯誤判斷。
2. 從政策施行到政策發生效果會有時間落差，導致出現不合不合時宜的情況。

法則式貨幣政策

中央銀行制定貨幣政策的大方向，之後無論經濟情況如何變化，皆採取當初制定的貨幣政策方向。

優　點

採取以大方向考量的法則式政策較能自動穩定經濟情勢，減少政府干預，屬於被動式的政策精神。

缺　點

無法因應當前經濟情勢的變化而即時變通。

↓ 融合兩大政策思想 ↓

泰勒法則

聯邦資金利率必須跟隨通貨膨脹缺口及國內生產毛額缺口的變化而調整，隱含了應同時以穩定物價與穩定景氣為最終目標。

均衡實質利率 ← 使經濟體處於長期充分就業狀態的實質利率

本期通貨膨脹率 ← 觀察物價起伏的重要指標

代表物價的變動

0.5 ×　通貨膨脹缺口 ← （實際通貨膨脹率－理想的通貨膨脹率）

＋ 0.5 × 國內生產毛額缺口 ← （實質GDP－理想的實質GDP）

代表經濟景氣的變動

＝　聯邦資金利率

調整原則

通貨膨脹缺口變大，表示通膨變嚴重	→	聯邦資金利率調高，升息以縮減需求	→	代表採取緊縮貨幣政策，以控制物價
國民生產毛額缺口變小，表示不景氣	→	聯邦資金利率調低，降息以增加需求	→	代表採取寬鬆貨幣政策，以提振景氣

貨幣數量帶給人類錯誤的經濟決策：貨幣幻覺

貨幣的數量與面額並無法傳達貨幣真實的購買力，所以貨幣數量的增加會使人們產生貨幣幻覺，以為能夠購買更多商品而進行錯誤的經濟決策。貨幣幻覺的存在使得凱因斯學派崛起，這說明經濟政策的有效性，然而過程中也引發經濟不公平的現象。

什麼是貨幣幻覺？

貨幣幻覺的意思是只關注貨幣面額價值的高低，而忽略了實質購買力的一種心理錯覺，出現貨幣幻覺的原因，主要來自於人們無法充分掌握名目所得與實質所得的誤差。經濟學家將一般人們領取的薪水數額稱為「名目所得」或「名目工資」，其並未考量物價變動的影響，若加入物價變動的考量後，將名目所得減去物價上漲幅度，便稱為「實質所得」或「實質工資」，是以貨幣的實質購買力來衡量薪資水準。例如：每個月領到的固定薪資為30,000元，此即為名目所得，若政府公布目前通貨膨脹率較去年上升10％，則實質所得只有27,272元（名目所得30,000除以物價指數1.1）。一般人容易因貨幣增加就以為買得起更多的物品，事實上扣除通貨膨脹率之後，不一定買得起，甚至還侵蝕了原本的資產，在這種情況下興起買得起的想法便是貨幣幻覺。

影響貨幣幻覺的大小程度在於掌握「能影響物價變動因素」資訊的快慢。愈快掌握物價變動的資訊，其產生的貨幣幻覺愈少，例如經濟政策的決策者、大廠商、供應鏈上游等單位；對物價變動後知後覺或不知不覺的人，其產生的貨幣幻覺愈強烈，例如小廠商、供應鏈下游與一般民眾等。

貨幣幻覺對經濟學派與貨幣思維的震撼

凱因斯學派基於貨幣幻覺的存在，主張政府擴大公共支出、提高貨幣供給等擴張性政策能帶動社會總需求上揚，促使物價水準提升，讓廠商因為物價上揚而增加商品獲利，進而願意替員工加薪；民眾則會因為名目所得增加的貨幣幻覺而更願意消費、並付出更多的工時來獲取更多薪資，在社會供給亦隨之上揚之下，供需均可同時刺激經濟景氣。凱因斯的主張強

調政府介入經濟的合理性，大幅改變雄踞十七到十九世紀兩百年之久、認為政府不應干預經濟的古典學派經濟思想。

但是貨幣幻覺也會引起人為的經濟不公平現象，例如政府提高貨幣供給導致物價逐漸上升，人們在以為購買力不變的貨幣幻覺下持續、並提高消費，但隨著物價逐漸上揚、貨幣購買力下降的過程，先持有貨幣者能夠享用到不變的購買力，愈晚持有貨幣者的購買力就愈低。例如廠商僱用的員工因為物價上漲後實質工資變少，卻因為處在經濟活動尾端而不知不覺被剝削，成為在利用貨幣幻覺的寬鬆貨幣政策下被忽略的犧牲者。

貨幣幻覺在凱因斯學派上的應用

貨幣幻覺

人們只關注貨幣面額的價值高低，而忽略實質購買力的一種心理錯覺。

成　因

名目所得與實質所得出現差距，使薪資的增加與購買力的增加劃不上等號。
- **名目所得**：以名目上領到的貨幣數量與面額來衡量薪資水準，並未考量物價變動的影響。
- **實質所得**：利用貨幣的實質購買力來衡量薪資水準，即考量到物價變動的影響。

影響程度

愈能掌握影響物價變動的資訊，所產生的貨幣幻覺愈少；反之，產生的貨幣幻覺愈強烈。

例 生產線遍布全球的跨國企業較本地的中小企業更能掌握物價變動訊息，因此能早一步調控成本。

應用

成為凱因斯學派主張政府干預經濟有效的根據

利用貨幣幻覺，政府實施擴張性政策可以刺激民間消費與投資，進而拉抬景氣。

擴張性政策
政府實施擴張性財政政策或寬鬆貨幣政策，例如：擴大公共支出、增加貨幣供給量。

- 使社會總需求上升、物價水準上升
- 廠商因獲利增加而替員工加薪
- 民眾因所得增加而願意消費、加班
- 使社會總供給上升

景氣復甦
社會的總需求與總供給增加之下，刺激經濟成長。

隱性成本

因貨幣幻覺人們做出錯誤的經濟決策，導致發生人為的經濟不公平現象，先持有貨幣的人能夠享用不變的購買力，但處在經濟活動尾端的受薪者，則被剝削而未能先覺知。

例 企業在未調薪的狀況下，繼續僱用物價上漲後就面臨實質工資減少的員工，但員工初期未察覺物價變動，導致自己的實質工資降低。

名目利率 ≠ 實質利率：費雪方程式

名目利率是出借資金者獲得的貨幣報酬，實質利率是出借資金者獲得的商品報酬。因為物價會隨著時間波動，所以出借資金者獲得的貨幣報酬與商品報酬並不一致。費雪方程式指出應考量到物價變動因素，因此名目利率等於實質利率加上預期的未來通貨膨脹率。

表達名目利率與實質利率關係的費雪方程式

以貨幣報酬所表示的利率，稱為「名目利率」，舉凡日常生活中在銀行、郵局或其他金融機構所公告的利率等都是名目利率。若是以商品數量所表示的利率則稱為「實質利率」，以取得的利息能購買的商品數量來表示利息的真實購買力。相較於名目利率，實質利率反映資金出借者真正的實質獲利。因為在現實生活中，貨幣的價值表現在購買力上，而受物價波動的影響，名目利率的利息報酬並不等於實質購買力，因此並不一定能買到預期的商品數量。以小明跟小楊借款1,000元為例，兩人約定一年後償還，利率10％；這表示一年後小明將歸還1,100元，小楊可拿到100元的利息，即名目利率為10％。如果現在蘋果一顆價格100元，那小明相當於向小楊借了10顆蘋果，並約定一年後要歸還11顆蘋果。然而假設一年後蘋果價格漲為200元，表示小楊回收的本金加利息1,100元只買得起5.5顆蘋果，實質利率為-45％。換句話說，從貨幣的真實購買力來看，小楊借錢給小明，不但沒有得到利息收入，還倒貼對方45％的利息，其中影響貨幣購買力改變的原因便是物價上漲，即通貨膨脹。

名目利率與實質利率之間出現差異的關鍵在於物價會隨著時間而改變，導致借出一筆資金之後，未來取回的貨幣報酬不等於借出資金時的商品報酬。二十世紀初美國著名的經濟學家費雪認為，由於利率是指未來資金償還的利息水準，所以要考量的是未來的通貨膨脹率，以名目利率扣掉通貨膨脹率之後才等於實質利率，即**「名目利率＝實質利率＋預期未來的通貨膨脹率」**，此關係式被稱為「費雪方程式」。

費雪方程式的運用

透過費雪方程式可以得知，人們在進行經濟或商業決策時，實質利率比名目利率更為重要，也才是未來真正的貨幣價值。在借入資金時，通貨膨脹的增加將可抵銷未來償還資金的價值，例如當廠商進行投資時，通貨膨脹讓資金成本相對縮減，而物價上漲使得商品售價變高，廠商的利潤卻會相對提高。相反地，在出借資金的情況下，通貨膨脹則會使未來回收的資金購買力下降。另一方面，廠商在評估投資效益時可以利用費雪方程式的概念，延伸出「**實質報酬率＝名目報酬率－預期通貨膨脹率**」。由於實質報酬率是廠商得以採購下一階段原物料等成本貨品的實質購買力，因此成為也才是廠商最需要考量的重點。

表達真實利率價值的費雪方程式

名目利率＝以貨幣報酬所表示的利率

本金 1,000元	一年後 →	利息 100元	⇒	名目利率 （1100-1000）÷1000×100%＝10%

實質利率＝以商品數量表示的利率

現在蘋果1顆100元		一年後蘋果1顆漲為200元		實質利率 （5.5-10）÷ 10×100%＝ -45%
本金 1,000元	利息 100元	本金 1,000元	利息 100元	表示
相當於	相當於	相當於	相當於	利率受通貨膨脹影響而縮水
10顆蘋果	1顆蘋果	5顆蘋果	0.5顆蘋果	

費雪方程式

由於利率是指未來資金償還的利息水準，所以要考量未來的通貨膨脹率。

實質利率 ＝ 名目利率 － 預期的通貨膨脹率

↓ 應用

進行任何經濟或商業決策時，觀察實質利率才能從貨幣所代表的購買力高低來了解其實際價值，找出真正成本，並且評估實際的投資報酬率是否合宜。

失業與通膨的抵換關係：
菲利浦曲線

英國的經濟學家菲利浦證明失業率與通貨膨脹率兩者之間，具有反向的變動關係，這顯示充分就業與物價穩定這兩大經濟目標無法兼顧，卻也代表政府能在打壓通貨膨脹與挽救失業率之間進行抉擇，權衡二者的抵換關係來獲取最重要的政策目標。

什麼是菲利浦曲線？

　　1959年時，英國經濟學家菲利浦率先依據1861年到1957年英國的實證資料，證明名目工資上漲率與失業率有反向關係：名目工資上漲率愈高，失業率會愈低。之後由美國經濟學家薩繆爾森、梭羅等人繼續對此理論進行補充，根據成本推動的通貨膨脹理論（參見162頁），名目工資的漲幅可以用來表示通貨膨脹率，推演出失業率與通貨膨脹間具有反向關係。也就是說，失業率高時會伴隨低通貨膨脹率；失業率低時則會伴隨高通貨膨脹率。此一關係組合繪成的反向曲線稱為「菲利浦曲線」。而這也代表政府無法同時兼顧物價穩定與充分就業這兩大政策目標。因此政府欲干預經濟時必須擇一進行，要不藉由物價上漲、犧牲貨幣購買力來挽救失業，要不就得付出高失業率的代價來打擊通貨膨脹、平抑物價。

菲利浦曲線的運用

　　由於菲利浦曲線說明了失業率與通貨膨脹率之間具有抵換關係，所以各國政府依據經濟情勢的不同，判斷以充分就業來帶動景氣上升、與穩定物價來緩和景氣何者為重後，藉由犧牲一方來換取另一方的繁榮。例如，在採取擴張性的貨幣政策時，會造成民眾對商品的總需求增加和物價上漲，廠商為了製造出更多的商品以供出售，會召募更多員工投入生產，當產量提升後，廠商的獲利增加了，受薪者的所得與消費也會提高，最終同時出現失業率下降與物價上升的經濟現象。反之，緊縮性的經濟政策會帶來失業率上升與物價下跌的效果。

　　菲利浦曲線給予施政者兩個意義：一、降低失業率的代價是通貨膨脹率上升，反之亦然。二、菲利浦曲線並非直線，所以抵換的代價並不固

定，愈高的政策需求，需要付出愈極端的代價；意即為了更大幅降低失業，需要付出更高的通貨膨脹率，反之亦然。例如目標是降低2％失業率時，需忍受通膨率可能提高3％；若想再度降低2％的失業率，通膨率可能會提高到6％。

菲利浦曲線的「新常態」？

聯準會統計，美國在2008年金融海嘯之後，菲利浦曲線呈現平坦化趨勢，即失業率下降、就業人口增加；名目薪資、通貨膨脹卻未明顯提高。這表示低失業率和低通膨現象同時出現，也意味就業增加但薪資無顯著提升，並非健康的狀態。聯準會擔憂菲利浦曲線平坦化是一種新常態而非特例。究其原因，可能是美國勞動參與率低而壓低整體薪資、且財富不均導致薪資無法有效提升。後果是失業率與通膨率的變動關係降低，政府因此少了經濟危機時的調整工具。

菲利浦曲線的意義與政策含義

菲利浦曲線

研究起源

英國經濟學家菲利浦在1959年發現1861-1957年之間，英國名目工資上漲率與失業率發現存在著反向變動的關係。

名目工資　低 ────────────→ 高

失業率　高 ←──────────── 低

重要應用

失業率與通貨膨脹率具有反向變動的關係，在座標圖所形成的反向曲線為菲利浦曲線。
- 高失業率伴隨著低通貨膨脹率
- 低失業率伴隨著高通貨膨脹率

菲利浦曲線（通貨膨脹率對失業率座標圖）

菲利浦曲線的政策含義

物價穩定與充分就業這兩項總體經濟目標存在著對立關係，政府實施政策時必須在抑制通膨與降低失業率兩者之間進行抉擇。

政策意義

1. 降低失業率的代價是通貨膨脹率上升。
2. 為了降低同等幅度的失業率所需忍受的通貨膨脹率上升的代價愈高。

跨國貨幣的轉換關係：
匯率與利率平價說

金融市場全球化使得跨國資金成為影響匯率的重要因素之一。跨國資金為了追逐最大獲利，會趨向投資報酬率較高的國家；然而大量的資金流入或流出都會衝擊該國的外匯市場，進一步影響匯率。「利率平價說」提供了利率與匯率之間變動的原理原則。

雙邊匯率與兩國利率互相影響

匯率受外匯的供給與需求所影響。影響外匯供需的主要因素除了進出口之外，跨國資金流動（俗稱熱錢）是另一股影響匯率走勢的重要力量。由於資金流動的原則是離開低報酬率、前往高報酬率區域，且跨國資金往往動輒以千萬、億、兆為單位，跨國資金流動時將衝擊當地的外匯市場，影響匯率表現。舉例來說，當本國的定存利率甚高時，跨國資金將蜂擁前來投資本國的定存商品，然而跨國資金為了要投資本國的定存商品，需要先將資金兌換成本國的貨幣，造成對本國貨幣的需求量大增。對本國來說，跨國資金湧入將使得持有的外匯大增、匯率下降，本國貨幣卻因需求大增而升值。為了探討這一連串的變化，貨幣學經典理論「利率平價說」提供了資金流動、利率（投資報酬率）與匯率之間變動方向的原理原則。

利率與匯率的相對變動：利率平價說

在不考慮資金移動時需要的手續費、稅率等因素下，「利率平價說」

全球現金流——國際熱錢

金融市場全球化、各國金融市場逐步開放之下，讓跨國資金的移動愈加方便與迅速，可以跨越海外尋找更高的報酬率。這些追逐超額報酬的短期流動國際資金俗稱為「熱錢」，因為其逐利而居、移動迅速、沒有獲利機會便大舉出脫去尋找下個標的物，熱錢來源包含擁有雄厚資本的投機客、機構投資人與對沖基金（像是目前全球最大的對沖基金「橋水基金」）等。例如當台灣的國內利率較外國利率為高時，這些熱錢會湧入台灣投資，一旦台灣的利率下跌，馬上移動到下一個利率上揚的國家，以賺取利差而獲利。熱錢的大幅移動會影響到外匯的供需，進而影響一國匯率的起伏，雖然會刺激該國的經濟發展，但過多的熱錢會導致通貨膨脹、匯率嚴重波動、投機風氣盛行等負面效應，而不利於該國的金融穩定性。

的核心概念是性質相同、但以不同貨幣計價的金融商品，兩者的投資報酬率應該相同。也就是說，1元本國貨幣投資在本國金融商品的本利和，與將1元本國貨幣依據現在匯率兌換為外國貨幣，並投資於外國金融商品的本利和，再依據未來匯率兌換為本國貨幣所得到的報酬是相等的。利率平價說的核心精神即「報酬率相等」，只是當貨幣投資到國外時，會受到匯率波動的影響。以上概念經過數學計算簡化後，可以得到下列公式：

本國利率（報酬率）＝外國利率（報酬率）＋預期本國貨幣貶值率。

其中的預期本國貨幣貶值率等於「預期未來匯率」減去「現在匯率」再除以「現在匯率」，意思是匯率變動時產生的收益或損失。

從利率平價說預期匯率升貶

假設兩國利率（或是金融商品投資報酬率）不變的情況下，藉由利率平價說的公式能預期本國貨幣的匯率走勢。例如：墨西哥披索的利率為20％，美元的利率為5％，則可以預期墨西哥披索未來將貶值15％（墨西哥披索利率20％＝美元利率5％＋預期墨西哥披索貶值率15％）。

假設外國利率不變，若本國利率上揚，會吸引國外資金進駐，讓外匯市場中的外匯供給增加、即期匯率下降，本國貨幣則會在短期內升值；但長期之下，市場預期未來資金終究離去，因此未來的外匯需求會增加、匯率上升，本國貨幣則會有貶值的壓力。例如，前例中的美元利率維持5％不變，而墨西哥披索的利率從20％調漲到25％時，會吸引從美國流入的資金，從利率平價說的公式中得出墨西哥披索的預期未來貶值率從原本的15％增加到20％（墨西哥披索利率25％－美元利率5％＝墨西哥披索貶值率20％），表示墨西哥披索未來貶值率增加，意謂未來有遠期匯率上升、披索貶值的壓力，而現在則是即期匯率下降、有披索升值的空間。

假設本國利率不變時，而外國利率上揚，則會吸引資金出走，使即期匯率上升、本國貨幣貶值；而未來資金將回歸本國，因此預期未來匯率會下降、本國貨幣有升值的壓力。因此，前例中若墨西哥披索利率20％不變的話，倘若美元的利率從5％調漲到10％時，那麼從算式中可以得出墨西哥披索的預期未來貶值率從原本的15％減少到10％（墨西哥披索利率20％－美元利率10％＝墨西哥披索貶值率10％），表示墨西哥披索未來貶值率減少，意謂未來有遠期匯率下降、披索升值的壓力，而現在則是即期匯率上升、有披索貶值的空間。

從利率平價說觀察匯率變動

利率平價說

資金流動原則

跨國資金會從低投資報酬率的區域流向高投資報酬率的區域。

● 因跨國資金流動（熱錢）除了考慮利率的因素外，會考慮匯率因素，使得兩國間利率的變動會影響跨國資金的移動，進而影響匯率水準。

學說核心概念

性質相同但以不同貨幣計價的金融商品，兩者的投資報酬率應該相同，僅在於匯率波動的差異。

公式表現

從利率、匯率變動中預期一國貨幣的走勢。

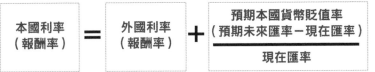

$$\text{本國利率（報酬率）} = \text{外國利率（報酬率）} + \frac{\text{預期本國貨幣貶值率（預期未來匯率－現在匯率）}}{\text{現在匯率}}$$

例 新台幣利率15％＝美元利率10％＋預期新台幣貶值率5％

組合判斷

		即期匯率下降↓	吸引外資進駐，外匯供給增加，表示即期匯率下降、本國貨幣有升值空間。
外國利率不變	●本國利率上揚↑ ●本國貨幣貶值率隨之上揚↑	遠期匯率上揚↑	未來外資可能撤離，外匯供給減少，預期遠期匯率上升、本國貨幣有貶值壓力。
	●本國利率下跌↓ ●本國貨幣貶值率隨之下跌↓	即期匯率上揚↑	促使外資撤離，外匯供給減少，表示即期匯率上升、本國貨幣有貶值壓力。
		遠期匯率下降↓	未來外資可能流入，外匯供給增加，預期遠期匯率下降、本國貨幣有升值空間。

		即期匯率上揚↑	促使外資出走，外匯供給減少，表示即期匯率上升、本國貨幣有貶值空間。
本國利率不變	●外國利率上揚↑ ●本國貨幣貶值率反之下跌↓	遠期匯率下降↓	未來外資可能歸回，外匯供給增加，預期遠期匯率下降、本國貨幣有升值壓力。
	●外國利率下跌↓ ●本國貨幣貶值率反之上揚↑	即期匯率下降↓	吸引外資進駐，外匯供給增加，表示即期匯率下降、本國貨幣有升值壓力。
		遠期匯率上揚↑	未來外資可能出走，外匯供給減少，預期遠期匯率上升、本國貨幣有貶值空間。

第 **7** 章

貨幣制度的演變
與重要國際組織

　　紙鈔取代黃金，銅幣取代銀幣的現代信用貨幣制度，是當今各國貨幣制度的主流。然而，現代貨幣宛如「點紙成金」的現象，是在歷經了百年長遠的歷史演變後才逐步形成今天所見的型態。一百多年前，黃金白銀是全世界交易的主要貨幣，創造出輝煌的金本位時期。之後世界大戰爆發，經濟實力大幅衰退的歐洲各國被迫放棄貨幣與黃金的連動，加上當時崛起的美國利用其豐沛的黃金儲備簽訂了影響近半世紀的《布列敦森林協定》，讓美國的貨幣「美元」一舉躍為世界龍頭貨幣。

　　時代變遷，在美國主導下，美元與黃金訂價的非自然架構終究在二十世紀中末期遇到市場力量的逆襲而逐漸崩毀，各國逐漸收回貨幣與黃金的兌換關係，宣告現代信用貨幣制度成為主流。此時世界各國的貨幣進入浮動匯率、以及競相表現的混亂匯率時代，而《布列敦森林協定》留下的兩大機構——國際貨幣基金組織與世界銀行，則扮演著守衛各國貨幣穩定的責任。

學習重點

- 什麼是古典黃金本位制度？
- 為何金匯本位制度會崩解？
- 布列敦森林協定如何形成？
- 美元如何成為世界貨幣霸主？
- 布列敦森林協定瓦解的原因是什麼？
- 浮動匯率如何成為國際貨幣制度的主流？
- 國際貨幣基金組織的作用
- 世界銀行的功用與任務
- 貨幣間自由合縱連橫的現代

1815～1914年：
古典黃金本位制度

十九世紀起黃金成為貨幣的主流，各國人民也隨時能將所持有的貨幣向政府兌換回黃金，此國際貨幣制度稱為古典黃金本位制度。當時各國貨幣如同是黃金的代名詞，幣值穩定深受信賴、國際間極少匯率波動，國際貿易、投資等資金流動自由，被譽為貨幣史最輝煌的時期。

什麼是古典黃金本位制度？

　　貝殼、龜殼、鐵等各種商品貨幣經過長期的自然競爭之後，十九世紀起黃金開始成為商品貨幣的主流。當時私人鑄幣盛行，私人銀行家只要擁有黃金的保證就可以發行硬幣、紙鈔等型態的貨幣，甚至私人擁有的金塊也可以交給國家鑄成金幣。而市面上流通的硬幣大多由黃金鑄造，紙鈔及其他金屬鑄成的輔幣則可以向政府或銀行兌換成黃金。各種貨幣雖然在名稱、重量與形式所有不同，但民眾只要有需求就能將所持的紙鈔兌換為黃金，黃金成為各國主要流通的交易媒介，這樣的國際貨幣制度稱為「古典黃金本位制度」（簡稱金本位制）。

　　古典黃金本位制度有兩大特色，一是民眾在日常生活中進行交易時，對於各種貨幣皆能欣然接受，因為這些貨幣僅是名稱不同（例如美元、英鎊、法郎、馬克等），本質上都是黃金，可說是貨幣與黃金劃上了等號，所以各國貨幣等若能打破國界的藩籬，皆指向同一種貨幣（黃金），各國政府也准許黃金自由輸出或輸入。二是不同貨幣間的「匯率」取決於相對的含金量，一枚含金量高的貨幣可以兌換多枚含金量低的貨幣，例如1美元為1/20盎司的黃金、1英鎊約為1/4（即5/20）盎司的黃金，則1英鎊能兌換5美元。

建立在黃金價值上的貨幣幣值穩定

　　在金本位制下，貨幣本身即具有商品（黃金）的價值、或是紙鈔的面額受有黃金的保證，民眾又能隨意地將貨幣兌換成黃金，因此當時各國的

幣值穩定，沒有貨幣信心危機問題。而各國貨幣的相對含金量只要不變，各國間的匯率也會維持不變的關係，政府無法恣意操控匯率，國際間的匯率形同固定匯率制度般穩定。由於貨幣的價值和匯率不受貨幣供給量變動這個因素干擾，與政府發行貨幣多少無關，而且各國發行的貨幣數量同樣也會受到黃金存量的限制，因此金本位制的貨幣購買力相當穩定，在當時通貨膨脹的問題甚少出現。

國際間匯率穩定促進經貿發展

　　在古典黃金本位制度之下，當 A 國的國際收支帳因為進口大於出口而出現逆差時，支付他國債務會讓 A 國的黃金會外流，導致 A 國國內的貨幣供給額（黃金）減少，進而引起利率上升與物價下降。利率上升能吸引他國資金流入，本國物價下降則會增強本國商品的出口競爭力，兩者皆能促使黃金回流本國，讓國際收支帳回復平衡。反之，當 B 國國際收支帳出現順差時，從外國賺取的黃金流入本國，會使本國利率下降與物價上升，本國物價上升則降低出口品競爭力，促使黃金流出國外，國際收支帳回歸平衡。由此可見，金本位制度對於國際收支平衡具有自動調節機制，能促進各國經濟穩定。

　　此外，在金本位制度下，國際間的貨幣兌換形同固定匯率制度，貿易商不必擔心受匯率波動影響使成本大增、獲利縮水，降低了匯兌風險。在固定匯率制度與民眾能將各國貨幣隨時兌換成黃金的雙重因素下，全世界彷彿僅有單一貨幣，國際間往來既方便、風險又低，貿易、投資等國際間的資金流動極為蓬勃，當時的政府允許黃金自由輸出與輸入，相當於資本自由流動不受任何限制，而交易雙方皆使用相同的貨幣（黃金）沒有匯率問題，因而國際間的貿易相當自由。投資自由之下，資金會湧向最具競爭力的標的，使各國或各區域能從事生產最具競爭力的產品，形成商品專業化與國際勞動力分工。貿易自由則會讓好的商品在各國或各區域間移動到有需求的消費者手上，滿足消費者所需之外，也使廠商能賺取更多報酬，以利再投資。

　　1815年到1914年間國際貿易之所以日漸興盛，國際間形成各國專業、勞動分工合作，共同推動了經濟持續發展，其中原因除了工業革命、技術進步以外，古典黃金本位制度可說提供了經濟交易活動的穩健基石，因此，金本位制也被譽為歷史中最穩定的貨幣制度。

古典黃金本位制度的特色與優點

古典黃金本位制度（1815~1914年）

特色① 任何貨幣皆可自由兌換黃金
各國政府允許黃金可自由輸出或輸入，貨幣持有人可以隨時將貨幣轉換成黃金，相當於所有貨幣的本質都是黃金。

特色② 貨幣之間的匯率取決於相對的含金量
各國貨幣的價值由貨幣中的黃金含量來決定，一枚含金量高的貨幣可以兌換多枚含金量低的貨幣，各國貨幣的匯率也因此而決定。

好處

優點①
貨幣價值穩定，少有通膨發生

1. 由黃金保證幣值
貨幣的價值皆有黃金保證，使得幣值穩定，不易產生貨幣信心危機。

2. 貨幣購買力穩定
黃金的價格僅受市場供需力量決定，不受各國貨幣發行量多寡所影響，且貨幣供給量受黃金存量限制，所以貨幣購買力穩定，通貨膨脹很少發生。

優點② 可自動調節國際收支不平衡的現象

一國出現國際收支逆差：

黃金外流 ➡ 利率上升↑ 物價下跌↓

⬇

吸引資金流入，而改善逆差現象。

一國出現國際收支順差：

黃金流入 ➡ 利率下跌↓ 物價上升↑

⬇

引導資金流出，使國際收支回歸平衡。

優點③ 匯率穩定有助於貿易往來與投資成長

金本位制度形同固定匯率制度，可降低匯兌風險，促進貿易與投資。

➡ **投資自由**
促進各國或各區域的商品專業化與國際勞動力分工。

+

貿易自由
增進消費者福利，廠商報酬增加可擴大投資。

1926～1931年：
金匯本位時期

一戰期間，各國因應戰時需要大量貨幣的需求而濫發紙幣，導致古典黃金本位制度崩潰。戰後，由當時世界經濟強權的英國主導金匯本位制度，讓各國貨幣先匯兌成英鎊，再進一步將英鎊向英國政府兌換成黃金，讓國際貨幣制度回到與黃金掛勾的情況。

第一次世界大戰終結古典黃金本位制度

1914年第一次世界大戰的煙硝聲於歐洲各國響起，造成眾多人民的傷亡與嚴重的經濟損失，亦讓輝煌的古典黃金本位貨幣制度劃下句點。當時由德國、奧匈帝國、土耳其與保加利亞組成的同盟國，與由英國、法國、俄國、義大利和美國組成協約國，分別將各種人力與物力投入大戰，各國均需要大量的財力做後盾。於是，隨著戰爭規模的擴大，參戰國政府開始加印紙鈔以利徵集各種人力與物力。然而，市面上的流通貨幣大幅增加之下，因為沒有足夠的黃金做為貨幣價值的保證，因此伴隨而來的是物價上漲、幣值縮水。一戰結束後，持有紙鈔的民眾欲將價值縮水的貨幣向政府兌換回黃金，但市面上流通的紙鈔已經遠大於政府儲備的黃金數量，導致這些以歐洲各國為首的參戰國政府無力償還，只有較晚參戰的美國沒有過度膨脹美元供給，尚能維持其兌換力，黃金存量不足的歐洲各國政府最終卻只得違反貨幣與黃金對價的承諾，利用公權力宣告不允許民眾將貨幣兌換回黃金。至此貨幣與黃金脫勾，古典黃金本位制度宣告破滅。

熱那亞會議創造金匯本位制度

一戰後諸國召開和議，1922年4月在義大利舉行熱那亞會議，探討外交、政治、經濟、戰後賠償等問題外，亦探討新的國際貨幣制度。在當時的經濟霸主英國的積極主導下，創造了以英鎊為首的「金匯本位制度」。

金匯本位制度的做法是，政府停止本國人民將貨幣兌換成黃金的權力，民眾在平時無法使用黃金來進行交易之下，黃金便可轉為由各國中央銀行收集與保管，並且只有在國際貿易時才使用大的黃金條塊做資金移轉。而各國

貨幣裡又以英鎊為首，只有英鎊能夠向英國政府換成黃金，其他各國的貨幣則是能兌換成英鎊，換言之，各國貨幣均由英鎊保證其價值，而英鎊則再由黃金保證其價值，藉此回復類似古典黃金本位制度的概念。由於各國貨幣能「匯」兌成英鎊，進一步再將英鎊向英國政府兌換成黃「金」，此新誕生的國際貨幣制度因而稱為「金匯本位制度」。值得一提的是，當時的美國仍然維持古典黃金本位制度，因為美國在一戰裡參戰較晚而沒有過度濫發貨幣，美國國內的黃金存量仍可支持金本位制度的運行。

透過金匯本位制度讓各國貨幣的匯率維持了短期間的安定，也穩定了戰後的金融秩序，讓經濟資源能再度有效地被利用，世界的經濟情勢也因而能逐漸復甦，回到第一次世界大戰之前的榮景。

金匯本位制度的誕生與影響

一戰導致古典黃金本位制度瓦解

起因 為應付戰爭大筆開銷，參戰國政府大肆加印鈔票，使流通貨幣大幅增加，導致幣值縮水、物價上漲。

結果 加印的鈔票遠超過參戰國政府的黃金儲備，政府無力償還，而用公權力宣告不允許貨幣換回黃金，使古典黃金本位制度瓦解。

1926～1931年金匯本位制度登場

源起 1922年4月在義大利舉行「熱那亞會議」，共29國參與，宗旨是為恢復戰後國際貿易，同時決議新的國際貨幣制度，在當時經濟強權英國的主導下，創造了以英鎊為首的「金匯本位貨幣制度」。

意義 各國政府所發行的貨幣不能直接兌換成黃金，只能匯兌為英鎊，再以英鎊向英國政府兌換黃金，以回復到與黃金掛勾的國際貨幣制度。

他國貨幣 **匯兌** → 英鎊 **兌換** → 黃金

例外 美國因受一戰影響較小，國內也有足夠的黃金儲備，仍可維持古典黃金本位制度。

影響

金匯本位制度讓各國貨幣的匯率維持安定，有助於國際貿易發展、國際分工與專業化生產，使世界經濟逐漸復甦，回到一戰前的榮景。

1931～1945年：
浮動匯率的命令貨幣

英國因為經濟衰退與國內藏金量不足，導致金匯本位制度的根基動搖，終於在三〇年代經濟大蕭條中倒塌。之後的十餘年間國際貨幣制度進入浮動匯率的命令貨幣時代，各國的強勢貨幣競相崛起，造成外匯市場的動盪不安。

岌岌可危的金匯本位制度

　　古典黃金本位制度破滅的原因是貨幣供給量大於黃金存量，使得貨幣難以兌換回黃金。最合理的解決方式是，大量發行貨幣的國家必須承認該國貨幣應貶值，並貶值到發行貨幣價值與黃金存量價值相等的程度，才可能讓每一枚貨幣兌換等值的黃金，金本位的貨幣體制也才能夠繼續運行。到了以英鎊為主的金匯本位制度時代，雖然各國貨幣改由英鎊來保證其價值，但英鎊同樣可兌換成黃金，與黃金本位制相似。一戰後的英國也面臨因黃金儲備量不足而濫發貨幣，引發通貨膨脹的問題，但英國因企圖使英鎊成為強勢貨幣，而不承認英鎊應該貶值，以至於古典黃金本位制度失敗的根本原因未得到正視與解決，連帶使金匯本位制度也顯得岌岌可危。

　　當時英國採取兩個解決方式：第一是透過減少英鎊供給量、管制工資漲幅等的緊縮經濟政策來壓低物價，以提升英鎊的價值回到戰前的水準。然而第一次世界大戰重創英國的經濟實力，讓英國無法順利的施行緊縮性經濟政策。而從現實面來看，英國物價反而因為持續被高估的英鎊、經濟產出不足而節節高升，英鎊貶值愈加嚴重，與黃金的價值悖離地愈遠。第二個解決方式是刺激出口，希望造成國際收支順差引導黃金流入英國，讓英國的黃金存量能夠等於英國發行的貨幣供給量。然而在過分高估英鎊的幣值且不採行貶值之下，讓英國的出口品價格昂貴而無法跟他國的出口品競爭，使英國的出口業在二〇年代中期更加一蹶不振，國際收支帳持續逆差，大量的英鎊流出國外被法國、義大利等歐洲國家持有，代表英國欠下大筆的外國債務，外國有權力將所持有的英鎊要求英國換回黃金，但實際上英國並無力支付償還。

經濟大蕭條的影響

英國透過政治與外交的影響力維持以英鎊為首的金匯本位制度，即使英國持續發行英鎊，只要其他國家沒有前來兌換成黃金則沒有大礙，然而這種「英鎊價值泡沫化」的矛盾情況在經濟大蕭條來臨時終於被戳破。1931年歐洲各國出現經濟大蕭條，不穩的經濟情勢讓各國對英鎊的價值產生懷疑，於是以法國為首的國家企圖將英鎊兌換回黃金，終於導致以英鎊為首的金匯本位制度宣告崩毀。

同時期的美國也受到經濟大蕭條的衝擊，但美國政府的做法是增加貨幣供給量以刺激經濟，並且讓原本等於1/20盎司黃金的1美元貶值到1/35盎司的黃金。美國以政府的公權力逐步收回流通的舊美元，同時規定人民不能將貶值後的美元向政府兌換為黃金，僅外國中央銀行可按官價向美國政府兌換黃金。在最後採行古典黃金本位制度的美國亦告瓦解之下，至此古典黃金本位制度可謂真正地成為歷史名詞。

經濟大蕭條如何發生？

第一次大戰於1918年結束後，歐洲的參戰國留下了龐大的債務與戰敗國揹負了大量賠款，歐洲各國為重建經濟，紛紛向受戰爭危害最小的美國舉債。1920年代美國開始邁入繁榮富裕的經濟成長期，熱錢不斷投入股市，加上借貸消費的享樂主義盛行，經濟榮景全是建立在信用過度擴張之上。直到1929年10月華爾街股市開始崩盤，緊接著出現大量擠兌、銀行倒閉、企業破產、工人失業等連鎖反應發生，美國為救經濟，陸續向債務國抽回銀根，龐大的金額讓失去經濟支撐的歐洲各國也跟著進入蕭條，消費及投資需求急速萎縮，終於導致全面性的貧窮與失業，全球進入長達十幾年的經濟大蕭條。

命令貨幣時代來臨

歐洲的金匯本位制度破滅以及美國的古典黃金本位制度終止後，貨幣制度進入「命令貨幣時代」，此時各國貨幣為各國政府許可發行，利用政府的公權力不允許民眾將貨幣兌換成黃金，而是用政府的信用保證貨幣的價值。這項轉變造成國際貨幣制度出現兩大根本性的變化：一是在金本位時期受到黃金存量的限制，理論上各國不應該自由地發行貨幣，但對於歐洲各國而言，因為發行的貨幣與黃金完全脫鉤，不受到國內黃金儲備量的箝制，貨幣供給量的控制權正式交到各國政府手上。二是沒有世界通用的

黃金做為各國貨幣的價值衡量標準時，國與國之間的貨幣往來，變成依據外匯市場的需求及供給所形成的浮動匯率為兌換標準。

　　三〇年代各國的命令貨幣競相崛起，例如美元、英鎊、法郎、馬克等，皆是當時國際間的強勢貨幣。強勢貨幣彼此之間的匯率並不固定，而且會在外匯市場上相互影響造成波動。這種新的國際貨幣制度讓各國政府開始發現，掌握貨幣供給量的權力可以進場干預匯率，使得各國的命令貨幣在外匯市場中，展開長達十五年的匯率波動劇烈與混亂的時期。

金本位制度落幕與命令貨幣崛起

金本位制度的困境

1. 英國錯誤的貨幣政策導致英磅危機出現

①英鎊過度升值下，英國政府採取緊縮性的經濟政策想要抑制高漲物價。

> **失敗因素**
> 一戰重創英國經濟，國內通膨嚴重，緊縮政策難施行。

②欲刺激出口，造成國際收支順差引導黃金流入英國，使黃金存量等於英鎊數量。

> **失敗因素**
> 因英鎊不貶值，更不利英國出口產業。

2. 經濟大蕭條衝擊各國對英鎊信心

1931年歐洲各國面臨經濟壓力而對英鎊價值產生懷疑，以法國為首的國家要求兌換回黃金，迫使英國宣布棄守金匯本位制度。

3. 美國受經濟大蕭條影響放棄金本位制

1929年之後美國面臨經濟大蕭條，為了刺激經濟而增加貨幣供給量，同時宣布美元貶值、回收舊美元、禁止民眾兌換黃金，金本位制度名存實亡。

結果 以英鎊為主的金匯本位制度與美國執行的古典黃金本位制度雙雙宣告失敗，自此貨幣正式與黃金脫勾。

1931～1945年命令貨幣與浮動匯率制登場

命令貨幣出現 即貨幣不可兌換為黃金，其價值由發行政府的信譽或命令為保證。

改變與影響 1.各國貨幣供給量不再受國內黃金存量的限制，改由各國政府掌控發行數量。
2.各國貨幣的價值不再以黃金為標準，改由外匯市場的供需狀況來決定，浮動匯率制盛行。

代表貨幣 美國的美元、英國的英鎊、法國的法郎、德國馬克。

1945～1968年：布列敦森林協定與新金匯本位制

浮動匯率的國際貨幣制度讓各國嘗到操控匯率可以刺激出口的甜頭。然而各國貨幣為有利於出口而競相貶值之下終究導致惡性競爭，造成國際貿易急凍，重挫各國的經濟交流。在美國的主導下召開的《布列敦森林協定》，重回金匯本位制度，只是改以美元做為國際間的關鍵貨幣。

浮動匯率導致各國貨幣惡性競爭

在沒有貨幣與黃金對價的束縛下，各國政府擁有自由發行貨幣的權力，而且國際貨幣制度也一改為由市場供需決定各國貨幣兌換比率的浮動匯率制度，這兩大改變等同是讓各國擁有自由干預匯率的權力。當某國欲讓本國貨幣升值時，可以在外匯市場中大量賣出外國貨幣、回收本國貨幣，使本國貨幣在國際間因供給量減少而升值，讓貨幣的購買力上升；反之，欲讓本國貨幣貶值時，可以在外匯市場大量拋售本國貨幣，買入外國貨幣，使本國貨幣在國際間供給量增加而貶值，讓貨幣購買力下跌。由於一國貨幣貶值會讓該國出口貨品在價格不變之下，外國購買者得以用較少的外國貨幣就能購買到該國的出口品，使該國的出口品變得相對便宜，在國際市場上具有價格競爭的優勢，有利於提升該國的出口業。而且讓貨幣貶值時買進大量外匯，能讓外匯存底提高，使國際貿易的支付能力提高且干預外匯的籌碼增加。在貨幣貶值同時具有刺激出口、和提高外匯存底的雙重好處之下，提供各國政府積極干預實施貶值政策的莫大誘因。

於是，三〇年代各國面臨經濟大蕭條，為了促進經濟發展，保護自己國家的出口業，各國紛紛實施外匯管制、進行貶值政策，其他國家亦會利用貶值政策反擊，結果造成了外匯市場上的惡性競爭。在各國幣值競逐貶值之下，使匯率不穩定會使國內廠商不易估算銷售至國外商品的成本與利潤，讓出口利潤變得不確定、甚至虧損；此外，國際投資者因看中未來獲利而投資某一國家，但若該國貨幣大幅貶值，便有匯兌損失，甚至使投資收益化為烏有之虞，而讓國際投資者不敢對該國投資。如此一來，國際貿易與投資都會因匯率不穩定而趨向保守且日漸停滯，進一步打擊當時世界的經濟困境，造

成廠商倒閉、人民失業、國家貧窮與經濟蕭條等嚴重問題。

　　如今看來，三〇年代無疑是人類歷史中最黯淡的年代之一，一戰後戰敗國的矛盾、各國政治與外交間的緊張，埋下諸多引爆點，惡性競爭的外匯市場與冷凍的國際貿易讓經濟情勢更加衰弱。最後導致德國在民不聊生之下爆發革命與衝突，成為引發第二次世界大戰的導火線。

三〇年代的避險貨幣：美元

　　相對於動盪不安的歐洲各國貨幣，雖然美國已經不允許民眾自由將美元兌換成黃金，但美國仍然維持1美元具有1/35盎司金價值的保證，讓美元成為當時國際間外匯相對安全的避風港。此情勢讓美元在國際的地位逐漸提升，許多黃金紛紛湧入美國避險，充實美國的黃金儲備。

解決國際貨幣制度困境的布列敦森林協定

　　惡性競爭的外匯市場與冷凍的國際貿易是因為國際貨幣制度的不完善，缺乏類似黃金的基本貨幣做為衡量各國貨幣價值的標準，各國才會在浮動匯率下競相貶值，使國際貿易與投資陷入停滯。為了解決國際貿易的困境，各界希望回復黃金本位制度的呼聲愈來愈大。在新崛起的世界強國美國的主導之下，於二戰期間的1944年7月，各國在美國新罕布夏州召開國際貨幣會議，簽訂了許多對日後影響深遠的重要貨幣合約，統稱《布列敦森林協定》。

　　《布列敦森林協定》的主要目的是讓國際貨幣制度重回黃金本位時期的榮景，由黃金來保證貨幣的價值，並以合約的強制力約束各會員國不再競相貶值，回復固定匯率制度避免匯率的惡性競爭，以提供穩定的國際貿易環境與投資環境。會議中同時成立「國際貨幣基金組織（IMF）」與「世界銀行（WBG）」等重要國際組織，協助會員國穩定匯率，提供短期或長期的貸款協助，提振各國的經濟發展。而由該協定所創建的貨幣兌換規則、國際收支調節措施、國際儲備資產結構及相應的組織機構等國際金融架構也被稱為「布列敦森林體系」。

新金匯本位制度誕生

　　《布列敦森林協定》決議，以美國擁有龐大的黃金儲量做為擔保，保證1美元可以換到1/35盎司的黃金，因此美元取代黃金成為各國衡量發行

解決浮動匯率惡果的布列敦森林協定

浮動匯率制引起各國貨幣惡性競爭

貨幣貶值對國家的好處

1. 累積外匯存底
   拋售本國貨幣、買入外國貨幣，使本國外匯存底增加。
2. 刺激出口
   出口商品具有價格優勢，有利於本國出口產業。

成為各國在經濟大蕭條時期的經貿保護手段

1930年代面臨經濟大蕭條，各國競相實施外匯管制、貶值政策，以維護本國經濟利益，形成惡性競爭。

形成惡果

匯率動盪不安嚴重打擊世界經濟成長

● 貿易發展受阻
幣值不穩，使進出口商無法計算成本與利潤，不利於貿易往來。

● 投資停滯
因匯率波動頻繁，可能造成所投資的國家或區域出現匯兌損失，風險提高，不利投資。

影響

1. 重擊世界經濟發展，貧窮與失業問題嚴重。
2. 導致二戰爆發的原因之一。

1945～1968年布列敦森林協定登場

起源目的　1944年7月美國主導之下，各國開會討論二戰後經濟金融問題，建立新的國際貨幣制度以解決國際貿易的困境，而有《布列敦森林協定》。

重要決議
1. 美元取代黃金，成為各國衡量發行幣值的角色。
2. 成員國貨幣與美元的匯率要維持上下1%範圍內，不得任意升貶值。
3. 成立國際貨幣基金組織（IMF）與世界銀行（WBG）。

他國貨幣　→ 約定匯率在1%上下 →　美元　→ 1美元=1/35盎司黃金 →　黃金

成員國因經濟危機無法固定匯率時，可與IMF協商調整。

以美元為主的新金匯本位制度成立，
開創戰後世界經濟高度成長的榮景

幣值的角色。會議中訂定成員國貨幣與美元的匯率，成員國有義務要將匯率維持在約定匯率上下一％的範圍內，不得任意升貶值。於是，美元變成國際貿易中主要的交換媒介，成為關鍵通貨，而各國貨幣則可透過與美元的關聯，間接與黃金對價，形成類似黃金本位的制度。

《布列敦森林協定》的貨幣制度，其理念與二〇年代英國主導的金匯本位制度相同，只是關鍵通貨換成美元，所以此國際貨幣制度又可稱為「新金匯本位」。美國所仰賴的是比英國更強大的經濟實力，以及在三〇年代期間國際貨幣混亂時期備受各國信賴的美元，同時美國擁有非常充分的黃金儲備，來推動以美元為關鍵通貨的新金匯本位制度。在新金匯本位制度下，各國依據事先與美元的約定匯率，必須在外匯市場中干預匯率，控制匯率維持在約定匯率正負1％的範圍內。倘若成員國因為該國經濟結構的改變導致該國的國際收支處於長期且巨額的失衡狀態時，則是可以向國際貨幣基金組織進行協商來調整其匯率，因而具有「可調整的固定匯率制度」的特色。

美元取代黃金成為關鍵通貨

在新金匯本位制度之下，由於各國的貨幣可以兌換到一定數量的美元，而美元在美國政府的保證下，可以兌換成一定數量的黃金，間接地讓各國都有黃金保證該國貨幣的價值，給予國際投資者信心。而在彼此貨幣相互連結與匯率約定不變下，世界貨幣制度宛若成為固定匯率制，各國便無法任意地透過貶值政策以追求出口值極大，而是需要追求「具有比較利益的出口產品」來增加競爭力，讓各國的資源得到最適當的分配，進入專業化與國際勞動力分工。此外，國際資金也得以在匯兌風險的疑慮解除之後，尋找真正具有經濟競爭力的國家進行投資。《布列敦森林協定》實施之後，世界貿易與投資總額蒸蒸日上，開啟之後數十年世界經濟高度成長的序幕。

什麼是比較利益？

即一國能以小於其他國家的資源投入生產某項商品，並能藉此在國際貿易中獲得利益。假設甲國擅長織衣、不擅耕作；乙國不擅織衣、擅長耕作。那麼甲國之於乙國，織衣稱為擁有比較利益，乙國之於甲國則是耕作擁有比較利益。在國際貿易中，甲國應該全力生產織衣，將衣服的商品銷往乙國能夠創造比在甲國耕作更大的利益，而對於全體經濟而言，甲國負責織衣、乙國負責耕作，互補所需，能夠創造更大的經濟價值。

1968～1971年： 布列敦森林協定的瓦解

五〇年代起國際經濟情勢轉變，出口業的重心朝歐洲、日本與蘇聯傾斜，導致美國的國際收支帳長期逆差，許多美元外流到美國國外。美國為因應越戰的需求下大量發行美元，遠超過美國國內的黃金儲備量，最後引起各國以換回黃金反制，讓《布列敦森林協定》邁向瓦解。

支撐布列敦森林體系運作的關鍵

布列敦森林體系（新金匯本位制度）的順利運行必須有三大關鍵因素支撐。第一個關鍵因素是若各國對美國有國際收支盈餘（例如貿易順差）時，美元將外流到外國以償還債務，依據金本位制度自動調節機制的概念是外國應當實施寬鬆性貨幣政策或是升值政策，則國際收支回歸平衡，避免美元持續外流。然而國際貨幣基金組織（IMF）並無強制力要求成員國的政策走向。第二個關鍵因素是身為關鍵通貨的美元不能貶值，否則各國將捨棄沒有價值的美元。第三個最重要的關鍵因素是，美元能站上關鍵通貨的地位，是背後有足夠的黃金儲備支持，如果美元的貨幣發行量大於黃金儲備時，則重蹈古典黃金本位制度失敗的原因。然而世界上的黃金供給受到大自然的限制，美國無法恣意地增加黃金儲備。

五、六〇年代國際經濟情勢轉變

五〇年代起，國際經濟情勢逐漸轉變，歐洲與日本經濟邁向復甦、蘇聯發展迅速，其商品展現強大的競爭力，大量的商品銷往美國，導致美國的國際收支出現長期逆差，美元開始大幅外流。享受貿易順差的各國樂見此發展，而沒有讓匯率升值的動機。另一方面，美國為發展國內經濟、解決失業問題以及應付越戰的開銷，實施寬鬆貨幣政策而大量發行美元，使美元真實的購買力下降而價值縮減，代表美元應該貶值，且美國擁有的黃金存量並沒有與貨幣發行量同步增加。五〇年代起國際經濟情勢的轉變導致維繫布列敦森林體系的三項關鍵因素瓦解，使得以美元為首的新金匯本位制度逐漸崩毀。

1971年，布列敦森林協定的瓦解

由於美國的國際收支逆差的現象一直無法解決，在六○年代後期歐洲各國的中央銀行持有至少800億以上的大量美元，遠遠超過美國擁有的178億美元的黃金儲備，顯然1美元對價1/35盎斯的黃金是高估美元的價值，美元的安全性令人存疑，然而美元的實質購買力若縮減，將造成持有美元的國家受到貶值損失。種種的存疑與憂慮導致當時的歐洲各國紛紛拋售美元換成黃金來反制。於是美國國內的黃金存量逐漸減少，到了七○年代，美國的黃金存量已經從1944年《布列敦森林協定》時的200億美元降低到90億美元，但1971年的對外流動負債就達678億美元，美國政府也愈發困難維持美元與黃金所約定的對價關係，終於在1971年12月承認美元對黃金貶值，同時拒絕向國外中央銀行出售黃金，至此《布列敦森林協定》名存實亡。

布列敦森林協定為何崩盤？

維持布列敦森林協定的三大關鍵因素與挑戰

①各國匯率升值避免美元不斷外流	②美元維持與黃金對價關係而不貶值	③有足夠的黃金儲備支撐美元價值
當各國對美國出現貿易順差時，為避免美元不斷外流，各國應當實施寬鬆性貨幣政策或是升值政策，使國際收支回歸平衡。	美國必須維持1美元兌換1/35盎司黃金的對價關係，使美元保有一定購買力，各國才願意持有美元。	美元能站上關鍵通貨的地位，背後必須有足夠的黃金儲備支持。
1950～60年代挑戰	1950～60年代挑戰	1950～60年代挑戰
享受貿易順差好處的各國，沒有讓匯率升值的動機。	美國為發展國內經濟及應付越戰開銷，大量發行美元，使美元的實質購買力下降。	黃金存量受限於大自然因素，無法與美元發行量同步增加。

1971年布列敦森林協定宣告瓦解

壓力① 各國紛紛要求將美元兌換回黃金

壓力② 美國無力維持美元與黃金的對價關係

1971年12月美國承認美元對黃金貶值，同時拒絕向國外出售黃金

布列敦森林協定結束後至今

《布列敦森林協定》瓦解後，《史密松寧協定》曾嘗試維持固定匯率制度但仍然失敗，開啟了浮動匯率制度合法化的現代國際貨幣制度。現今各國的匯率政策由各國自理，讓外匯市場的匯率波動加大，但又透過種種因素讓現行的貨幣制度動盪險惡又安然運行了數十年至今。

固定匯率制度的最後掙扎：史密松寧協定

在布列敦森林體系的架構裡，出現美元不能貶值、各國又不願意升值導致此制度面臨匯率無法調整的矛盾，當美國的黃金儲備不足以供應龐大的美元發行量時，《布列敦森林協定》便會面臨瓦解。由於美國無法增加其擁有的黃金儲備，所以美國試圖透過解決匯率的矛盾來挽救固定匯率制度。

1971年末，美國與各主要國家於美國華盛頓展開多邊匯率調整會議並達成協議，稱為《史密松寧協定》。會議裡通過美元微幅貶值，日圓、馬克、瑞士法郎等貨幣升值讓匯率回到較合理的區間，化解美元過分高估的疑慮，並且制定更為寬鬆的匯率調整幅度，從原訂的1％放寬到2.25％。各國貨幣之間再度回到固定匯率制度。

然而美國的國際收支帳逆差無法改善，美元持續大幅外流促使過多的美元於國際間流動。根據《史密松寧協定》，38美元可以購買到1盎司的黃金，但當時自由市場中1盎司的黃金價格已經漲至200多美元，顯然美元的價值被政府過分高估。各國政府依據《史密松寧協定》，努力將美元維護在被高估的固定匯率，但是受到自由市場的力量不停挑戰。1972年英國率先放棄英鎊與美元的約定匯率，1973年2月美國再度承認美元應貶值，但仍然無法阻止美元外流，於是在3月時正式放棄固定匯率制度，維持不到一年多《史密松寧協定》劃上休止符。

1976年浮動匯率制度合法化

之後由國際貨幣基金組織（IMF）著手構思國際貨幣制度改革，直到1976年4月，IMF的會員國才達成普遍共識，集會後通過《牙買加協定》

並於1978年4月生效，協定中承認浮動匯率制度的合法化，正式開啟了浮動匯率制度下各國貨幣相對強勢與波動的時代，且正式讓黃金停止兌換、非貨幣化，可以按照市價自由交易。

《布列敦森林協定》結束後至今，各國依據本身的經濟情勢選擇各自適宜的匯率制度，例如美國、日本、英國採取匯率由自由市場供需決定的完全浮動匯率制度（自由浮動匯率制度）；台灣、新加坡則採取管理式浮動匯率制度，也就是允許本國貨幣在所設定的某一區間內隨自由市場供需而波動，一旦超過所規定的波動範圍，國家便出手干預；沙烏地阿拉伯、香港是採取釘住某一國或數個主要貿易國貨幣的固定匯率制度等等。各國貨幣的發行權掌握在各國手上，不受到黃金數量的箝制，政府擁有設定該國匯率制度的權力、能自由進入外匯市場干預匯率。簡單來說，現今的國際貨幣制度是「自由的」。

現今浮動匯率制度的特色

浮動匯率制度的支持者認為，透過外匯市場裡供給與需求的市場力量所決定的匯率，更能反應各國貨幣的真實價值。此時外匯市場的機能充分發揮，應該能讓各國的貨幣汰弱留強自然表現，進一步以經濟學所強調的市場力量讓各種商品與投資前往最適當的地方。然而真實的外匯市場中不乏人為操控的痕跡，各國政府為維護本國進出口貿易利益及經濟發展所需，不時會由中央銀行介入外匯市場，藉著拋售外幣或是釋出本國幣以調控匯率升貶。

在多種匯率制度並行的現今的國際貨幣制度下，各國中央銀行可自行決定匯率，並且可視情況出手改變匯率的走勢，因而讓外匯市場的波動加大，亦會出現幣值動盪及各國為利於出口而競相貶值的情況。不過在經歷三〇年代至今累積實施近百年的國際貨幣制度後，國際間彼此藉由政治與外交影響力的約束、國際貨幣基金組織的努力、以及各種提供投資者及企業運用的避險相關金融商品誕生等，讓現行「自由的」國際貨幣制度至今維持著動盪險惡、卻又安然運行的巧妙平衡。

史密松寧協定與牙買加協定

1971～1973年史密松寧協定的起落

重要內容 ●重訂各國通貨的比例，讓匯率回到較合理的區間
美元微幅貶值，對黃金減價9%，由每盎司35美元提高為38美元。
日圓、馬克、瑞士法郎等貨幣對美元升值。
●放寬匯率波動幅度
從原訂的1%放寬到2.25%。

理想目標 ●改善美國國際收支情形
●重建各國對美元的信心 ➡ 國際間回復到固定匯率制度

失敗因素 ●美國國際收支逆差持續擴大，美元大幅外流。
●美元被過分高估，黃金市價遠超過所設定的兌換價格。

各國紛紛讓匯率開始浮動，史密松寧協定結束，固定匯率制度下台

1978年牙買加協定正式生效迄今

起　　源 1976年4月由國際貨幣基金組織（IMF）召開集會，會員國通過《牙買加協定》以重建國際貨幣制度，並於1978年4月正式生效。

重要內容 ●黃金停止兌換
取消黃金官價，黃金非貨幣化，按照市價自由交易。
●匯率自由浮動
取消與美元的中心匯率，承認浮動匯率制，成員國自行選擇匯率制度。

 現今

各國依據自身的經濟條件及發展需要，選擇合宜的匯率制度。

●完全（自由）浮動匯率制度
由市場供需決定匯率升貶，例如：美國、英國、日本等。
●管理式匯率制度
設定貨幣的波動區間，若超過設定範圍則出手干預，例如：台灣、新加坡等。
●固定匯率制度
釘住某一國或數個主要貿易國貨幣，例如：沙烏地阿拉伯、中國等。

國際貨幣基金組織

國際貨幣基金組織IMF是《布列敦森林協定》中成立的重要金融機構。其成立的目的是謀求各國外匯穩定、提供各國金融診斷、諮詢服務與短期資金協助，以及在經濟危機之中發揮穩定經濟情勢的功效。

IMF的職能與任務

布列敦森林會議後，成立了「國際貨幣基金組織（International Monetary Fund，簡稱IMF）」，以協助《布列敦森林協定》的實行。截至2020年，IMF有189個成員國，其總部設於美國華盛頓，裡面分為五個地區部門和十二個職能部門。欲加入IMF的國家，在提出申請且經過基金董事會的認可之後，需要繳納一定分額的會費，該會費即為國際貨幣基金的儲備金。憑藉著這些儲備金，IMF可以完成以下三項任務：一、建立各國的匯率基準；二、協助各國穩定匯率，若該國出現暫時性的國際收支困難，基金可以給予短期的融通；三、若該國出現長期性的國際收支不均衡，在不引起會員國貶值競爭下，基金應協助與監督該國改變匯率。

雖然黃金本位制度破滅，但在IMF的協調下，促進匯兌安定，避免競爭性的貶值競賽，開啟四〇年代之後數十年國際穩定的匯率情勢，有助於國際投資與貿易的發展。

IMF轉型為監察匯率與金融援助

《布列敦森林協定》崩塌後，IMF依然存在，其功能逐漸轉向監察匯率制度、提供各國金融診斷、諮詢服務及提供各國短期的資金協助。IMF扮演國際間短期融通的角色，若會員國國內出現經濟危機、或是急迫性的貨幣幣值大幅波動，可向IMF提出緊急申請貸款，IMF會撥出適宜的金額協助穩定該國的經濟情勢，而貸款需於五年內償還。例如2009年金融海嘯來臨，IMF出面主導世界性的貨幣政策，刺激經濟復甦；以及提供冰島、巴基斯坦、烏克蘭、匈牙利、白俄羅斯等國家緊急援助貸款。經濟危機來臨時，國際貨幣基金挺身而出，透過其龐大的實力出手援助，穩定經濟情勢。就某種意義上來說，它是經濟危機的最後一道防線。

國際貨幣基金組織的缺失與改革

IMF提供會員國短期資金借貸時，會藉此機會要求被援助國進行金融改革，以杜絕發生經濟危機的根源。但因IMF未必對該國發生危機的原因通曉透徹，所提出的改革建議未必切合真實需要，而且受援國因IMF的介入也有犧牲部分國家政策主權的疑慮。例如1997年亞洲金融風暴時，IMF提供韓國210億美元備用信貸以穩定外匯波動，但韓國政府被迫答應落實嚴厲的穩定經濟計畫，包括整頓金融、緊縮對大財團貸款、降低經濟成長率等多項措施。韓國民眾因此大規模遊行，抗議經濟政策主權喪失。

再以阿根廷為例，該國在2015年進行經濟改革，拋棄貝隆主義式的保護主義，然而時任總統馬克里在政的四年期間經濟衰退、失業率攀升、披索貶值、貧窮率超過35%，因此尋求IMF協助。2018年6月IMF同意將史上最大一筆救助金500億美元借款給阿根廷，避免發生新一輪金融危機。馬克里承諾縮減財政赤字，目標是2019年財政赤字占國內生產總值（GDP）比重目標從2.2%下調至1.3%，並計畫在2020年實現財政平衡、2021年實現財政盈餘。這項承諾遭阿根廷部分民眾抗議，因為在通膨嚴重的情況下，若政府再削減福利措施，勢必令低收入家庭難以負擔基本的糧食需求。2019年底繼任的新總統費南德斯放棄IMF貸款案所剩餘110億美元的餘款，並批評IMF的貸款未用於提高生產力。直至2020年5月，阿根廷未能償付5億美元的外債利息，主權債務第九度違約，預定將再與IMF磋商重整債務。由此可見，IMF在投入資金援助一國的同時，也容易面臨該國政權更迭與民意的反撲，角色始終尷尬。

有鑑於國際間對IMF改革的呼聲愈來愈大，2008年IMF宣布改革，提出「無附加條件貸款工具靈活信貸」，降低對受援助國的政策介入。當時的G20高峰會也宣布對IMF基金規模注資至7,500億美元，讓IMF的實力倍增，可透過貨幣寬鬆等政策方式來活絡經濟，迎戰金融海嘯的挑戰。

IMF繼續於2010年通過改革成員國出資分額和治理改革的方案，主要內容是增加國際貨幣基金分額，以及將部分分額從代表性過高的成員國轉移到代表性較低的新興市場和發展中國家。歷經五年討論後，該方案終於通過。2015年後新興市場的話語權大幅上升，而中國也成為IMF的第三大分額國家（6.394%），僅次於美國（17.407%）和日本（6.464%）。時至2019年，由於開發中國家貸款違約情況頻仍，美國財政部長建議IMF的改革應著眼於金援的啟動條件，以及必須慎重評估借款國的債務能力。

國際貨幣基金組織的組成與功能

國際貨幣基金組織

成立時間　《布列敦森林協定》中，由美國與各同盟國協定成立。該組織於於1945年12月27日付諸實行，1946年6月正式運作。

存在目的　監察匯率制度、穩定世界貿易、提供各國短期的資金協助，同時也提供各國金融診斷與諮詢服務。

改革情況　2009年4月2日宣布改革，提出「無附加條件貸款工具靈活信貸」，降低對受援助國的政策介入。

組成國家

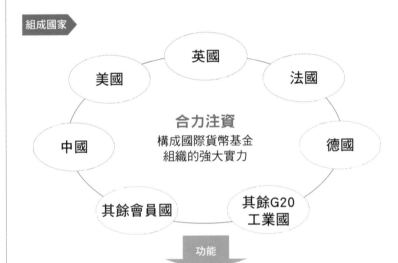

英國

美國

法國

中國

合力注資
構成國際貨幣基金
組織的強大實力

德國

其餘會員國

其餘G20
工業國

功能

① 穩定外匯

例 1995年墨西哥的貨幣披索匯率大崩盤。國際貨幣基金組織提供320億美元，協助墨西哥穩定匯率。

② 短期財政資金融通

例 2018年阿根廷因為經濟衰退，面臨無力償還外債的風險。國際貨幣基金組織借予500億美元的應急貸款，協助阿根廷度過倒帳危機。

③ 全球貨幣政策

例 2009年全球金融海嘯，國際貨幣基金組織實施貨幣寬鬆政策，釋放大量貨幣來促進流動性，進一步刺激全球景氣。

世界銀行集團的出現

世界銀行集團依據《布列敦森林協定》而成立，其一開始的理念是協助各國從世界大戰後復甦，之後則是期許能建立一個沒有窮困的世界。世界銀行藉由成員國繳納的股金、國際金融市場借款等管道獲得的龐大資金，向開發中國家提供中長期的貸款以及國內的投資與建設。

世界銀行的歷史與架構

　　世界銀行是《布列敦森林協定》中成立的重要國際組織，從1945年成立國際復興開發銀行（IBRD）起，之後陸續成立國際金融公司（IFC）、國際開發協會（IDA）、多邊投資擔保機構（MIGA）與國際投資爭端解決中心（ICSID），以上合稱世界銀行集團，而俗稱的世界銀行一般泛指IBRD與IDA。世界銀行為隸屬於聯合國的專門機構，總部位於美國華盛頓哥倫比亞特區，其資金主要源於國際金融市場的借款、發行債券、貸款給成員國而獲取利息與各成員國繳納的股金。截至2020年為止，世界銀行擁有189個成員國，其中美國占最大股份，擁有約16%的投票表決權。依據世界銀行的規定，重要的決議需要獲得85%表決權的支持，換言之美國擁有

世界銀行集團各機構的功能

　　世界銀行集團最重要的工作是為開發中及貧窮國家提供財政支援、從事社會基礎建設，以達成國際經濟的均衡發展，其五大機構的功能分別為：

- 國際復興開發銀行（IBRD）：提供長期融資與保證的機構，以協助資金調度困難的會員國及開發中國家、公共企業，促進其經濟發展。
- 國際開發協會（IDA）：世界銀行的另一個信貸機構，也是IBRD的補充機構，其融資對象限定為貧窮的未開發國家政府，提供長期的免息貸款。
- 國際金融公司（IFC）：以扶植和援助開發中國家內的民間企業為主，提供貸款與投資，並提供技術支援與諮詢服務。
- 多邊投資擔保機構（MIGA）：為促進外國直接投資能流向開發中國家所設立的機構，提供擔保以推動外國直接投資進入市場，並向開發中國家提供吸引外資的指導與建議。
- 國際投資爭端解決中心（ICSID）：專門處理外國投資爭端的機構，其管轄對象為國家與外國私人投資者，針對投資糾紛採取調解與仲裁的方式，且所做出的仲裁判決具有約束力，以解決投資糾紛、促進國際間投資流動。

否決權，亦因為美國長期是世界銀行裡的重要角色，世界銀行的總裁幾乎皆由美國人擔任。

世界銀行的宗旨與目標

　　世界銀行成立初期是為了協助二次世界大戰後歐洲國家的復甦，1958年後轉向世界性的經濟援助，以建立一個沒有窮困的世界為理念。由於貨幣是經濟交易活動的基石，而龐大的資金可以協助開發中國家進行投資與建設，進一步鼓勵生產與進行資源開發，達到經濟成長的目標，所以世界銀行擔任的角色是運用其擁有的龐大資金，向開發中國家提供低利息的貸款，甚至視情況不收取利息或是直接贈送資金援助。與國際貨幣基金組織定位不同的是，世界銀行偏向長期性、永久性的貸款，讓開發中國家擁有很長的時間運用這筆資金，以進行國內投資與建設，促進經濟成長與國民就業，最終達成減輕窮困、提高生活水準，造福人類的目標。

世界銀行的實際做法

　　起初，世界銀行的貸款對象為二戰後的歐洲與日本，之後貸款的對象逐漸移向非洲、東歐、亞洲與拉丁美洲等地。世界銀行相當重視經濟成長，所以核准的資金用途大都使用在高速公路、機場、發電廠等基礎建設，有助於該國的經濟活動熱絡，讓國民所得提升。而近年來，世界銀行活躍的重心更加地移往減低貧窮以及提高生活水準的目標上，所以其貸款的用途更重視如：教育、醫療、環境與技術援助等社會福利項目，這也是經濟發展長期之下不可或缺的項目。世界銀行的存在讓全球多餘的資金能夠從已開發國家流動到開發中國家，使閒置的貨幣能獲得更大的經濟效果。因此即使《布列敦森林協定》崩潰，世界銀行集團仍然繼續發揮影響力。

世界銀行如何劃分各國的經濟發展情況 ？

　　世界銀行以美元現值人均國民總收入為標準，將全世界經濟體劃分為四個組別，分別是高收入、中等偏上收入、中等偏下收入、和低收入組別，資料每年7月進行更新。根據2020年數據，人均國民總收入大於12,535美元的國家為高收入組，例如美國、日本、德國、台灣等；介於4,046到12,535美元之間的國家列為中等偏上收入組，例如中國、印尼、馬來西亞等；介於1,036到4,045美元之間的國家為中等偏下收入組，例如迦納、越南、印度等；低收入國家則小於1,036美元，例如阿富汗、北韓、衣索比亞等。世銀集團會針對中等與低等收入國家提供資本投資和諮詢服務、長期免息、或低息貸款，以支持該國的經濟發展。

世界銀行集團的組成與功能

世界銀行集團

成立時間 《布列敦森林協定》中，由美國與各同盟國協定成立。國際復興開發銀行於1945年12月27日率先正式成立，1946年6月開始營運。

組成機構

國際復興開發銀行（IBRD）

世界銀行泛指 IBRD與IDA

國際金融公司（IFC）

國際開發協會（IDA）

多邊投資擔保機構（MIGA）

國際投資爭端解決中心（ICSID）

世界銀行集團
- 總部：美國華盛頓哥倫比亞特區
- 資金來源：
  1. 國際金融市場借款
  2. 發行債券和收取貸款利息
  3. 各成員國繳納的股金
- 最大股東：美國

成立目的與轉變

1945年協助二戰後國家復甦
- 貸款對象：二戰後的歐洲國家與日本
- 目的：協助受二戰破壞的國家重建經濟

1958年轉為世界性的經濟援助
- 貸款對象：非洲、東歐、亞洲與拉丁美洲為主
- 目的：讓世界沒有貧窮，協助開發中國家經濟成長
- 做法：提供長期、永久的低利貸款或金援

初期目標提高國民所得

資金用於高速公路、機場、發電廠等基礎建設

近期目標減低貧窮以及提高生活水準

教育、醫療、環境與技術援助等社會福利項目

貨幣間的合縱連橫

> 浮動匯率制度下，各國貨幣受自由市場供需變動而輪流表現，使得匯率波動幅度大且難以預測，影響投資收益與貿易往來。因此某些貨幣間謀求貨幣聯盟，以共享區域內固定匯率的優勢。歐元區的經驗讓許多貨幣群起效尤，例如北非、拉丁美洲等地試圖進行貨幣整合，籌組貨幣聯盟。

浮動匯率制度帶來易變性與偏離性

　　1971年後，國際間強勢貨幣輪流波動，且許多市場性與非市場性的因素介入外匯市場，例如各國中央銀行的干預、對沖基金夾帶大量資金炒作匯率等，導致各國匯率出現「易變性」與「偏離性」。易變性是指主要國家間的匯率變動幅度很大且無法預測，影響國際貿易與國際投資的效率，例如2010年前後美元動盪劇烈，使得進出口商難以衡量成本與收益。偏離性是指實際匯率偏離基本面的均衡匯率，而產生長期高估或低估的情況，將導致幣值不合理。因幣值低估即處於貶值狀態，有利國際收支順差，賺取外匯相對高估國的錢，但會引起外匯相對高估國的不滿，且傷害該國國民的福利。例如美國於2010年前後向中國施壓，要求人民幣應該升值，即是因為中國長期對美國貿易順差，大量的美元流入中國應導致人民幣升值，但人民幣匯率長期不變，使人民幣相對於美元的匯價被低估了。

解決動盪不安的國際貨幣制度的方法與爭議

　　隨著金融體系的發達，讓外匯持有者可以透過各種金融商品進行避險，降低匯率波動的衝擊，但鑑於浮動匯率制度帶來易變性與偏離性的壞處，各國政府與經濟、金融領域的專家學者，迫切地尋求更恰當的國際貨幣制度，而產生不同的提議與爭議。首先，回復金本位制度的呼聲一再興起，眾人緬懷匯率穩定、貿易興盛的古典金本位時代的榮光。然而光就最具影響力的主流貨幣美元而言，截至2010年底發行量約61兆美元，同年美國央行持有的黃金市值僅1.3兆美元，並且世界上約有九成的黃金屬於私人擁有，重返金本位制度有許多實行面的困難。再者，試圖成立世界性中央銀行的聲浪亦不絕如縷，以控制世界貨幣的供給量，讓貨幣的價值（物

價、匯率）波動減緩，然而世界各國各自有不同的利益考量，也未必願意放棄貨幣政策的主權，讓統籌全世界的貨幣發行組織無法順利成立。

貨幣間的合縱連橫

雖然跨越全世界的貨幣聯盟尚未誕生，但經過整合的共同貨幣能夠消弭匯率波動的問題，讓區域內的民眾共享匯率穩定的優勢，所以各國試圖在時空背景與利益相似的貨幣間，謀求區域性的貨幣聯盟。世界上第一個誕生的貨幣聯盟是一九九九年成立的「歐洲貨幣同盟」，歐洲諸國在地理與經濟密切相依的背景下，於2002年正式全面使用共同貨幣「歐元」（Euro），可視為《布列敦森林協定》後國際貨幣制度最大的變革與挑戰。歐元誕生後刺激聯盟內貿易的進行，並且成為能挑戰美元的國際通貨角色。

歐元的成功經驗讓各國對於貨幣間的合縱連橫更感興趣。這二十年來東協、波斯灣、拉丁美洲等國家也試圖利用地域相近的優勢來籌組共同貨幣，但因為政經情勢改變、或未能有一致的共識，截至2020年8月，尚未有歐元以外的共同貨幣誕生。

最有希望成為第二種共同貨幣的是由西非經濟貨幣聯盟（Economic Community of West African States，簡稱ECOWAS）在2019年12月宣布將共同貨幣命名為ECO，並在2020年上路，有望覆蓋西非經濟體的15個國家，共約3.85億人口。然而ECO的推行仍存在變數，其最初的構想源於2003年，而正式啟用日期已經延宕七次。在後浮動匯率時代，各種貨幣間的合縱連橫成為新的趨勢，貨幣聯盟是否能夠共度成員國內經濟情勢動盪的惡性擴散效應、聯盟間的關係是否不棄不離，都是要持續觀察的重點。

解決浮動匯率缺點的貨幣聯盟

浮動匯率制度的負面影響

易變性

主要國家間的匯率變動幅度很大且無法預測。

影響

影響國際貿易與國際投資的效率

偏離性

實際匯率偏離基本面，導致幣值長期高估或低估的情況。

影響

幣值不合理，使得外匯相對高估國蒙受貿易損失

解決方案與失敗因素

①回復金本位制度，重回匯率穩定、貿易興盛的時代。

挑戰

1. 發行主流貨幣美元的美國黃金存量不足
2. 世界上約有九成的黃金屬於私人擁有

②成立世界性的中央銀行以控制世界貨幣供給量，使物價、匯率波動減緩。

挑戰

1. 各國都有各自都的經濟利益考量
2. 各國政府很難放棄貨幣政策的主權

可行策略

實施貨幣聯盟

①歐洲貨幣聯盟

歐洲諸國組成，於2002年正式推出「歐元」，成為僅次於美元的強勢貨幣。

世界第一個成立且成功運作的案例

②美洲人民玻利瓦聯盟

由拉丁美洲的古巴、尼加拉瓜、委內瑞拉等國組成，在2009年籌組共同貨幣蘇克雷。

③海灣阿拉伯國家合作理事會

由科威特、沙烏地阿拉伯、阿拉伯聯合大公國等國組成，計畫推出共同貨幣，但目前仍未成功。

第 **8** 章

對貨幣本質與制度的爭論與觀點

　　二十世紀中期黃金本位制度停止之後，目前各國採行的信用貨幣制度運行至今不到百年之久，有待更多經驗和理論的累積。例如在信用貨幣體制下，政府能恣意決定貨幣發行量，但對景氣帶來正面、還是負面作用，兩造觀點都大有人在。黃金在信用貨幣獨霸的現代仍占有一席之地，其價格易升難貶的特性也凸顯信用貨幣制度的脆弱。另一方面，由於現代金融體制中可藉由借貸行為使貨幣流通，促進整體經濟發展，因此貨幣在經濟體系中充分流動而發揮效益的觀點，也透過金融海嘯的復甦方案及微型貸款創造偏遠地區大量工作機會等活絡經濟案例逐漸驗證，成為各國政府重視的政策方向。

　　隨著貨幣成為經濟社會必備的交易媒介，以價格衡量一切物品價值遂成為普遍共識。然而，現實中始終存在被視為物超所值、甚至是無價之寶的事物。在這種情況下，貨幣所標示的價格還是不是最公平、確切的價值衡量標準？這些對於貨幣本質與制度的爭論議題和立論觀點，除了就經濟層面思考外，也是因應今日這種貨幣無所不在的環境而衍生的省思。

學習重點

● 貨幣政策對於景氣影響的效果？

● 貨幣政策的施展哲學？

● 為什麼充分的貨幣流動性很重要？

● 黃金為何能夠百年來人氣不墜、價格易升難貶？

● 小額資本如何帶來經濟奇蹟？

● 商品的價格如何產生？價格是否代表該物的價值？

● 人類愛錢是天性？

貨幣政策對景氣刺激效果的爭議

貨幣無疑是經濟交易的重要媒介，經濟活動藉由貨幣的流通得以順利運行，然而政府調控貨幣數量的多寡，對於實體經濟層面例如就業率、國民所得等是否會產生影響、以及貨幣政策是否有效等議題，亦引起不同學派經濟學家多年的論戰。

古典學派vs.凱因斯學派

十九世紀的**古典學派**認為貨幣僅是交易的媒介，貨幣數量的多寡只會影響商品價格，而不會影響投資、儲蓄、經濟產出等實體經濟層面。貨幣就猶如虛幻不具意義的面紗，並非影響經濟的主因，因為當貨幣供給量增加時，平均物價水準即會相對應地提升，但國民產出卻是不變，因此貨幣具有不影響經濟的中立性。

二十世紀初崛起的凱因斯學派則持相反意見。其觀點是，基於貨幣供給量增加會使人們產生貨幣幻覺（參見195頁）等因素，人類的行為模式會受到影響，進一步擴及至實體經濟層面。也就是說，當貨幣供給量增加時，除了導致平均物價水準上升外，人民也會因為感覺手邊有較多錢可供消費，而提升對商品及服務的需求。相對地，廠商也會為了迎合市場需求而拉高供給，進而擴大投資、僱用更多人力，促進國民產出。而如此一來，政府透過調控貨幣數量的貨幣政策便宣告奏效。

其他學派對貨幣政策的看法

凱因斯學派提出政府可以出手干預經濟的主張，在三〇年代經濟大蕭條中發揮了作用，主導經濟復甦的成效卓著，其學說因此在五、六〇年代大行其道，經濟學者都不反對政府透過短期的貨幣政策來改善經濟環境。然而人為的干預並非百無一害，假使增加的貨幣供給量沒有引導到經濟體系資金不足的缺口、同步提升國民產出的話，反而容易引起通貨膨脹而有害經濟發展。因此普遍認為應該避免過度濫用這樣的貨幣政策。出現在二十世紀中期的貨幣學派即主張政府應減少干預，以穩定貨幣供給量的貨

幣政策為主，不需要時時調控貨幣數量的多寡，因為人民會隨著時間逐漸適應各種經濟變動，包括貨幣數量的增加或減少。當貨幣供給量增加時，短期內民眾因為貨幣幻覺而增加消費，可能促進國民產出；但若長期下來發現物價變貴、實質所得又沒有增加的話，便會調整消費行為回歸正常，使國民產出在短暫提升後步入萎縮，形同沒有增加。也就是說，貨幣政策短期內可能有效，長期下來卻徒留通貨膨脹的壞處。

約自二十世紀七〇年代崛起的理性預期學派同樣主張政府不該過度干預經濟，指出人們會進行理性預測，並依據預測做決策。政府的常態貨幣政策和最後的效果會因為人民已經形成預期，知道最後將回歸正常而不影響平時的消費行為，使得政府的貨幣政策不僅長期下來無法發揮效用，短期內也因民眾從經驗和理性思考的預期中看破了政府的伎倆，同樣無法奏效。唯有不在民眾預料之中、突發的貨幣政策，才會產生實質效果。

這些觀點顯示，穩健的貨幣政策並不會傷害實體經濟層面，但若是過度干預的貨幣政策不論短期或長期，都可能適得其反。然而八〇年代之後興起的新興凱因斯學派一方面認同理性預期，另一方面仍主張貨幣政策終究有效，成為現代政府經常採用的手法依據。現實生活中物價或薪資容易受到市場壓力，而形成在短期內維持某一固定水平的僵固現象。舉例來說，廠商在成本上漲的初期會擔心顧客流失而不願意漲價，且改變商品標價也需付出一定成本（稱為菜單成本），價格因此不會輕易調整；至於薪資則通常受限於勞資雙方事先簽訂一定期限的勞動契約、議定好薪資水準，而無法隨時調整。由於這類價格僵固現象無可避免，一旦面臨景氣衰退、民間消費需求降低時，廠商理論上要不以降價來刺激消費、要不就是調降工資以減少成本支出。然而現實中，廠商會因為重訂標價及改進勞動契約所衍生的成本花費而遲遲不願意實行，最終導致消費持續萎縮、甚至不得不解僱員工，加劇經濟惡化景況。此時，若政府實施寬鬆貨幣政策使貨幣數量增加，便能夠鼓勵消費，避免經濟持續衰退的危機。

一百多年來，不同學派間對於政府貨幣政策介入能對經濟產生影響，固然沒有太大爭議，但對於貨幣政策終究能否解決經濟發展的困境，則是論戰不休，也累積了大量的理論與實證研究。隨著二十世紀末金融危機出現頻繁，政府為刺激景氣的寬鬆性貨幣政策再度成為經濟政策主流，但各國政府及經濟學家也擔心持續的人為干預會不利長期經濟的發展，使貨幣政策的退場機制也成為討論中的焦點。

不同學派對貨幣政策的看法

學派	時間	對貨幣數量的觀點	對貨幣政策的看法
古典學派	19世紀	貨幣數量只會影響物價，所以人們產生貨幣幻覺，但不影響投資、儲蓄、國民產出等實質經濟面。	因為貨幣擁有不影響經濟的中立性，所以**貨幣政策無效**。
凱因斯學派	20世紀初期	因為人們會產生貨幣幻覺，所以貨幣供給量多寡會影響消費行為，進而影響實質經濟面。	政府調控貨幣數量的**貨幣政策有效**。
貨幣學派	20世紀中期	因為人們會隨著時間去適應各種經濟變動，包括貨幣數量的改變，短期會有貨幣幻覺使消費增加。	人們會隨時間調整消費行為，**貨幣政策短期有效但長期無效**。
理性預期學派	70年代	因為人們會對經濟行為進行理性的預測與決策，所以能夠察覺政策的變化而自動調整。	因理性預期的存在，**常態性的貨幣政策無效，突發性貨幣政策有效**。
新興凱因斯學派	80年代	接受理性預期學派的觀點，但認為現實中存在價格僵固的現象，使得短期價格不易變動。	政府增加貨幣供給量，會鬆動價格僵固的現象，所以**貨幣政策有效**。

現今經濟學家普遍認同貨幣政策有效，但長期干預可能不利經濟發展，貨幣政策的退場機制也成為討論核心之一。

貨幣在經濟體系間充分流動的必要性

錯誤的貨幣政策在二十世紀初經濟大蕭條的年代造成重大傷害，因貨幣流量嚴重不足，使得消費、投資需求大降。在記取歷史教訓與經歷貨幣政策的多年演化之後，遭逢二十一世紀初因信貸危機引發多家大型金融機構連環倒閉的全球金融海嘯時，政府即透過央行不斷擴張貨幣流量來刺激經濟復甦，以避免重蹈經濟大蕭條的覆轍。

1929年經濟大蕭條的啟示

1929年爆發的經濟大蕭條帶來通貨緊縮的惡性循環，重創各國經濟，造成數百萬人口失業，亦帶來政治與社會動盪。經濟衰退的陰影籠罩整個三〇年代，甚至引發第二次世界大戰，成為至今全球各個經濟體均引以為戒的教訓。

釀成經濟大蕭條的背景原因固然不一而足，諾貝爾經濟學獎得主、貨幣學派大師傅利曼透過長期研究與數據檢驗，在1963年率先指出，當時美國是因為一系列錯誤的貨幣政策才會導致經濟大蕭條。而其中美國聯準會（Fed）採取緊縮銀根的措施，使得市場上貨幣流動性不足，終於成為壓垮經濟的最後一根稻草。傅利曼的看法一直到七〇年代之後才逐漸被認同，隨著貨幣學派興起及更多研究的出現，關於貨幣供給量及流動性的影響才日漸受到重視，而成為日後金融危機再現時的借鏡做法。

二〇年代美國邁入生產旺盛、股市炒作盛行的經濟過熱時期，消費信貸及工商業貸款均過度擴張。當時美國聯準會為了打擊股市過分投機活動及緩解黃金外流狀況，在二〇年代末期實施升息、限制銀行借貸等緊縮貨幣政策，使市場資金急凍，造成美國股市崩盤、企業無法順利籌資、投資人傾家蕩產。隨之而來的是銀行壞帳大量湧現，以及民間恐慌引發大規模擠兌，造成當時近半數的銀行倒閉。消費需求在信心危機下更形萎靡，導致生產停頓、工廠關門、大量失業人口湧現，整個社會陷入貧窮之中。傅利曼認為，在經濟恐慌氣氛下，銀行倒閉容易引發連鎖反應，聯準會應

適時干預，提供充足的貨幣流量，使借貸市場週轉順利並保障存戶權益，藉此恢復大眾信心，就有機會遏止這場經濟大災難。可惜聯準會在1930到1933年未能掌握資金流動性不足的局勢（稱為流動性危機），持續讓貨幣供給量下降，讓市場資金凍結，最終全美約9,000家金融機構在這場流動性危機中倒閉。且美國經濟崩盤後，迅速蔓延至全世界，造成全球工業生產倒退回二、三十年、超過25萬間企業破產、失業率高達20％以上。

促成貨幣充分流動扼阻金融危機擴大

各國政府從三〇年代經濟大蕭條的慘痛教訓中學習到：當經濟體系正面臨景氣衰退與突發性重大金融危機時，首要之務便是讓貨幣在經濟體系間充分流動，以避免金融機構因為資金流動不足被迫倒閉，進一步遏止後續的連番倒閉、重挫實體經濟的骨牌效應。因此當2008年因雷曼兄弟投資銀行破產，形成信貸危機，不少知名百年銀行倒閉、演變成全球金融海嘯之際，各國政府紛紛挹注大量資金到金融市場，救助金額達5.8兆美元以上；國際貨幣基金（IMF）則啟動短期緊急融通機制以金援財務困難的會員國；許多國家亦採行調降重貼現利率、銀行存款準備率等寬鬆貨幣政策等，希望都是藉由一連串貨幣政策與金融穩定措施的手法，讓貨幣在經濟體系間充分流動，來保護許多存戶與企業，避免重現經濟大蕭條的慘況。

貨幣流量影響經濟復甦效果

貨幣流動不足的惡果　事件：1929～1933年經濟大蕭條

1920年代美國的經濟榮景建立在信用過度擴張之上，聯準會為抑制此現象實施緊縮貨幣政策。

→

1920年代末出現通貨緊縮並使消費與投資需求大幅下滑。

→

1930～1933年
- 籌資困難
- 現金流不足
- 存戶擠兌
- 銀行大量壞帳

經濟大蕭條惡果

1. 通貨緊縮，總需求大幅萎縮
2. 失業率高漲
3. 政治、社會不安
4. 引發二次大戰

←

聯準會未警覺資金流動不足，繼續實施緊縮貨幣政策，使市場資金凍結、金融機構連番倒閉。

←

引發流動性危機

貨幣充分流動的效果　事件：2008年全球金融海嘯

2008年因雷曼兄弟投資銀行破產，全球貨幣市場急速緊縮，形成信貸危機，進而演變成全球金融海嘯。

→

全球聯合救市維持資金流動性

各國記取經濟大蕭條的教訓，挹注大筆資金並實施寬鬆貨幣政策，促使貨幣在經濟體系間充分流動，使大蕭條不再發生。

黃金白銀是永不貶值的貨幣嗎？

《布列敦森林協定》之後，各國貨幣與黃金正式脫勾，進入信用貨幣時代。然而相對於受各國政經情勢影響、價格波動不斷的信用貨幣，黃金的價值卻持續上升，凌駕各種強勢貨幣之上。而曾經做為商品貨幣的白銀，也同樣受到人們認可具有貴重價值，與黃金一樣漲勢居高不下，黃金與白銀似乎成為信用貨幣難以匹敵而永不貶值的貨幣。

布列敦森林協定後黃金價格的四十年趨勢

在《布列敦森林協定》時期，1盎司黃金的價格固定為35美金。這個標準維持不變數十年期間，黃金的購買需求持續強勁，逐漸大於黃金的供給，使得金價開始鬆動。大約從1971年開始，市場力量已經遠高於政府人為設定的價格，影響所及先是讓維持二十多年的《布列敦森林協定》瓦解，國際貨幣制度進入自由浮動匯率時期，接著金價也脫離人為設定，展開凌厲的漲勢。短短幾年內金價突破百元大關，1975年1月，1盎司黃金約莫180美元，到了1990年1月，約已達400美元，之後十年間，金價一直在300美元上下震盪；2000年之後，金價更屢破300美元大關，03年金價再度站上400美元、07年達到千元大關，是當時令人無法仰望的高價。但在四年後的2011年，黃金價格創下1,900美元的歷史高價。當年歐債危機趨緩後，金價在2015年底降到1,064美元低點；再到2020年8月7日因為新冠肺炎衝擊，黃金創下了2,075美元的新高價。

黃金與白銀在現代不貶值的原因

由於黃金價格一再突破關鍵價格，沒有人能確切預測金價的終點在哪個價位，類似的情況也出現在白銀的價格上，不停創造歷史高價的紀錄。黃金與白銀之所以能夠保有不貶值的特色，有五個關鍵因素：一、雖然黃金、白銀並非主流貨幣，但黃金與白銀因本身即具有貴金屬的價值，因此即使在信用貨幣的現代，民眾持有黃金與白銀，比起持有美元、歐元等

貨幣更有信心。二、黃金為各國央行外匯儲備的重要選擇，因為儲備強勢貨幣仍要面臨匯率波動的困擾，相較之下各國央行更願意持有具保值功能的黃金以分散匯率風險。三、新興市場的開發中國家逐漸擁有購買黃金的實力，例如中國與印度的高出口成長使得該國央行增加了許多外匯存底，連同所崛起的一批富人，均對黃金的需求大增。四、黃金、白銀因保值及避險特性，成為投資人關注的標的，市面上因應而生許多黃金存摺、黃金或白銀ETF（指數股票型基金）等金融商品；在黃金與白銀強勁不輟的市場需求之下，其價格自然不斷攀升，使黃金與白銀具有絕佳的避險功能。五、黃金、白銀屬於天然金屬礦，每年產量有限，代表供給受限，價格下跌空間也就不大。

歷史上出現過銀本位制度

　　金本位制度做為主流貨幣制度曾盛行很長一段時間；但歷史上，銀本位制度，也就是以白銀做為經濟單位的衡量標準，其實比金本位制度更早崛起。歐洲從十五世紀中期至十九世紀即使用銀本位制；中國則自宋朝開始一直到清朝，都使用白銀做為流通貨幣；民國初年（1910年～1935年）也曾短暫實施銀本位制。但西方國家隨著經濟發展，銀本位制先過渡到金銀複本位制，十九世紀後逐漸為金本位制所取代，三〇年代後已經沒有國家採用銀本位制了。

黃金、白銀不易貶值的關鍵因素

需求面因素

關鍵因素①

黃金白銀本身具有價值

- 黃金與白銀屬於稀有貴金屬的有價商品。
- 現今美元、歐元、新台幣等屬於信用貨幣，一旦出現信心危機，紙幣價值遠不如黃金白銀等資產價格。

關鍵因素②

各國央行外匯儲備之一

- 儲備強勢貨幣仍要面臨匯率波動的困擾
- 黃金具有保值功能，可分散強勢貨幣的匯率風險，成為央行外匯儲備的重要選擇。

關鍵因素③

新興開發中國家需求增加

- 新興市場的開發中國家隨出口成長外匯存底大增，使黃金儲備需求上升，例如：中國、印度、巴西等。
- 新興市場中崛起的新富，其消費及投資需求旺盛，對黃金的購買需求增加。

關鍵因素④

投資人關注的標的

- 黃金、白銀具保值及避險特性，成為投資人關注的標的。
- 黃金存摺、黃金或白銀ETF（指數股票型基金）等金融商品興起，帶動投資風潮。

供給面因素

關鍵因素⑤

黃金白銀產量有限

- 黃金、白銀屬於天然礦產，大自然的產量有限，因而供給受限，價格不易下跌。

黃金、白銀因需求旺盛且供給有限之下，促使其價格不易貶值。

小額資本帶給窮人另一個夢想

現代商業模式的特色是，資本家或是透過借貸取得貨幣的創業者利用大額的貨幣進行投資，使其營利事業體運轉的同時，帶動整體經濟繁榮。然而2006年諾貝爾和平獎得主尤努斯創立的窮人銀行，試圖利用免擔保的微型貸款制度來幫助數百萬孟加拉民眾脫離窮困，證明了只要把貨幣流量引到適當的位置，即使是小額貨幣的流通也能帶起經濟運轉的奇蹟。

窮人銀行的故事

　　孟加拉的經濟學者穆罕默德‧尤努斯（Muhammad Yunus）目睹1974年國內的大飢荒後，開始在1976年實施一項改善貧窮的借款計畫，他認為唯有根除貧窮，才有真正的和平，並在1983年時創辦了孟加拉鄉村銀行。此銀行與傳統銀行最大的差別是它專門辦理「微型貸款」，讓經濟弱勢的孟加拉國民不需要擔保品，便可以獲得50到100美元之間的極小額貸款。雖然金額不多，但足以讓貸款人購買牛羊雞鴨等牲畜來飼養，再出售農牧產品以獲取報酬，或是經營小本生意，於是鄉村銀行勢力所及之地的民眾都有創業生財的機會，進一步試圖脫離貧窮。這有別於傳統銀行主要將資金大筆大筆貸放給企業的做法，為創辦人尤努斯贏得「窮人的銀行家」這個美譽，並於2006年獲得諾貝爾和平獎的肯定，成為各國擺脫貧窮的借鏡並引起創立窮人銀行的風潮。

小額資本追求貨幣適得其所

　　現代金融體系中，貸款需要抵押擔保已經成為一種固定的模式；然而微型貸款是在不需要擔保品的情況下，為經濟拮据者提供的融資服務，以提高其生產投資能力，增加收入及就業機會。窮人不代表應該永遠貧窮，他們所欠缺的只是一個創業機會，「貨幣」正可以帶來這個機會，而且貨幣的背後代表著資源的配置，善用貨幣等於握有投資的入場券，將社會資源從「有錢人」移轉到「創業者」手中。為使貨幣適得其所，在經濟每個層面發揮效力，金融機構、金融商品、存放款制度的修正方向亟需理論的補強，並且受到了各國政府和眾人的重視。

　　窮人銀行處理的雖然是微型貸款，但此制度促進貨幣的流通效率，也

帶來微型創業的嶄新模式。到了2010年時，窮人銀行已經廣為推行到開發中國家，遍及中南美洲、非洲及亞洲，例如墨西哥、中國四川與內蒙、印度、莫三比克等國；已開發國家裡甚至也可見微型貸款的蹤跡。孟加拉鄉村銀行便在美國成立了窮人銀行，幫助美國的低收入戶以協助改善貧富差距，微型貸款已然成為全球主要的金融活動之一。儘管現實中未必所有貸款人都能成功生財，但它確切帶來脫離貧窮、改善社會的契機，證明了透過微型貸款適當的貨幣流量分配，有助於推動整體經濟。

微型貸款引導貨幣發揮最適效能

孟加拉鄉村銀行的啟發

重要人物

孟加拉經濟學者穆罕默德·尤努斯。

創辦起源

始於1976年一項改善貧窮的借款計畫，1983年正式成立。

理念目的

唯有根除貧窮，才有真正的和平。協助窮人改善生活的機會。

服務內容

提供孟加拉貧民免抵押品的微型貸款，金額約50～100美元之間，使他們有機會創業生財，償還借款與賺取收入。

影響貢獻

- 今已推廣至開發中國家，遍及中南美洲、非洲及亞洲，例如：墨西哥、中國四川與內蒙、印度、莫三比克等國。
- 協助在美國設立微型貸款，幫助美國的低收入戶。
- 發起人尤努斯因此獲頒2006年諾貝爾和平獎。

微型貸款對經濟的效益

- 為經濟拮据者提供的融資服務，不需要提供擔保品，以提高其生產投資能力，增加收入及就業機會。
- 讓閒置資金可以發揮最適資源配置效能，即使是一塊錢也能發揮經濟效益，使有需求者得以週轉運用，創造更多財富。

貨幣　藉由借貸行為，將社會資源引導到適當的投資計畫。

創業者能取得資金，進行投資及生產，促進經濟發展與社會福利。

價格代表該物品的價值嗎？

從開始有貨幣制度以來，用貨幣來衡量商品價值高低已成為公認的標準，使得價格成為物品價值的表現，貨幣除了能衡量有形的商品外，似乎也能用來衡量無形價值觀的價值。然而，商品的價值與價格是否真的相等？這個問題能透過市場間每一位願意付出的貨幣數量來衡量。

價格的由來：市場力量的均衡

　　貨幣的基本功能包括做為交易媒介，以及做為衡量交易商品的價值標準。商品交易因為利用貨幣做為支付媒介而得以進行，交易時則會產生買賣雙方同意的均衡價格做為物品的價值標準。因此，我們所看到的價格乃是來自市場中對該商品有興趣的交易者，經過買賣雙方的供需力量均衡之後才得出的金額，並非少數的人為決定。對消費者來說，願意支付的價格代表買方對該商品認知的價值，只有心中願意付出的價格大於該商品的市場價格，才會願意買進；對生產者來說，該商品的市場價格也必須高於自己心中所認為該商品的價格（即成本），才會願意賣出。若同時滿足消費者與生產者雙方的交易條件，這樣的行為模式就能讓彼此獲利。

　　舉例來說，漢堡的均衡價格為35元，對消費者來說，只要消費者認為漢堡有35元以上的價值，交易就能成立；但若消費者認為僅有35元以下的價值，消費意願就會遞減。對於生產者來說，若漢堡成本為20元，則售出35元交易成立；但若成本為50元則不會賣出。由此可知，價格源自於市場力量的均衡。除此之外，價格也具有另外兩重意義：該商品在成交消費者眼中的最低價值，以及該商品在其生產者眼中的最高價值。

價格代表該物的價值？

　　之所以會有上述差異，是因為每個人的偏好都有所不同，也就是每個人心中都會對不同的商品給予評價，進一步決定是否購買與販售商品。而市場價格未必等於每個人心中認為該物的價值，價格也無法代表某一個人對該商品價值的判斷。價格只是市場買賣雙方因交易而達成的均衡點，代表市場普遍對該物價值的共識。簡單來說，市場價格代表全體認為該物的

均衡價值，由於有其代表性，因此可以視為該物在該經濟體參與群體中所具備的價值，但是不等於某個人所認為的價值。

是否有無價的商品？

「生命是無價的」、「愛情不能用金錢來衡量」……這類話語大量出現在東西方典籍之中。生命、愛情、尊嚴、自由等普世價值能夠用價格來衡量嗎？日常生活中有大量的實例可以證明，例如交通意外時，肇事者賠償受害者家屬1,000萬元，而非金額無上限，代表生命並非無價；法官判決犯人應該拘役30天，或易科罰金3萬元，代表30天的自由可以用3萬元購買；保險依據市場調查而制訂保費與保額，人們付出保費且接受死亡、罹病、發生意外等狀況時獲得保險金的金額，相當於人們能用金額來衡量失去生命、健康時的補償價格；結婚男女簽訂婚前協議書，表示愛情可以金錢來計算。上述的普世價值觀似乎都有其對應的市場價格，並非無價之寶。然而如前所述，市場價值不等於個人心中的價值，所以這些價值觀是否無價，端看每個人心中偏好的認定。

市場價格與個人心中價值

消費者（買方）

心中願意為該商品付出的價格必須大於該商品的市場價格，才會願意買進。

決定 →

商品的市場價格

買賣雙方都能接受的價格，也就是對商品價值的普遍性共識。

← 決定

生產者（賣方）

該商品的市場價格必須高於心中所認為該商品的價格（成本），才會願意賣出。

↓ 例子

消費者的購買衡量

購買到該商品的消費者中認為該物的最低價值。即心中認為漢堡價值最低為35元，若商品售價高於35元就不會購買。

購買 →

單個漢堡的市場價格

＝35元

同時達成買賣雙方的交易條件，才會讓彼此獲利。

← 售出

生產者的販售衡量

販售該商品的生產者中認為該物的最高價值。即心中認為漢堡價值最高可達35元，若商品定價低於35元就不會賣出。

⇓

市場價格≠每個人心中認為的價值

每個人的偏好都有所不同，所以在每個人心中會對不同的商品給予價值評價，也因此世界上就有無價之寶的存在。

可用市場價格衡量

現實生活中，存在著理賠金、法律判決代價、婚前協議書等具體價格做為衡量標準。

← 可衡量 →

普世價值觀

生命、愛情、尊嚴、自由等

← 不可衡量 →

個人心中偏好認定

認為生命、愛情、尊嚴、自由等為無價之寶，不能用金錢來衡量。

有錢能使鬼推磨──
為什麼人類都愛錢？

在貨幣體制的運作下，由於貨幣做為交易媒介可以兌換各種商品，在希望能夠消費擁有更多商品之下，使得追求貨幣累積財富成為多數人的目標。然而從經濟學的角度來看，人們追逐貨幣不僅是虛榮與享樂等心理因素，從貨幣邊際效用理論亦可看出貨幣因為被賦予了效用與價值，從而成為促進交易與經濟運轉的關鍵。

貨幣的邊際效用理論

　　人類之所以會進行經濟活動、購買商品，是因為取得商品後能夠獲得滿足感，經濟學稱之為「效用」，諸如購買情人節禮物換取浪漫的氛圍、消費高級手錶以形塑稱頭的穿戴、點購餐點帶來飽足感。無論是何種商品，經濟交易往往讓人類滿足需求，這也是推動經濟活動的原始誘因。換句話說，如果有交易，人們就可以獲得更多滿足。

　　由於貨幣扮演著交易的媒介，當人們持有貨幣時，代表還沒有購買商品或勞務，也還沒有取得滿足感。但貨幣可以用來購買商品，透過貨幣進行交易，便能購買商品，實現願望獲得滿足。也就是說，貨幣本身未必能賦予持有者什麼效用，但貨幣具有購買各種商品與勞務的權利，能夠連結起商品所帶來的滿足感，因此持有貨幣一樣可以讓人們得到效用。例如手上有100萬元的貨幣，即使還沒有開始消費，也會感到十分愉快，因為人們預期未來能用貨幣購買到等值的商品，所以持有貨幣帶來的滿足，等同於使用貨幣買進商品所帶來的滿足。而消費者每使用一單位商品或勞務所增加的額外滿足程度，稱為「邊際效用」，假設將滿足感量化，設定購買10元的商品會帶來10單位的效用，此時持有1元的貨幣能夠「間接地」帶給持有者1單位的效用。

貨幣帶給人類效用與價值

　　若將1元貨幣視為一種特殊的商品，它除了可以帶來X單位的滿足感，還可以用來兌換其他種商品。然而，唯有在換來的新商品能夠帶來大於、或等於原本持有貨幣的滿足感時，人們才會願意進行兌換（即經濟交

易），意即購買這個商品值回票價。換句話說，人們交易的前提是該商品帶來的滿足感優於、或等於等值貨幣帶來的滿足感，而貨幣的效用形成了人們心中是否願意進行交易的基準。儘管貨幣本身不具效用，但貨幣可以購買商品、帶來效用而讓人趨之若鶩的背後原因，其實無關乎道德良知，單純只因為貨幣就像是一種商品，擁有它就可以帶來滿足。

貨幣的效用與意義

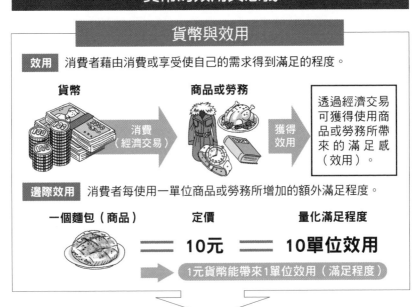

貨幣與效用

效用　消費者藉由消費或享受使自己的需求得到滿足的程度。

貨幣 → 消費（經濟交易）→ 商品或勞務 → 獲得效用 → 透過經濟交易可獲得使用商品或勞務所帶來的滿足感（效用）。

邊際效用　消費者每使用一單位商品或勞務所增加的額外滿足程度。

一個麵包（商品）　＝　定價　＝　量化滿足程度
10元　＝　**10單位效用**

➡ 1元貨幣能帶來1單位效用（滿足程度）

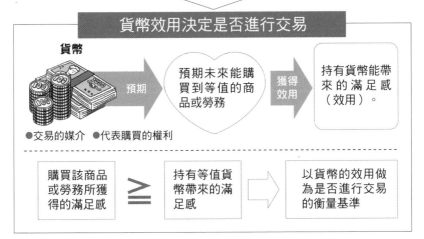

貨幣效用決定是否進行交易

貨幣 → 預期 → 預期未來能購買到等值的商品或勞務 → 獲得效用 → 持有貨幣能帶來的滿足感（效用）。

●交易的媒介　●代表購買的權利

購買該商品或勞務所獲得的滿足感　≧　持有等值貨幣帶來的滿足感　➡　以貨幣的效用做為是否進行交易的衡量基準

12 劃

13 劃

14 劃

15 劃

國家圖書館出版品預行編目資料

圖解貨幣學：從交易媒介到支配全球運行/ 林祖儀著.
-- 修訂一版. -- 臺北市：易博士文化, 城邦文化出版：家庭傳媒城邦分公司發行,
2020.08
　面；　公分. --
ISBN 978-986-480-119-0（平裝）

1. 貨幣學
561
109006756

Knowledge BASE 100

【圖解】貨幣學（修訂版）

作　　　　者／林祖儀、易博士編輯部
企 畫 提 案／蕭麗媛
企 畫 執 行／賴靜儀
企 畫 監 製／蕭麗媛

業 務 副 理／羅越華
編　　　　輯／賴靜儀、邱靖容
總 　 編 　 輯／蕭麗媛
發　行　　人／何飛鵬
出　　　　版／易博士文化
　　　　　　　城邦文化事業股份有限公司
　　　　　　　台北市中山區民生東路二段141號8樓
　　　　　　　電話：(02) 2500-7008　　傳真：(02) 2502-7676
　　　　　　　E-mail：ct_easybooks@hmg.com.tw
發　　行　　／英屬蓋曼群島商家庭傳媒股份有限公司城邦分公司
　　　　　　　台北市中山區民生東路二段141號11樓
　　　　　　　書虫客服服務專線：(02) 2500-7718、2500-7719
　　　　　　　服務時間：週一至週五上午09:30-12:00；下午13:30-17:00
　　　　　　　24小時傳真服務：(02) 2500-1990、2500-1991
　　　　　　　讀者服務信箱：service@readingclub.com.tw
　　　　　　　劃撥帳號：19863813
　　　　　　　戶名：書虫股份有限公司
香港發行所／城邦（香港）出版集團有限公司
　　　　　　　香港灣仔駱克道193號東超商業中心1樓
　　　　　　　電話：(852) 2508-6231　　傳真：(852) 2578-9337
　　　　　　　E-mail：hkcite@biznetvigator.com
馬新發行所／城邦（馬新）出版集團【Cite (M) Sdn. Bhd. 】
　　　　　　　41, Jalan Radin Anum, Bandar Baru Sri Petaling,
　　　　　　　57000 Kuala Lumpur, Malaysia
　　　　　　　電話：(603) 9057-8822　　傳真：(603) 9057-6622
　　　　　　　E-mail：cite@cite.com.my

美編・封面／林雯瑛
內 頁 插 畫／高世傑
製 版 印 刷／卡樂彩色製版印刷有限公司

■2012年01月18日初版
■2020年08月25日修訂一版

978-986-480-119-0
定價350元　　HK$ 117

城邦讀書花園
www.cite.com.tw